此项研究得到国家社会科学基金重大项目(14ZDA023)资助

= 南京大学经济学院文库 =

技术外溢的度量理论

MEASURING TECHNOLOGY SPILLOVERS

李　剑 著

南京大学出版社

序

自 1978 年开始的改革开放迄今已经 38 年。这是一个不断模仿学习西方技术的时期，也是一个外资规模不断扩大的时期，更是一个经济实力持续崛起的时期。经济增长理论告诉我们，技术进步和人力资本积累是经济体持续增长的动力。因此，要理解中国经济的崛起，就离不开技术进步。然而，和经济成就相比，中国自主创新能力的提升却是相形见绌。那么中国的技术进步来自何方?

学术界比较早就发现，外资的技术外溢可能是中国技术进步的一个重要来源。但是不同学者的研究结果经常相互矛盾。如果仅仅从经验层面进行研究，那么不同的计量模型或不同的样本数据都可能得到完全不同的结论。因此学术界无法达成共识的根源在于缺乏技术外溢度量的理论构建。李剑博士在南京大学学习期间主攻外部性的度量理论。他根据技术进步的来源将技术外溢分为三种类型：Romer 型、Lucas-Romer 型和 R&D 型，并分别对这三种类型的技术外溢构建度量理论，对技术外溢的度量理论和经验研究做出了学术贡献。阶段性成果曾发表于《经济研究》、*Annals of Economics and Finance* 和 *Frontiers of Economics in China* 等中英文学术期刊，并获得安子介国际贸易优秀论文三等奖(2010 年)和张培刚发展经济学优秀成果奖(2012 年)，赢得了良好的社会反响。

此专著是李剑在其博士论文的基础上修改完善而成，基本保留了博士论文的原貌。其结构清晰、逻辑严谨、观点鲜明、理论和实际紧密结合。此专著得出的一些理论结论非常有趣且有理论美感，如研发补贴政策能使经济达到帕累托最优，该结果明显推进了 Barro 和 Sala-i-Martin(2004)对研发补贴政策的判断。一些经验结论也非常有趣，如逆向技术外溢。值得注意的是，研发补贴政策属于供给侧政策，而逆向技术外溢属于供给侧现象。

因此该专著的结论对于新常态下供给侧政策的制定具有非常重要的参考价值。作为博士论文的指导老师，我很乐意向学界同仁和政策制定者推荐该专著。同时希望李剑博士能够为中国经济学做出更大的贡献。

沈坤荣

2016 年 3 月于南京大学安中楼

中文摘要

对于技术外溢的研究,已有文献通常从三个角度进行研究:第一,诊断创新企业和非创新企业之间的技术外溢;第二,直接度量一项技术创新在非创新企业中的收益;第三,直接度量一项技术创新的社会收益率。**第四个视角**(直接度量技术外溢导致的创新收益外溢比例)却鲜有文献涉及。本文的研究目的在于从第四个视角出发度量技术外溢的程度,并推导出理论表达形式。本文从理论、政策和经验等方面研究如下**三个问题**:① 技术外溢度量的决定因素和理论表达形式是什么。② 政府补贴政策的帕累托最优性及其对外溢度量的影响是什么。③ 如何利用经验数据估计技术外溢度量。本文的**研究意义**在于从理论上初步解决了技术外溢的度量问题,为外部性的度量提供一种新视角;在实践中,可以为政府补贴政策的制定提供依据,为政策分析提供一项基础性评价工具。

本文根据技术进步是否通过外部性效应实现,将**技术外溢类型**分为基于外部性技术进步的技术外溢(Romer 型和 Lucas-Romer 型技术外溢)和基于非外部性技术进步的技术外溢(R&D 型技术外溢)。**研究思路**是首先分别推导 C-D 生产函数和一般新古典生产函数假设下的技术外溢度量表达形式,然后分析物质资本投资补贴政策、最终产品补贴政策和研发投资补贴政策等三种不同情况下的技术外溢度量表达形式,最后考察政府的补贴政策对外溢度量的影响。本文的**分析工具**主要是经济增长理论、最优控制理论、微分方程系统定性分析技术、帕累托最优性规范分析、非平稳面板技术和参数的估计校准法等。

本文的**研究结论**主要有以下八方面:

(1) 本文从技术外溢导致创新收益外溢的角度对技术外溢进行度量,从两个方面设计了技术外溢度量指标:指标 w_1 揭示了市场经济和计划经济之间的相对收益率差异;指标 w_2 揭示了分散决策的市场经济均衡中,给定资源配置,存在技术外溢和不存在技术外溢两种情况下创新收益的相对差异。

（2）本文推导出外溢度量的理论表达形式，发现外溢度量的基本决定因素有如下几项：生产函数形式 f（C－D 函数下为资本的产出弹性 α）、技术外溢强度（ν）、技术指标（Romer 经济中用物质资本 K 表示，Lucas-Romer 经济中用人均资本 k 表示）、劳动力规模 L（在 Romer 经济中），以及政府补贴政策（ε）。

（3）本文分析了不同补贴政策的帕累托改进效果，以及政策对外溢度量的影响，并推导出政府的最优补贴率。

（4）本文证明了在一定假设条件下技术研发函数是线性函数，从而为经验研究中广泛使用的线性计量模型提供了理论基础。

（5）本文利用中国经验数据推算了外溢度量的经验值。Romer 型外溢度量 w_1 约 27％，w_2 约 85％。Lucas-Romer 型外溢由于外溢效应较弱或者地方政府竞争效应的干扰，没有得到可靠结果。在 R&D 型技术外溢中，区域内 R&D 外溢度量 w_1 约 13％，w_2 约 23％；行业内 R&D 外溢度量 w_1 约 15％，w_2 约 27％。

（6）FDI 和内资企业之间存在逆向技术外溢现象，即 FDI 对内资企业没有技术外溢，但内资企业对 FDI 有技术外溢。

（7）区域内或行业间的 R&D 技术外溢程度要低于行业内外溢。

（8）本文将劳动增进型技术进步的一般性从外生储蓄率模型中推广到内生储蓄率模型，使得理论分析更加严谨。

根据本文的研究结论，可能的**政策含义**主要有如下五方面：

（1）在物质资本投资呈现外部性的情况下，政府实施投资补贴和最终产品补贴政策可以鼓励物质资本投资，使经济达到帕累托最优。但不能采用引发价格扭曲的商品税手段为补贴筹资，只能采用无价格扭曲的一次性总赋税的方法筹资。

（2）在研发领域，对垄断和非垄断行业的补贴政策会具有不同效率。对于非垄断行业的研发活动，政府对研发活动补贴的效果最佳，可以使经济达到帕累托最优。对于垄断行业的研发活动，政府对垄断产品和最终产品的购买补贴效果要优于研发补贴效果。

（3）本文的经验研究揭示 FDI 和中国内资企业之间存在逆向技术外溢，但该结论并不表示中国必须驱逐 FDI。FDI 对于中国的影响是多方面的，技术外溢只是一个方面。

(4) 技术公开和国家利益之间需要综合考虑。技术外溢从本质上有利于经济增长，但该结论必须基于良好的专利保障制度和无国家利益的假设之上。无条件的、完全的技术共享并不适合维护我们的国家利益。

(5) 中国政府在大力引进外资的同时，要保持高度警惕，防范外资的扼杀性并购活动及其对内资企业的技术掠夺，避免在合资过程中“得了少量资本，丢了核心技术”。

ABSTRACT

Generally, there are three perspectives to study an issue of technology spillovers. The first is to identify the relationship between a firm with an innovation and ones without that innovation. The second is to measure rate of return to an innovation outside the owner. The third is to measure the social rate of return to an innovation. The perspective of this paper, untouched traditionally, is to measure the relative difference between individual and social rate of return to an innovation. The motivation of this paper is to study the relative difference between rates of returns induced by spillovers. This paper tries to answer three questions concerning theories, policy effects and empirical analysis, respectively: ① what is the determinants and theoretical expressions of technology spillovers? ② Does public policy lead an economy with spillovers to Pareto optimality and what kind of effects does policy have on measures of spillovers? ③ How to estimate measures of spillovers? The theoretical importance of this paper is indicated by a solution of measurement of spillovers and a novel perspective of measurement of externalities. The practical importance is indicated by providing justification of government policy making, and basic tool for valuation and policy analysis.

Spillovers are classified into three kinds: Romer, Lucas-Romer and R&D types. The former two are based on technology change induced by externalities. The third type is based on technology change induced by intentional R&D activities. This paper considers a C - D form and a general form of production function with neoclassical properties. After measures of technology spillovers have been derived, this paper considers the effects of government policy, including subsidies to physical capital investment, subsidies to final goods and subsidies to R&D activities, on the economy and the expressions of technology spillovers measures. In addition, this paper analyzes whether those government policies can drive economy to Pareto optimality. The basic tools used in this paper are economic growth theories, the optimal control theory, differential equation system, normative analysis of Pareto improvement, unstationary panel estimation, and an estimation-calibration approach.

In sum, this paper has findings as follows:

(1) This paper defines two types of measures of technology spillovers to reflect the degree to dispersion of innovation returns. The first, w_1, is to measure the relative difference between decentralized and centralized equilibriums. The second, w_2, is intended to measure relative difference between one case with and another case without technology spillovers given the resource allocation in a decentralized equilibrium.

2. This paper derives measures of technology spillovers and finds their determinants: the production function form f (the elasticity of capital, α, in a C－D function), strength of technology spillovers (ν), an index of technology level (physical capital, K, in a Romer economy; capital per worker, k, in a Lucas-Romer economy), scale of labor (L), and the subsidiary rate of government (ε).

(3) This paper studies the effects of subsidiary policies on Pareto improvement and on measures of technology spillovers. The optimal subsidiary rates are also derived.

(4) This paper proves that the technology function can be a linear function, which provides justification of the widespread application of linear econometric models in the field of technology spillovers.

(5) This paper estimates measures of technology spillovers with China's regional or industrial data sets. Measures of spillovers characterized by Romer type are: $w_1 = 27\%$ and $w_2 = 85\%$. In a Lucas-Romer economy, this paper could not get a robust estimation of spillovers measures because of weak spillovers or possible disturbance of competition among local governments. Measures

of R&D spillovers implied by regional data set are $w_1 = 13\%$ and $w_2 = 23\%$, while $w_1 = 15\%$ and $w_2 = 27\%$ by industrial data set.

(6) There are reverse technology spillovers between FDI and domestic firms in China, comparing with the opposite traditional results. It means there are no spillovers from FDI to local economy, but spillovers from local firms to FDI.

(7) The empirical results also indicate that inter-industrial spillovers due to geographical closeness are less than intra-industrial spillovers, which is also different from traditional literature.

(8) Technology change could be expressed as labor augmenting technology change under the framework of endogenous saving rate.

We will find the following government policy implications with wariness:

(1) In a field of capital investment characterized by externalities, government could give investment and final goods subsidies to individual firms. But subsidies should be financed through a lump-sum tax to avoid additional price distortions.

(2) In a R&D intensive industry, the optimal policy is dependent on market structure. For a market with little monopolistic power, an R&D subsidy is the best one. For a monopolistic market, a subsidy to final goods or monopolistic goods will be better than a R&D subsidy.

(3) China has no necessity to drive FDI out of domestic market although there are reverse technology spillovers because FDI has many effects on China and technology spillovers are just one of these aspects.

(4) Technology openness should concede to national benefit although this paper indicates technology spillovers are good to economic growth. All models in the paper are assumed to have good protection of intellectual property and have no national strategic interest. Actually unconditional and complete technology openness will not help country development.

(5) When China encourages foreigners to invest in local market, it should be careful of malicious merger and acquisition, hijacking local innovations and shortsighted joint venture.

目　录

第 1 章　导　论

1.1　研究的背景、动机和问题

本书对于技术外溢的研究动机起源于尚未发现有一个较好的、实用性较强的方法度量技术外溢的程度。已有的理论研究成果(Romer,1986)表明,技术外溢的本质特征为创新企业无法获得创新产品带来的所有收益,即当技术秘密被其他企业知道后,其他企业的效仿将使创新企业的收益受损。尽管这已经是一个公认的观点,但是,对于技术外溢的研究却没有从收益损失角度出发。

假设一个社会只有两个企业(图 1 - 1),一个是创新企业,另外一个是非创新企业。在多个企业的情况下,非创新企业可以看作是并不拥有该项创新产品专利的所有企业的集合。在没有技术外溢的情况下,非创新企业并不能制造该项产品,因此关于创新产品的所有收益都归创新企业所有,创新企业所获得的收益率就是该项创新的社会收益率。但是,技术或知识作为一种无形产品,具有公共产品的某些特征——非竞争性和部分排他性(Romer, 1990)。技术的非竞争性是指一项技术被一个企业或个人使用后,并不会影响或限制其他企业或个人的使用效果。技术的部分排他性是指技术的发明者或者拥有者可以通过一定的方法(加密)或者制度(专利)在一定程度上排斥不付费者使用。但是技术排他性只是一定程度上成立,有加密者,就会有解密者,有制度保护,也会有违反制度者。如果技术具有完全排他性,那么就不会出现外溢问题。正是技术产品具有非竞争性和部分排他性的特征,才会导致技术外溢现象出现。一切技术外溢研究工作的微观基础皆在此。

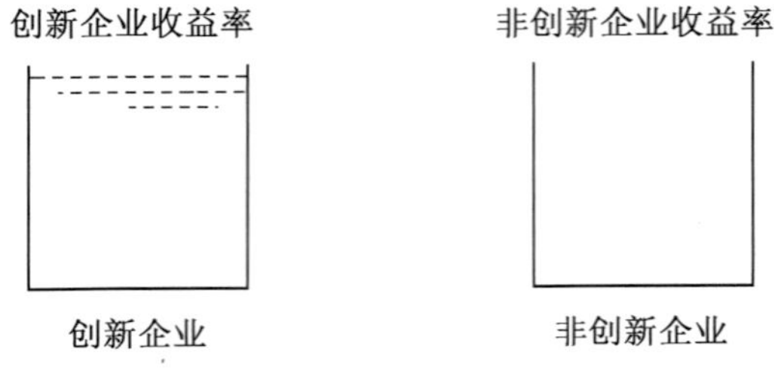

图 1－1　创新的社会收益率

在发生技术外溢的情况下，创新企业的知识和技术就会扩散到非创新企业。在图 1－2 中，两个企业之间出现了一个通道，表示存在技术外溢的渠道。在这种情况下，创新企业的收益率就会低于社会收益率。而在没有技术外溢的情况下，创新企业获得全部的创新收益，处于社会收益率位置。

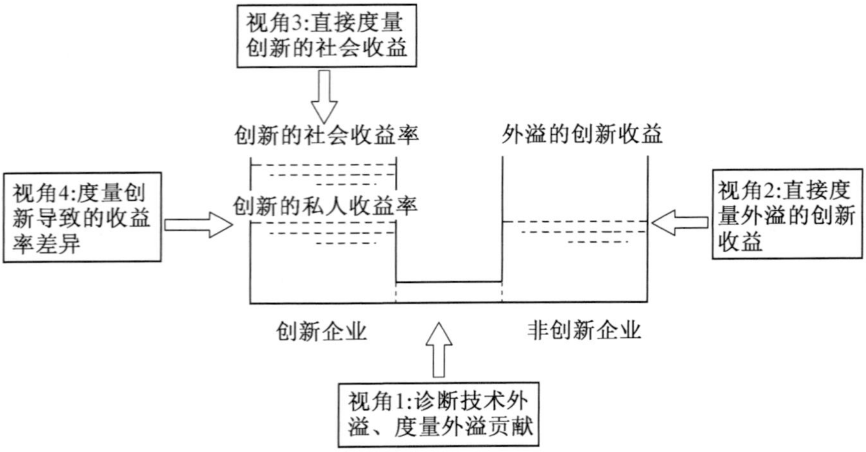

图 1－2　度量技术外溢的视角

根据图 1－2，从逻辑上看，对技术外溢的研究可以从四个角度进行。第一个角度是直接诊断技术外溢的存在性，并且试图通过创新企业和非创新企业之间的计量回归来度量技术外溢的贡献。例如，Coe 和 Helpman (1995)将创新国家的研发资本存量同其他国家的全要素生产率进行回归，如果回归系数显著异于零，那么就可以诊断技术外溢的存在。同时，该回归系数还反映了创新国家研发资本存量的 1％变化会影响其他国家的全要素生产率的百分点变化。尽管该角度在一定程度上反映了技术外溢带来的影响，但是并不涉及技术外溢对收益率变化的影响。

第二个角度是直接度量该项创新产品在创新企业之外的收益。迄今为止，该角度的研究方法主要采取调查问卷和电话采访等方法。为了使调查不会带来过高的成本，技术外溢必须发生在相对有限的领域。如果技术外溢的发生范围过于宽广，实地调查计划就会变得可行性很弱。其实，用调查方法度量外溢收益的最终目的还是在于获得创新的全部收益率——社会收益率。这方面的研究成果最具有代表性的是 Bresnahan(1986)研究的计算机技术向金融行业扩散带来的收益变化，Trajtenberg(1989)对 CT 扫描仪在整个医学领域的社会收益率调查。

第三个角度是采取计量方法直接度量某项创新产品的社会收益率。例如 Jones 和 Williams(1998)通过建立一个宏观跨期优化模型来推算研发的社会收益率。但是，度量社会收益率只能在一定程度上反映创新带来的收益，对于技术外溢导致的收益率变化却并没有反映。一些专利的社会收益率很高，但是可模仿性较差，因此技术外溢导致的收益损失并不严重。一些专利社会收益率不是非常高，但是可模仿性较好，一旦创新产品在市场问世，很快就会有很多企业制造同类产品，对创新企业产生巨大冲击。由此可见，仅仅了解创新的社会收益率还不足以对技术外溢的程度有足够了解。

第四个角度就是直接从技术外溢导致的收益率差异入手。从图 1-2 中可以看到，技术外溢不是和社会收益率有密切关系，而是和收益率差异有关系。但这方面鲜有相关文献研究。本书的研究动机就是从收益率相对差异角度研究技术外溢的度量问题。根据以上分析，本书拟研究如下三方面问题：

(1) 理论方面，技术外溢度量的决定因素是什么？理论表达形式是什么？

(2) 政策方面，政府政策的帕累托最优性及其对外溢度量的影响是什么？

(3) 经验方面，如何利用经验数据估计技术外溢度量？

本书对上述三方面问题的解答具有重要的意义。首先，外部性度量一直是一个悬而未决的理论问题，对于外部性度量中的技术外溢度量问题，本书发现了一个新的研究视角，并从理论上提供了一个外溢度量的初步解决方法。其次，本书的政策效果分析为补贴政策制定提供了依据，回答了“研发补贴效果何时更有效”的问题，为政府制定技术创新的激励政策提供了理论基础。最后，长期以来中国未能较好地对外资技术外溢进行经济收益方面的政策评价。本书的理论结论和经验推算方法为未来的政策评价工作提供了一项基础性的工具。

1.2 技术外溢概念的界定

为了研究上述三个问题，首先必须对技术外溢的概念进行界定。学术界对技术外溢的研究兴趣大多集中在外国直接投资（Foreign Direct Investment，FDI）是否对当地经济产生技术外溢？但是在研究过程中，技术外溢的概念并没有被明确地界定，以至于产生混淆。研究者通常使用两个概念来表达他们所指的外部性内涵：FDI 的外部性和 FDI 的外溢效应。一般认为这两个概念是等价的（Keller，2004）。但在 FDI 的文献系统中，对技术外溢的概念的理解确实存在一定的模糊性。一些文献认为 FDI 的进入促进国内市场竞争而带来的市场效率提高也可以看作 FDI 的技术外溢。例如，张建华和欧阳轶雯（2003）认为，"（外资企业）资金引起的带动国内资金使用效率提高的效应……经济学研究中用 FDI 技术外溢效应来说明这一点。"

这些所谓的市场效率提高是否真的属于技术外部性呢？外部性的概念在通常的微观经济学中界定得很清楚，Mas-Colell，Whinston and Green（1995，p. 352）认为，"当一个消费者的福利或者一个企业的生产可能性集受到经济中另外的个体和企业的行为的直接影响时，外部性就存在……当我们说直接影响时，我们是指排除了价格调节所引起的影响。"根据《新帕尔格雷夫经济学大辞典》（伊特韦尔等，1999，pp. 282－283），技术外部性指"某种消费活动或生产活动对消费者的消费集的间接影响，或消费者的效用函数或生产者的生产函数。所谓间接性是指，其影响涉及的不是进行这一经济活动的厂商，而是别的厂商，其影响不通过价格系统起作用。"

可见，外部性的本质是不通过价格机制传递的影响。根据上面的定义，竞争促进市场效率的提高就不属于技术外溢效应，这显然通过了价格机制传递。本书所指的技术外溢或技术外部性，是指由于技术的公共品性质引发的外部性效应，是不通过市场机制而直接发生作用的一种效应。

1.3 研究的思路、工具和逻辑结构

1.3.1 研究思路

本书的研究思路见图1-3。对于一个企业而言,知识的积累和技术进步可以通过两种途径实现:第一,非外部性途径,即投入大量的成本,承担巨大的风险,通过自主研发获得知识和技术。第二,外部性途径,即自己并没有实施有意识的行为从事创新,而是靠其他企业的技术外溢或者自己在生产投资过程中的意外收获来实现知识积累和技术进步。

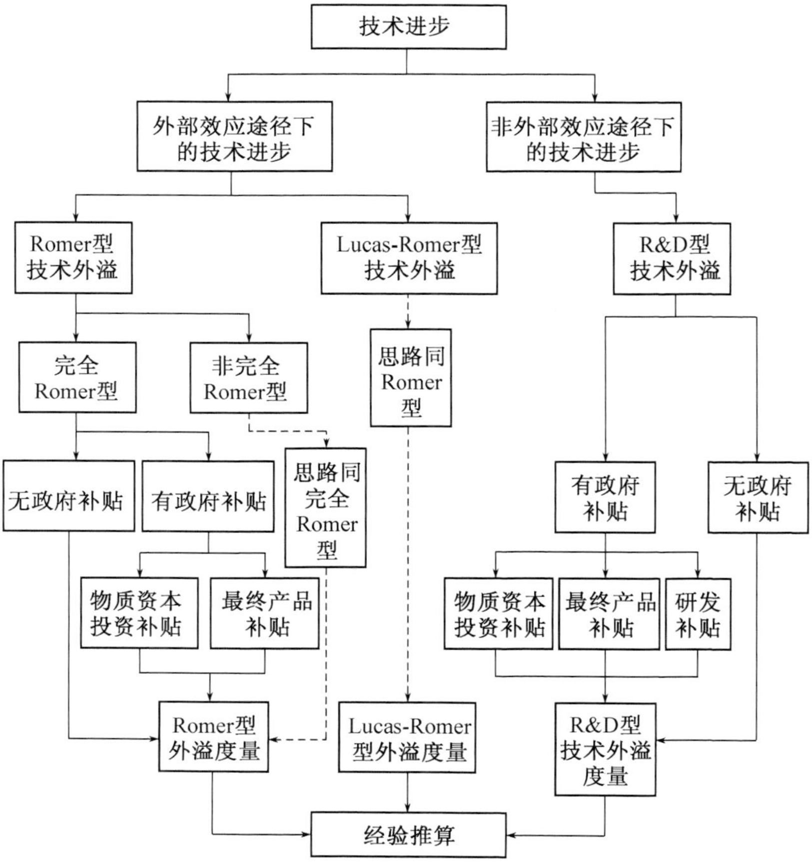

图1-3 度量技术外溢的研究思路

无论技术通过什么样的途径获得，一旦拥有一项技术，公共品特征将引发技术的外部性。在以外部性知识积累为特征的经济中，Romer(1986)揭示知识和技术可能通过物质资本的投资而发生积累，知识的增长方式属于边投资边积累，因此资本存量的大小是知识存量的一种体现。在 Romer 经济中，物质资本投资产生知识，知识一旦产生就外溢至整个经济中。本书把这种特征的技术外溢称为 Romer 型技术外溢。但是，Romer 经济具有劳动力规模效应。本书将 Lucas(1988)的人均人力资本外溢的思想引入 Romer 经济，形成了 Lucas-Romer 型技术外溢，有效地消除了劳动力规模效应。在以研发为技术进步动力的 R&D 经济中，一个企业一旦获得一项新技术，很可能其他企业也因此获益。这种技术外溢本书称之为 R&D 型技术外溢。

对于 Romer 型和 Lucas-Romer 型技术外溢，本书分别在完全外溢和非完全外溢的假设下进行研究。完全外溢指一个企业产生的知识会完全被其他企业知道(见图 1-3 的完全 Romer 型)。Romer(1986)就是在完全外溢的假设下进行研究。非完全外溢指一个企业获得的知识在一段时间内只有部分会被其他企业知道(见图 1-3 的非完全 Romer 型)。本书对于非完全外溢的分析其实是对 Romer(1986)的一个推广。对于 R&D 型外溢，本书直接分析非完全外溢情况。此外，为了分析政府政策对技术外溢度量的影响，本书还研究技术外溢情况下经济是否能达到帕累托最优，如果不能，政府是否可以通过一定的政策促使经济帕累托改进，不同政策下技术外溢的度量如何表示？政策对技术外溢的度量有何影响？最后，本书将根据理论研究的结果，尝试用经验数据来对技术外溢度量进行推算。

1.3.2　分析工具

本书采用的分析工具主要是实证分析工具和规范分析工具。实证分析分为理论实证分析和经验实证分析。理论实证分析揭示在一定的假设下会出现什么样的结果。建模基础是经济增长理论。建模的主要工具是连续时间条件下的最优控制理论和微分方程系统的定性分析技术。在适当的地方，为了增强模型的可视化，本书对模型进行数值模拟。在每一种模型里面，除了分析技术外溢导致的收益外溢程度，本书还进行帕累托最优性的规范分析，研究政府如何设置补贴率才能使经济达到帕累托最优状态。经验实证分析主要采用非平稳面板处理技术——面板协整工具——以避免伪回归问题。在没有协整关系的情况下，本书采用传统的一阶差分手段估计参数。由于技术外溢度量并不是一个可以直接进入计量模型的指标，也无法直接成为一个可以被估计的参数，因此对于技术外溢度量的推算主要采用估计校准法完成。

1.3.3　逻辑结构

根据研究思路，本书的逻辑结构如图 1－4 所示。第一章导论；第二章文献评论，对技术外溢的相关文献进行评论；第三章理论准备，为后续章节进行逻辑铺垫，证明劳动增进型技术进步的一般性；第四章分析 Romer 型外溢度量；第五章分析 Lucas-Romer 型外溢度量；第六章分析 R&D 型外溢度量。第四至六章属于理论分析，分别就完全技术外溢和非完全技术外溢、Cobb-Douglas 生产函数和一般新古典生产函数假设下的技术外溢度量问

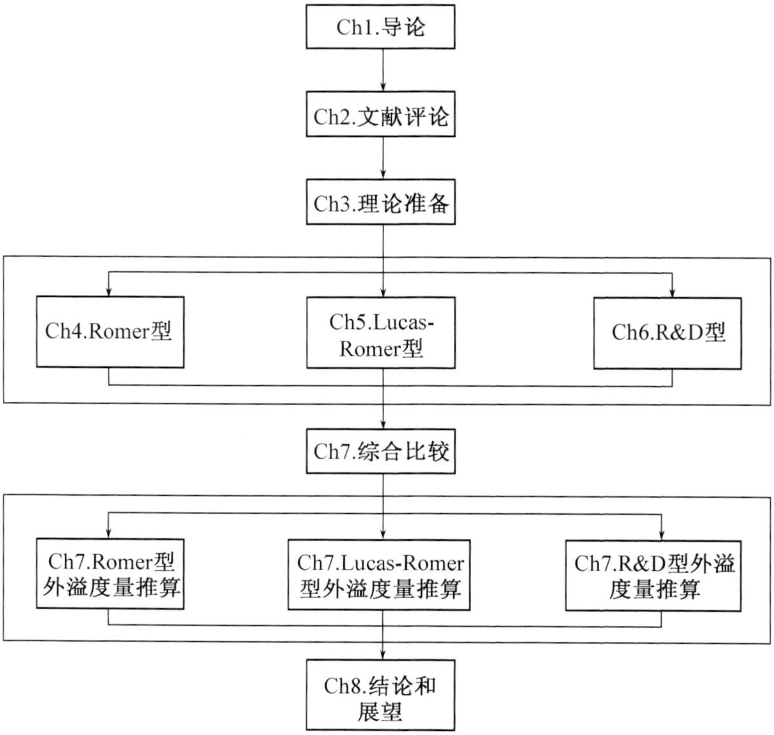

图 1－4　本书的逻辑结构

题进行探讨，并且讨论政府政策对外溢度量的影响。第七章属于经验推算，首先对理论分析中的结果进行总结归纳，然后采用中国的经验数据对模型的基本参数进行校准，最后对技术外溢的度量进行推算。第八章总结全文，揭示可能的政策含义以及今后的研究方向。

1.4 创新和不足

本书通过对技术外溢度量的理论和经验分析，主要获得了以下八方面的创新和发现：

（1）本书从技术外溢导致创新收益外溢的角度对技术外溢进行度量，从两个方面设计了技术外溢度量指标：指标 w_1 揭示了市场经济和计划经济之间的相对收益率差异；指标 w_2 揭示了分散决策的市场经济均衡中，给定资源配置，在存在技术外溢和不存在技术外溢两种情况下创新收益的相对差异。

（2）本书推导出外溢度量的理论表达形式，发现了外溢度量的基本决定因素：生产函数形式 f（C－D 函数下为资本的产出弹性 α）、技术外溢强度（ν）、技术指标（在 Romer 经济中为物质资本存量 K，在 Lucas-Romer 经济中为人均资本 k）、劳动力规模 L（在 Romer 经济中），以及政府补贴政策（ε）。

（3）本书分析了不同补贴政策的帕累托改进效果，以及政策对外溢度量的影响，并推导出政府的最优补贴率。

（4）本书证明了在一定假设条件下技术研发函数是线性函数，从而为经验研究中广泛使用的线性计量模型提供了理论基础。

（5）本书利用中国经验数据推算了外溢度量的经验值。Romer 型外溢度量 w_1 约为 27％，w_2 约为 85％。Lucas-Romer 型外溢由于外溢效应较弱或者地方政府竞争效应的干扰，没有得到可靠结果。在 R&D 型技术外溢中，区域内 R&D 外溢度量 w_1 约为 13％，w_2 约为 23％；行业内 R&D 外溢度量 w_1 约为 15％，w_2 约为 27％。

（6）FDI 和内资企业之间存在逆向技术外溢现象，即 FDI 对内资企业没有技术外溢，而是内资企业对 FDI 有技术外溢。

（7）区域内或行业间的 R&D 技术外溢程度要低于行业内外溢。

（8）本书将劳动增进型技术进步的一般性从外生储蓄率模型中推广到内生储蓄率模型，使得理论分析更加严谨。

任何研究都是建立在一定假设之上的，是对现实的抽象。本书的研究与现实经济具有一定距离，还存在许多缺陷。这些不足主要表现为以下几方面：

（1）尚未发展出一个比本书更加简单可行且综合度更高的模型来“同时”囊括多种类型的技术外溢。

（2）仅仅考虑了双向技术外溢，未考虑单向外溢。

（3）本书对外溢度量的研究仅仅从经济角度出发，并未引入政治利益和国家利益。一旦引入非经济因素，技术外溢可能并不有利于长期经济增长。因为不同的国家和不同的利益集团为了各自的利益会相互遏制。

（4）没有结合中国经济的现实情况考虑制度转型。制度转型对中国经济而言是最重要的一个因素。本书的模型分析过于抽象，更加适合于一个制度稳定的社会。对于中国经济而言，模型对现实刻画能力有限，最多只是反映了一定层面的信息。

（5）对于已有文献揭示的其他众多影响因素，本书没有进一步考虑。可以预期，考虑了诸如地理因素、股权比例、行业特征等因素后，模型结论也会有很大不同。

第 2 章 技术外溢研究的文献评论[①]

2.1 技术外溢的理论研究评论

涉及技术外溢的研究文献通常见到的都是经验研究文献，但是，技术外溢实际上具有深厚的理论基石。过去 20 多年的增长理论揭示经济增长的动力来源主要是外部性和技术创新。外部性是一种免费的午餐，技术创新则是自身努力的结果。这方面最有影响力的成果主要有基于外部性的内生增长理论(Lucas，1988；Romer，1986)、基于产品种类研发活动的内生增长理论(Romer，1990；Jones，1995)和基于产品质量改进研发活动的内生增长理论(Aghion 和 Howitt，1992)。本书将其分为三类进行评论：以物质资本投资外部性为驱动力的 Romer 经济(Romer，1986)；以人力资本积累为驱动力的 Lucas 经济(Lucas，1988)和以研发为驱动力的 R&D 经济(Romer，1990；Aghion 和 Howitt，1992；Jones，1995)。

2.1.1 Romer 经济中的技术外溢

Romer(1986)研究物质资本投资带来的知识的外部性对经济增长的影响，刻画了知识外溢作为内生增长的机制。该模型认为知识在不同企业之间的溢出具有完全性，即一个企业知道多少知识，另一个企业也知道多少知识，每个企业都可以对称性地利用全社会的知识库。另外，Romer(1986)还借鉴了 Arrow(1962)边干边学的思想，认为企业会存在边投资边学习的现象，物质资本投资同时会引起知识存量的增加。因此 Romer(1986)直接将知识存量等同于全社会的资本总量 K。企业 i 的生产函数可以写成 $y_i=f(k_i,K)$。在这种设定下，经济具有不变的长期增长率，分散经济均衡状态

① 本章部分内容发表于《经济研究》2009 年第 4 期，《现代经济探讨》2009 年第 6 期。

下的资本收益率要低于社会计划者的资本收益率。这是因为知识的外部性导致私人企业的投资无法获得全部回报，一部分外溢至整个经济中，进而导致私人企业的投资积极性下降，最终降低了均衡状态下的经济增长率。

这种技术外溢或者知识外溢，本书称其为 Romer 型技术外溢。Romer (1986)虽然对技术外溢的影响进行了非常深刻的讨论，但是并没有进一步分析如何度量技术外溢的程度。本书的第 4 章将专门对 Romer 经济进行研究，分别考虑 Cobb-Douglas 生产函数和一般新古典生产函数假设下的技术外溢度量问题，并且讨论政府的补贴政策如何影响技术外溢度量。

2.1.2 Lucas 经济中的人力资本外部性

在 Lucas(1988)的研究中，人力资本被加入生产函数：$y_i = Ak_i^{\alpha}h_i^{1-\alpha}h_a^{\gamma}$。在这里，企业的生产不但受到单个企业的物质资本($k_i$)和人力资本($h_i$)的影响，而且受到全社会人均人力资本水平($h_a$)的影响。和 Romer(1986)的模型相比，物质资本投资的外部性现在变成了人力资本的外部性，经济的长期增长率也依赖于人力资本的外部性。

人力资本的外部性表现在对企业产出有重要影响的变量——社会人均人力资本水平(h_a)——并不需要企业自身投入，它的增长是全体企业共同努力的结果。当单个企业进行人力资本投资的时候，只有 h_i 会增长，对企业产出有影响的也就只有这一部分。从严格意义上看，h_i 的增长或多或少会对全社会的人力资本水平产生一定的贡献，但是，这种贡献对于单个企业而言，决策的时候几乎可以忽略不计。从另外一个角度看，如果假设这个经济中的企业数量有无限多个，而且都是同质的(在 Lucas 经济中确实如此)，那么，从严格的数学意义上看，单个企业的人力资本投资努力对于整个经济的贡献而言就会趋于零。所以，假设单个企业的人力资本投资对全社会人力资本水平没有影响是有一定数学根据的。但是，当所有的企业都进行人力资本投资的时候，情况就不同了。这时候全社会的人力资本水平就会上升。对于一个更高的全社会人力资本水平而言，同样的其他投入，单个企业的产出就会上升，这就是人力资本的外部性。

尽管 Lucas(1988)研究的是人力资本的外部性，但其对本书的技术外溢研究也具有重要意义。在 Romer 经济中，劳动力具有规模效应，这同一般的直觉不一致。在 Lucas 经济中却并不存在规模效应。因此，本书的

第5章将 Lucas 经济中的人均人力资本外部性思想引入 Romer 经济，以弥补 Romer 经济的缺陷。本书将这种带有 Lucas 特色的技术外溢定义为 Lucas-Romer 型技术外溢。

2.1.3 R&D 经济中的技术外溢

Romer(1986)和 Lucas(1988)都属于早期的内生增长理论，只是关注技术外部性和人力资本外部性带来的结果，并没有关注技术进步的重要决定因素——研究和发展(R&D)活动。对于研发活动作为经济增长动力的文献有很多，它们中间最具有代表性的当属 Romer(1990)，Aghion 和 Howitt(1992)，Jones(1995)。Jones(1995)其实只是 Romer(1990)的一个扩展，基本思想类似。Romer(1990)和 Jones(1995)的模型的贡献与其说是建立了内生增长理论模型，还不如说是设计了增长理论的一种微观机制，这种微观机制有利于将研发创新活动纳入宏观模型进行分析。在他们的模型中，创新活动作为一种有风险的盈利性的企图，企业家需要承担一定的风险，决策是否需要从事创新活动。如果创新成果没有能够被很好地保护，企业家的创新成本就无法得到补偿，因此整个经济就不会有企业家长期从事创新活动。要使经济中的创新能够出现，必须要引入对创新成果的保护机制——专利制度。一旦出现专利制度，新产品市场就不再是完全竞争市场，而是具有一定垄断性的市场。Romer(1990)和 Jones(1995)将整个经济分成三个市场：专利发明市场、中间产品交易市场和最终产品市场。最终产品市场是一个完全竞争市场，生产最终产品需要多种中间产品投入，而每一种中间产品都必须购买专利后才能生产。大量中间产品具有一定程度的替代性，因此中间产品市场是一个垄断竞争市场。专利发明市场则相当于企业的研发部门，以发明成本来定价专利产品。通过这种微观市场机制，Romer(1990)和 Jones(1995)发现研发创新活动才是经济增长的长期动力所在。Romer(1990)和 Jones(1995)对创新产品有一个共同的约定：新产品是种类不同的产品，创新导致的技术进步表现为产品种类的增加。发明一种新产品固然是技术进步的表现形式，但是，现实经济中还有很多创新活动的结果是改进了产品质量。事实上质量的改进也是技术进步的非常重要的一个方面。例如很多年以前中国人民看电视都是黑白电视。现在的黑白电视机基本上已经不再生产了，取而代之的是高质量的彩色电视机。从黑白到彩色就是一个巨大的技术进步，但是电视机仍然是电视机。如果按照产品种类增加的标准来衡量，电视机色彩改进就不是技术进步。为了分析这种质量改进型技术进步，需要引入新的框架来建模。Aghion 和 Howitt(1992)就是这方面研究的最重要的代表作。

尽管这些研发驱动型经济增长模型在建模过程中都考虑技术具有公共品性质，知识具有无成本共享和容易外溢等特点，但是，这些模型的重点都在于揭示研发对经济增长的驱动作用，而不在于揭示技术外溢或者技术外部性对经济增长的作用。因此这些研发模型未能很好地考虑研发外部性对经济的影响。第 6 章将建立一个以研发外溢为主要研究对象的经济增长模型，并进一步考察如何从收益率差异视角度量研发外溢程度。

2.2　技术外溢的经验研究评论——影响因素

技术外溢的经验研究大量集中在技术外溢渠道的甄别，一般认为模仿示范、人员交流和垂直关联是最重要的几种外溢渠道。对这些内容已经有专门的文献总结(Saggi, 2002)，这里不再赘述。近年来大部分学者的研究兴趣已经开始转移到技术外溢的影响因素上，例如外资参股、行业发展特征、吸收能力差异、制度变迁以及地理因素到底对技术外溢有没有影响？是如何影响？这部分对一些主要影响因素的研究工作进行评论。

2.2.1　外资参股

外资参股对所参股企业的生产率有什么影响？外资参股程度对同行业内东道国完全控股的企业的生产率有什么影响？影响程度是否和企业规模有关？Aitken 和 Harrison(1999)利用委内瑞拉的微观层面数据对此进行了研究。其被解释变量是工厂的产出水平。FDI 分支机构在东道国的活动用两个变量来表示：工厂股权中 FDI 所占比例和行业中 FDI 股权比例，其中后者经过了雇员规模的加权。如果工厂股权中 FDI 所占比例正相关于产出水平，则表明工厂受到了参股外资的先进技术影响；如果行业中 FDI 股权比例正相关于工厂产出，则表明该行业中没有外资参股的当地企业获得了 FDI 的技术溢出效应；如果这两个变量的交叉项系数为正，那么外资参股企业受到了该行业中其他 FDI 的正面影响。通过这种产出回归模式，

Aitken 和 Harrison(1999)发现，小企业中外资参股比例的上升会提高该小企业的产出水平，但在大企业里这种效应并不明显；另外，FDI 会对当地没有外资参股企业的产出具有负面影响。因此，总体来看，FDI 的产出效应可能比较微弱，也没有强烈证据显示外资参股企业会对当地的没有外资参股企业产生技术外溢。

2.2.2 行业特征

技术外溢可能还会受到行业特征的影响，例如企业规模、资本密集度和行业集中度的差异都会对技术外溢产生影响。上面提到的 Aitken 和 Harrison(1999)的研究中就包含了外资参股和企业规模特征之间的关系，发现外资参股的生产率效应受到企业规模的影响。陈涛涛(2003)，陈涛涛和陈娇(2006)使用 Coe 和 Helpman(1995)的基本模式对中国 FDI 外溢效应的行业特征进行研究。陈涛涛(2003)提出了“内外资企业能力差距”的概念以反映同一行业中内外资企业在竞争能力上的差距。该概念主要体现在其使用的三个行业分组变量上：行业内的内外资企业技术差距、行业资本密集度和行业集中度。其结论是内外资企业之间的能力差距越小，溢出效应越大。陈涛涛和陈娇(2006)则从行业增长角度进行研究，认为行业增长是影响 FDI 行业内外溢的重要因素。

2.2.3 吸收能力

技术外溢的成功发生需要外溢方和接受方双方面的配合。如果接受方吸收能力不够，则即使外资存在技术外溢，东道国也无法获得技术外溢带来的好处。吸收能力和自身的研发能力、人力资本水平相关。Cohen 和 Levinthal(1989)是最早对研发能力和吸收能力之间的关系进行研究的文献。该研究认为，研发活动具有双重效应——研发不仅提升自己的技术水平，而且使得自身的能力得以扩展，当面对外部存在的信息和技术时，能更好地吸收为自己的知识。赵增耀和王喜(2007)以中国汽车产业为例分析了外溢效应和吸收能力之间的关系，认为通过对吸收能力具有关键作用的研发活动进行大力投资可以有效促进 FDI 的技术外溢。

此外，各地区的吸收能力也具有巨大的差异，这直接影响到外资的技术外溢程度。例如，沈坤荣和耿强(2001)发现当地人力资本存量(人力资本定义为高校在校学生数占人口总数的比例)具有门槛效应，而且门槛效应和地区有关。通过对东部、中部和西部三地区的计量分析，发现只有东部地区人力资本没有门槛效应，只要人力资本上升，产出水平就会上升；西部和中部都存在门槛效应，中部地区的人力资本只有当超过 0.54%以后，FDI 的增加才能促进人均 GDP 的上升；同样，西部地区的人力资本门槛值约为 0.21%(根据结果推算)。陈柳和刘志彪(2006)在控制自主创新能力的情况下，也发现了技术外溢的门槛效应。

许多研究者认为 FDI 进入东道国市场引起的竞争效应也属于技术外溢效应，其理由是市场竞争导致东道国企业面临强大的压力，从而有巨大的生存动力去从事研发活动。但是，根据本书一开始对技术外溢的概念澄清，不难发现竞争效应必须通过价格机制实现，因此不能看作技术外溢。许多 FDI 回归中使用的 FDI 活动变量是 FDI 资产在该行业或该地区所占的比重，或者是雇员比重(王玲和涂勤，2007；姚洋和章奇，2001)。采用这种 FDI 变量定义所获得的结果可能部分包含了竞争效应。因为 FDI 资产越多或者雇员越多，并不表示技术水平就越高。在一种极端的情况下，假设 FDI 技术甚至要低于当地企业，那么 FDI 资产越多、雇员越多只能表示 FDI 进入当地市场导致的竞争越激烈，而不能表示技术越先进。但是，竞争效应确实是影响技术外溢的一个重要因素，其原因是竞争能促使东道国企业加大研发力度，从而提高了自身的吸收能力，使得 FDI 的技术外溢得以成功实现。因此，竞争对技术外溢的影响在某种程度上其实反映了吸收能力提高对技术外溢的影响。

Xu(2000)区分了技术扩散效应和 FDI 竞争效应，并在基本的生产率研究模式中加入了技术差距和人力资本水平，发现 FDI 的技术外溢效应仅在发达国家显著，在发展中国家并不显著。这可能是因为发达国家的吸收能力普遍较高。另外，人力资本对 FDI 技术外溢具有显著的临界效应，即要从 FDI 技术外溢中获益，东道国的人力资本水平需要达到 1.9 年以上，但大多数发展中国家并没有达到这一临界水平，这表明这些发展中国家的吸收能力制约了他们，无法从 FDI 技术外溢中获益。

2.2.4　制度转型

发达国家对外资的技术外溢研究基本不会考虑制度变迁问题，因为对于发达国家而言，他们不存在制度转型的问题。但是，对于发展中国家而言，制度变迁可能是一个非常重要的因素。Borensztein，Gregorio 和 Lee（1998）在研究发达国家流向发展中国家的 FDI 的投资效率是否要高于当地投资时，关注到金融发展程度、外汇黑市升水以及政治稳定性这些制度性因素。对于中国这样一个转型国家而言，制度转型是一个非常重要的因素。外资的技术外溢是否会受到制度转型的影响呢？沈坤荣和耿强（2001）在用人均产出水平对 FDI 变量进行回归的过程中，特别提出要控制一些中国特色的影响因素，例如，体制变量和政策优惠变量。体制变量属于全局变量，对整个国家都发生作用的制度变量。政策优惠变量则属于局部变量，其影响也局限于某些地区或者某些个体。当控制住这些制度转型变量的影响后，FDI 对人均 GDP 依然存在显著影响，而且对于吸收能力和门槛效应的结果并没有产生逆转影响。

然而，蒋殿春和张宇（2008）认为中国 FDI 的外溢效应可能并不是那么显著。以往一些研究所得到的显著结果是因为没有完全控制中国的制度变迁。FDI 常见的技术外溢渠道要发挥作用的前提是，东道国必须具备基本的必要的市场经济制度，资源配置主要通过市场来完成。只有这样，新技术的定价过程才能完成。如果市场不完善，那么企业的创新就无法得到合理的市场定价，巨大的研发成本就无法得到合理回报，企业的创新激励会严重不足，技术外溢的发生也无条件。对于中国这样从计划经济转向市场经济的国家而言，市场的不完善会发出错误的市场信号，常常贬低新技术的价值。制度的不健全还导致企业的盈利受制于多种非经济因素，增加企业家创新的成本，降低创新的动力。对于国有企业而言，由于公司治理制度不完善，激励机制不健全，既想保持传统的垄断地位，又惧怕外资带来的市场竞争，也没有开展技术创新的动力和利润动机。政府只能长期对国有企业采取各种形式的保护手段，例如减免税收、设置行政垄断等措施。长期的保护进一步导致国企失去竞争能力和技术创新能力。相反，民营企业乐于技术创新，但国内歧视性金融政策大大制约了民企的技术创新。蒋殿春和张宇（2008）通过控制中国制度变迁的因素，发现 FDI 对中国内资企业的生产率的技术外溢效应并不显著。如果不控制制度变量，则技术外溢效应非常显著。因此他们的研究认为，制度的改善促进了内资企业的技术水平，而不是 FDI 的技术外溢促进了内资的技术水平。

2.2.5　地理因素

地理因素对技术外溢的影响主要体现在距离空间上的接近和某一地区特殊特征的影响。距离空间上的接近产生了常见的 FDI 模仿示范效应，这是早期由 Arrow(1974)提出来的技术扩散的传染效应。对于地理因素的影响，首先需要研究的问题是区域内的传染效应是否要强于区域间的传染效应？直观上看，区域间由于空间距离的增加而使得这一效应减弱，因此区域内的传染效应应该比较强。这一猜想得到了 Jaffe, Trajtenberg 和 Henderson(1993)的支持，他们发现引用美国的专利成果最多的还是美国自身的专利，而其他国家的专利对美国的专利引用相对较少。Branstetter (2001)对美国和日本的研发和专利数据进行了研究，同样发现国家内部的技术外溢要强于国家之间的技术外溢。罗雨泽等(2008)对中国 FDI 的地理比邻效应研究也发现了类似的现象：在 3 位码和 4 位码行业上靠近 FDI 的内资企业均具有较高的生产率；区域越大，比邻效应越弱，例如省、直辖市一级的比邻效应估计值要低于地区市一级的估计值。

如果对地理因素的研究局限于区域内和区域间的差别，那么结果还是比较粗糙。区域内的技术外溢是否与距离有关呢？对这个问题的进一步研究需要直接把距离长度加入回归模型。这样不但能考察区域间，还能考察区域内不同的地理距离会给技术外溢带来什么影响。例如，Keller(2002)使用了带地理因素的生产率回归法考察研发支出的外部性，他对地理距离影响的考虑是用地理距离的指数衰减函数来加权外国研发支出 $S_{c'it}$

$$\ln TFP_{cit} = \beta \ln\left(S_{cit} + \gamma \sum_{c'} S_{c'it} e^{-\delta D(c',c)}\right) + \alpha' X + u_{cit}$$

其中，S_{cit} 和 $S_{c'it}$ 分别为 c 国的和 c' 国的研发支出，$D(c',c)$ 为 c 和 c' 国家之间的地理距离，δ 为距离参数。如果 δ 的估计值为正，则对较远的国家给予较低的权重能更好的解释生产率的变化；如果 δ 的估计值为零，则地理因素就没有什么贡献。Keller 的研究支持了地理距离在技术溢出中的重要作用，从整体而言，技术溢出更多的是区域性的，而非全球性的，并且技术溢出随着地理距离的增加而下降。

2.3 技术外溢的经验研究评论——研究方法

2.3.1 产出回归法

早期研究 FDI 技术外溢的学者大都关注 FDI 对经济增长的影响，因此一个自然的想法是将 FDI 变量直接同东道国的产出水平（或者产出增长率）回归，寻求它们之间的某种相关性。如果发现 FDI 变量同产出水平（或者产出增长率）显著正相关，则由此推断 FDI 存在技术外溢。产出回归的基准模式是

$$Y_d = f(FDI, X) + u$$

其中 Y_d 表示东道国的产出水平，FDI 表示外资分支机构在东道国的活动，X 表示其他控制因素，u 表示随机因素的扰动。运用产出回归模式的典型文献主要包括：Borensztein，De Gregorio 和 Lee（1998），Aitken 和 Harrison（1999），张建华和欧阳轶雯（2003），赖明勇等（2005）。

Borensztein，De Gregorio 和 Lee（1998）用人均 GDP 增长率代替 Y_d，从宏观层面研究工业国流向 69 个发展中国家的 FDI 数据，检验了 FDI 对发展中国家的经济增长的影响，发现 FDI 存在显著的技术扩散现象，但技术接受国的人力资本必须达到一定的临界值。另外，Borensztein，De Gregorio 和 Lee（1998）还研究了 FDI 对发展中国家国内投资的挤出效应，结果发现并不存在挤出效应，相反存在挤入效应，即一单位的 FDI 净流入所引起的国内总投资要超过一单位，但结果并不是非常稳健。因此 Borensztein，De Gregorio 和 Lee（1998）得出的结论是 FDI 对东道国经济的影响不是通过资本要素的积累，而是通过促进技术进步实现的。

张建华和欧阳轶雯（2003）认为产出对外资的偏相关系数就是所谓的外商直接投资溢出系数，只要该系数为正，且“从统计上看是显著的，就说明 FDI 对经济增长有积极的技术外溢作用”。根据这一逻辑，张建华和欧阳轶雯（2003）发现广东省外资企业对内资工业部门具有正向外溢效应，FDI 的技术外溢效应甚至超过了 FDI 产值对经济总量增长的贡献。另外，广东省的 FDI 外溢效应主要体现为示范模仿效应和联系效应，竞争效应和培训效应并不显著。

赖明勇等(2005)将 Coe 和 Helpman(1995)的生产率回归方程修改为产出回归方程,并将 Coe 和 Helpman(1995)的单一加权方案扩展成多种加权方案,例如,在计算外国研发投入时不但使用进口加权法,而且使用 FDI 加权法。在计量模型的设定上,赖明勇等(2005)不仅考察了 Coe 和 Helpman(1995)的基准模型,还研究了注重贸易开放度和人力资本的两类模型。在所有的加权方案中,外国研发投入的系数都是非常显著,并据此认为,以外商直接投资为传输渠道的国际技术外溢对中国的经济增长具有显著促进作用。但是,国内研发投入对经济增长并没有显著影响。

产出回归法的优点,首先是适合于研究 FDI 的经济增长效应,通过研究产出和 FDI 之间的相关性,研究者直接可以估计 FDI 变动一个单位对产出有什么影响,因此产出回归法得到的相关系数其实就是对 FDI 技术外溢效应的一种经济效益评价;其次,产出回归法还可以用来研究 FDI 的增长效应是否依赖于其他因素的临界效应,例如,人力资本必须达到一定临界值以上,FDI 才会呈现增长效应。

然而,产出回归法所依据的理论基础通常是经济增长理论,得出的研究结果最多也就是支持了 FDI 对增长具有某种效应。对于 FDI 的增长效应是否通过技术外溢渠道实现,则无法获得令人满意的结果。产出回归法的结果要能揭示 FDI 技术外溢涵义,必须解决如下两个逻辑问题:

第一,假设 FDI 技术要高于当地企业,但 FDI 对于自身的技术成果保密效果很好,没有在当地发生技术外溢。这种情况下,产出回归法是否会得到显著技术外溢的结论呢?从逻辑上看,产出回归法是有可能给出显著技术外溢的结论的。这是因为 GDP 的核算按照属地原则,只要 FDI 企业进入当地经济,从总量上看就会促进当地经济 GDP 的上升,除非 FDI 企业在当地没有任何产出。如果被解释变量采用 GDP 的增长率,产出回归法是否依然能得到显著结论呢?显然,只要 FDI 的产出增长率高于当地经济其他企业的平均增长率,那么 FDI 的进入依然会提高当地整体经济的 GDP 增长率。因为 GDP 的统计按照属地原则进行,GDP 的增长率依然按照属地原则进行。如果 FDI 的产出增长率低于当地经济其他企业的平均产出增长率,那么整体经济的增长率会因 FDI 的进入而降低。只有当 FDI 的产出增长率等于当地经济其他企业的平均增长率的时候,FDI 的进入才对当地产出增长率没有影响。

第二，如果被解释变量 Y_d 包含 FDI 的贡献，导致产出回归法在逻辑上失效，那么我们完全可以对被解释变量进行重新定义，以剔除统计方法带来的干扰。其中一种可行的方法是被解释变量只包含当地经济中除 FDI 以外的其他企业，相当于被解释变量是东道国自身企业的产出变量或者产出增长率变量。这种方法隐含的假设是，如果 FDI 和当地经济其他企业之间没有技术外溢发生，FDI 变量和当地经济其他企业的产出变量之间就不会有显著相关性。不幸的是，产出变量的影响因素太多，除了技术因素外，还有很多非技术因素同样能影响当地经济其他企业的产出水平或产出增长率。不妨假设 FDI 对技术的保密非常完备，因此技术外溢事实上并不发生。在这种情况下，FDI 的进入是否会导致当地经济其他企业的产出上升呢？客观地讲，FDI 的进入目的要么为了占领东道国市场，要么利用当地廉价的劳动力资源或者其他种类的比较优势禀赋资源。只要 FDI 在当地从事生产活动，那么 FDI 就必定要在当地雇佣劳动力，购买原材料。FDI 同东道国企业之间的这种经济交易自然提高了东道国企业的产出水平，增加了当地一部分劳动者的收入。因此只要 FDI 同东道国企业之间发生经济交易，在逻辑上就有可能推动东道国企业的产出水平上升。只有在 FDI 同当地经济完全没有任何经济联系的情况下，在逻辑上才完全没有可能通过这种途径提高东道国企业的产出水平。但是在现实经济中，完全没有经济联系的条件过于苛刻。一般情况下，FDI 在当地必定会产生经济交易。因此，即使在剔除 GDP 属地统计干扰的情况下，产出回归法和技术外溢之间的联系依然存在逻辑上的缺陷。

2.3.2 技术回归法

既然产出回归法无法获得对技术外溢的清楚认识，研究者自然就会猜想 FDI 对技术水平的影响是否可以指示技术外溢的一些特征呢？这就是以 Coe 和 Helpman(1995)为代表的 FDI 技术回归法。技术回归法的基准形式为：

$$TECH_d = f(FDI, X) + u$$

其中 $TECH_d$ 表示东道国企业的技术水平，其他变量符号的含义同产出回归法。如果 $TECH_d$ 和 FDI 变量之间具有显著正相关，则认为 FDI 具有技术外溢效应。

运用技术回归法首先需要寻找技术的代理变量。由于技术是无形资产，因此度量也是非常困难。但是研究人员还是寻找到一些粗略的方法来获得对技术的认识。常见的技术度量法有三种：第一是从技术活动的投入角度度量，例如，中国的国家统计局每年统计的研发经费支出。这种度量方法认为研发投入越高，技术水平平均而言也会越高。第二是技术活动的产出角度度量，例如，统计年鉴上的专利申请数、发明专利拥有数等。技术成果越多，意味着技术水平越高。第三是技术活动的经济效果角度度量。技术创新的结果最终必须反映到经济收益上。采用经济收益表示技术水平的变量就是生产率。生产率越高，代表技术水平越高。但是，用生产率度量技术的结果已经有了更大的综合性，因此也更容易受到其他因素的影响。和前两种技术度量法比较，后者的可靠性相对较弱。

技术回归法的结果避免了产出回归法的弊端。如果 FDI 不发生技术外溢，只促进当地产出，那么产出回归法可能会得到显著技术外溢的结果，但技术回归法则不会得到显著的结果。采用这种回归法的代表性文献主要有：Caves(1974)，Coe 和 Helpman(1995)，Xu 和 Wang(1999)，Xu(2000)，Keller(2002)，陈涛涛(2003)，陈涛涛和陈娇(2006)。

Caves(1974)是较早采用生产率研究模式探索 FDI 对东道国影响的文献。他认为 FDI 对东道国会产生三种影响：配置效率、技术效率以及技术扩散，其利润回归方程发现 FDI 分支机构在东道国会对当地企业产生竞争压力，降低了当地企业的利润，促进了配置效率的提高。但在利润回归中并没有技术扩散外部性的含义，因此，Caves 仅仅只是想表达 FDI 对当地企业的利润产生了负面影响。当 Caves 试图分析技术扩散时，就不得不放弃利润回归模式，转而使用生产率回归。Caves 放弃使用利润回归模式的原因在于他的经验分析没有一种外部性理论支持。在生产率回归中，Caves 用 FDI 劳动生产率和 FDI 雇员的行业比例这两个变量来代表基准模式中的 FDI 变量，利用澳大利亚数据找到了支持 FDI 促进东道国企业技术效率的提高、加速技术扩散的一些证据。

Coe 和 Helpman(1995)的研究模式则从生产率角度入手，探寻 FDI 的生产率和东道国企业的生产率之间的关系。如果 FDI 能促进东道国其他企业的生产率，那么就解释为 FDI 对东道国有技术溢出效应。他们的研究使用 21 个 OECD 国家及以色列的数据，将外资的研发资本存量作为 FDI

技术水平的代理变量，并在回归方程中加入东道国研发资本存量以考察东道国生产率和自主研发之间的关系。他们的结果有力地支持了研发资本存量和生产率之间的关系。一国的生产率不仅依赖于自身的研发资本存量水平，还强烈的受到他国研发资本存量的影响。由于 Coe 和 Helpman(1995)在计算他国研发资本存量的时候使用了进口贸易比例作为权重，因此 Coe 和 Helpman 的结论揭示了进口贸易可能是技术扩散的一条重要渠道。

尽管 Coe 和 Helpman 的研究在 FDI 研究领域具有里程碑意义，但是他们的研究方法和研究数据都遭到了许多学者的批评，例如 Keller(1998)，Lichtenberg 和 van Pottelsberghe de la Potterie(1998)。Keller 运用随机产生的贸易数据重新分析 Coe 和 Helpman(1995)的问题，发现研发外溢的贡献同样显著，甚至比 Coe 和 Helpman(1995)的结果还要略显著一点。但这并不表示贸易在研发外溢中不起作用，而表示问题的性质比较复杂。因此，要想估计研发外溢和国际贸易之间的影响，必须在一个模型中同时允许两种类型的技术扩散：贸易相关的技术外溢与贸易不相关的技术外溢。但是 Coe 和 Hoffmaister(1999)对 Kelle 揭示的问题进一步研究发现，Keller 的加权比重并不是随机的，当使用另外一种贸易加权比重时，显著的技术外溢就消失了。因此，问题比一开始发现的要复杂得多，对于这方面的研究仍需要进一步拓展。Lichtenberg 和 van Pottelsberghe de la Potterie(1998)则指出 Coe 和 Helpman(1995)在计算外国研发资本存量时存在加总偏差，并提出了另外一种更好的加总方法，获得了比 Coe 和 Helpman(1995)更理想的结果。

技术回归法的优点是显而易见的，它分离掉产出回归法中许多非技术影响，使得技术外溢的经验估计更加可靠。但是，技术回归法同时也抛弃了产出回归法的优点——从经济效益角度评价技术外溢。毕竟，在经济学中研究技术外溢，不是对技术创新的科学特征感兴趣，而是对技术的经济收益感兴趣。已有的理论文献已经揭示出技术外溢的本质特征是私人收益率低于社会收益率。所以，只有从收益率差异的本质问题出发，才能从经济收益角度对技术外溢本质有所了解。然而，已有文献在研究技术外溢和创新收益的经验关系时，研究的重点并不是收益率相对差异，而是收益率的度量。下面对这方面的工作进行评论。

2.3.3　收益率度量法

在技术外溢和收益率方面的研究中，早期的工作试图直接度量外溢至创新企业以外的收益。一旦获得创新企业以外的收益，一项创新的社会收益率也就知道了。例如 Mansfield 等(1977)对制造业技术创新的社会收益率度量；Bresnahan(1986)对计算机行业向金融行业的技术外溢度量；Trajtenberg(1989)对 CT 扫描仪社会收益率的度量等。收益率度量法从本质上看，是采用调查问卷或者电话调查等方法调查一项创新在创新企业中的收益和该项创新在创新企业以外的收益情况。但是，度量社会收益率的方法并不具有简单性和普适性。通常能直接度量社会收益率的情况只限于某种确定的技术产品，并且该技术产品产生的技术外部性必须局限于一定范围。如果整个经济都受益于该项技术，那么技术的社会收益率在实际操作中就很难度量，主要原因是调查成本过高。另外，这些直接度量社会收益率的方法都是基于微观调查活动，很多时候需要涉及企业产品的生产成本等敏感的商业机密，因此调查得到的数据可靠性很难保证。要能方便简单地度量技术创新的社会收益率，只能寻找新的度量方法。

要克服传统收益率度量法的缺陷，就必须抛弃获取专题数据的方法，寻找国家统计部门公布的宏观数据或行业数据是否能为创新的社会收益率提供一点信息。Jones 和 Williams(1998)在这方面做出了可贵的尝试。Jones 和 Williams(1998)假设经济在平衡增长路径上运行，研发的社会收益率是如此定义的：如果今天的消费降低一单位，节省的资源用来进行研发投资，那么这种资源的边际配置会使明天的产出超过正常平衡增长路径上的产出水平。在明天，消费者可以把研发资源重新降低到正常平衡增长路径水平，就如同今天没有对资源进行边际配置一样。减少的研发资源可以用于消费提高效用。另外，第二天增加的产出部分也可以用于消费。今天的一单位研发投入带来的社会收益就是第二天更多的消费。通过这种跨期资源的边际配置，Jones 和 Williams(1998)推导出一单位研发资源的社会收益率 r_{Social} 为

$$r_{Social}=d/P_A+g_{P_A}$$

其中 d 表示一单位新知识为整个社会带来的红利，它包括两部分：第一部分是一单位新知识直接促进了资本和劳动的生产率的提高，进而直接导致

收益的增加；第二部分是一单位新知识通过知识外溢效应、创新的钓鱼效应或者重复研究效应影响未来的研发效率，间接导致的收益变化。P_A是一单位新知识的创新成本。d/P_A表示一单位创新成本为整个社会带来的红利。g_{P_A}是表示知识创新成本的增长率，体现的是研发投资过程中出现的资本利得(Capital Gain)。一单位研发资源的社会收益率就是一单位研发资源为整个社会带来的红利加上研发投资利得。

Jones 和 Williams(1998)的社会收益率度量法的优点是显而易见的。在一定的生产函数假设下，我们可以利用宏观数据推算创新的社会收益率。但是这种方法也存在一个假设：知识外溢是在时间维度上发生的。该假设使我们无法了解横向知识外溢带来的收益损失。在 Jones 和 Williams(1998)的模型中，整个经济被看作一个整体，相当于一个企业，因此对于整个经济而言，收益是不会发生损失的。知识外溢导致的后果是今天的知识导致未来的收益上升。尽管这部分收益没有在今天体现，但是在未来，收益还是属于这个经济体，如果采用贴现法将未来收益贴现到今天，那么收益并不会出现损失。正是由于这个原因，技术外溢在 Jones 和 Williams(1998)模型中并不会导致私人收益率低于社会社会收益率。根本原因在于 Jones 和 Williams(1998)并没有区分个体企业的生产函数和社会计划者的生产函数，而是仅仅使用了社会计划者决策的经济体制。

通过对技术外溢的理论文献和经验文献进行回顾并进行评论，不难发现，现有的文献并没有从技术外溢造成收益率差异的角度进行研究。产出回归法、技术回归法和收益率度量法都无法揭示技术外溢导致收益外溢的相对差异。本书的研究视角就是技术外溢导致的收益率差异，并从这个视角出发推导技术外溢的度量，最后用经验数据推算收益外溢的比例。

第3章 理论准备

本章主要为后续分析做一些必要的理论铺垫和逻辑论证。后续的理论分析都是在劳动增进型技术进步的基础上进行，但是，技术进步并不仅仅是劳动增进型。为了逻辑严密性，必须证明劳动增进型技术进步具有一般性。这个结论在外生储蓄率框架内早就有严密的证明(Barro 和 Sala-i-Martin，2004)，但是，许多学者在内生储蓄率模型中分析的时候，都是简单引用这个结论，并没有严格证明在内生储蓄率模型中劳动增进型技术进步同样具有一般性。本章在清晰界定新古典生产函数的基础上，分析了经济增长文献中常见的三种技术进步类型，最后证明三种技术进步必定可以归结为劳动增进型技术进步。

3.1 生产函数的新古典特征

假设企业的生产函数采用如下形式

$$Y=F(K,L) \tag{3.1}$$

该生产函数表明企业的产出 Y 的决定因素有投入的资本 K、劳动 L 以及资本和劳动的组合形式 $F(\cdot,\cdot)$。现代经济学认为，产出既然由这三种因素组成，价值创造必然归因于这三种因素。对于企业而言，显性的投入要素为资本和劳动，因此通常认为价值创造要素就是资本和劳动。由于技术在式(3.1)中并没有明显列出，因此技术的变化可以看作是函数形式 $F(\cdot,\cdot)$ 的变化。如果把技术也当作一种独立的生产要素，生产函数可以写成

$$Y=F(K,L,A) \tag{3.2}$$

其中 A 是技术变量。这时技术就从函数形式变化中脱离出来，现代经济学认为技术也是价值创造的源泉之一。

以亚当·斯密、大卫·李嘉图和卡尔·马克思为代表的古典经济学家则认为劳动是价值创造的源泉。对于马克思，劳动甚至是价值创造的唯一

源泉，生产函数应该采取如下形式：

$$Y=F(L) \tag{3.3}$$

这种生产函数的显性投入只有劳动 L。同生产函数式(3.2)相比，式(3.3)将资本和技术都归入了函数形式的变化。由于本书研究的重点在于技术外溢，需要将技术和生产函数的形式变化相分离。从研究的角度看，式(3.2)的生产函数更加适合。

根据 Barro 和 Sala-i-Martin(2004)的归纳，如果生产函数式(3.2)满足以下三个特征，则称为新古典生产函数：

(1) 当所有要素投入为正的情况下，生产函数对每一种要素投入的边际产品为正，但是随着该要素的投入越多，边际产品呈现递减趋势。

$$\frac{\partial F}{\partial K}>0,\frac{\partial^2 F}{\partial K^2}<0,\frac{\partial F}{\partial L}>0,\frac{\partial^2 F}{\partial L^2}<0 \tag{3.4}$$

(2) 生产函数对资本和劳动两要素投入是一次齐次函数。

$$F(\lambda K,\lambda L,A)=\lambda F(K,L,A), \forall \lambda>0 \tag{3.5}$$

(3) 满足 *Inada* 条件：

$$\lim_{K\to 0}\frac{\partial F}{\partial K}=\lim_{L\to 0}\frac{\partial F}{\partial L}=+\infty,\lim_{K\to \infty}\frac{\partial F}{\partial K}=\lim_{L\to \infty}\frac{\partial F}{\partial L}=0 \tag{3.6}$$

如图 3-1 所示的函数是一个典型的新古典生产函数，满足所有三条新古典

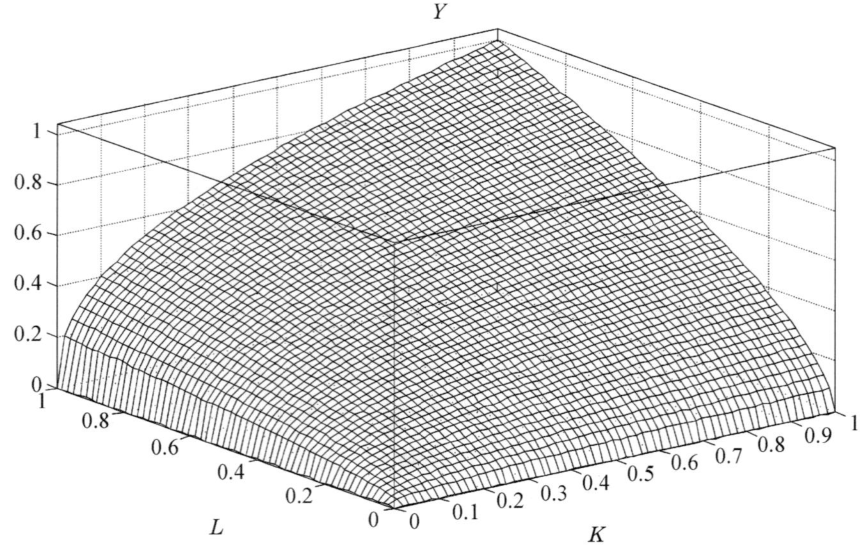

图 3-1　新古典生产函数

特征。根据一次齐次特征，新古典生产函数式(3.2)可以写成人均形式

$$y=\frac{Y}{L}=F(k,1,A)\triangleq f(k,A) \tag{3.7}$$

其中，小写字母表示人均变量。在人均变量空间(k,y)，典型的新古典函数形式如图 3-2 所示。

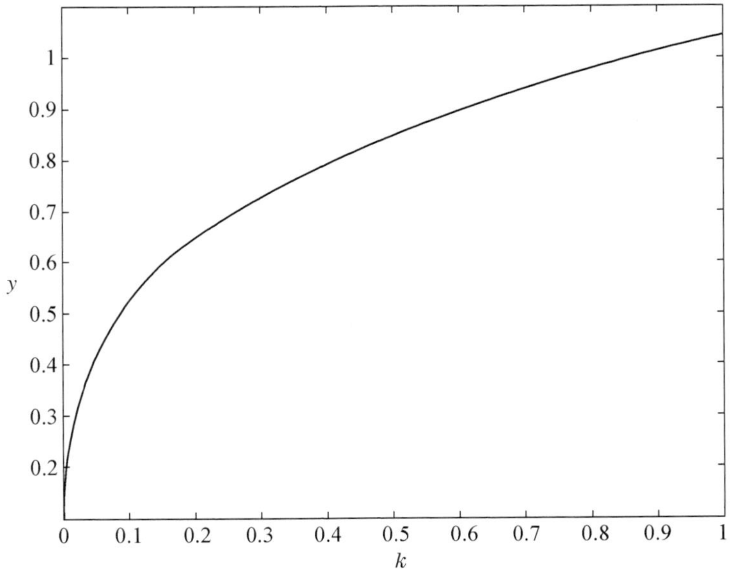

图 3-2　人均形式的新古典生产函数

3.2　技术进步的类型

从一般性角度考虑，可以把技术变量直接放入生产函数，写成

$$Y=F(K,L,A)。$$

但是，这种表达式过于一般化，对技术也没有什么特征性规定，很难进行分析。在经济增长文献中，根据技术进步的效果，通常将技术进步分为三种(Acemoglu，2009)。

第一种技术进步等价于资本和劳动要素的同比例增加。在要素空间中，这种技术进步相当于在等产量曲线保持形态不变的情况下向内收缩。其具体形式为

$$Y=AF(K,L) \tag{3.8}$$

其中 $F(K,L)$满足新古典特征，A 为技术变量。这种技术进步也称为希克斯中性技术进步(Hicks Neutral Technological Progress)。希克斯中性技术进步(Hicks, 1932)的具体定义为：在保持资本和劳动的相对比例 K/L 不变的情况下，希克斯中性技术进步不会改变相对要素份额或者要素收入分配比例$\frac{K\cdot MPK}{L\cdot MPL}$。其中 MPK 和 MPL 分别为资本和劳动的边际产品。如果将上面的生产函数式(3.8)写成：

$$Y=LAF(k,1)\triangleq LAf(k),$$

那么，资本的边际产品为

$$MPK=\frac{\partial Y}{\partial K}=Af'(k),$$

劳动的边际产品为

$$MPL=\frac{\partial Y}{\partial L}=A[f(k)-kf'(k)],$$

要素份额的相对比率为

$$\begin{aligned}\frac{K\cdot MPK}{L\cdot MPL}&=k\frac{Af'(k)}{A[f(k)-kf'(k)]}\\&=\frac{kf'(k)}{f(k)-kf'(k)}。\end{aligned}$$

因此，对于给定的资本和劳动的要素比率 k，技术进步对$\frac{K\cdot MPK}{L\cdot MPL}$没有任何影响。图 3－3 为 Hicks 中性技术进步。如果技术进步引起$\frac{K\cdot MPK}{L\cdot MPL}$上升，则称之为希克斯劳动节约型技术进步(Hicks Labor-Saving Technological Progress)；如果技术进步引起$\frac{K\cdot MPK}{L\cdot MPL}$下降，则称之为希克斯资本节约型技术进步(Hicks Capital-Saving Technological Progress)。

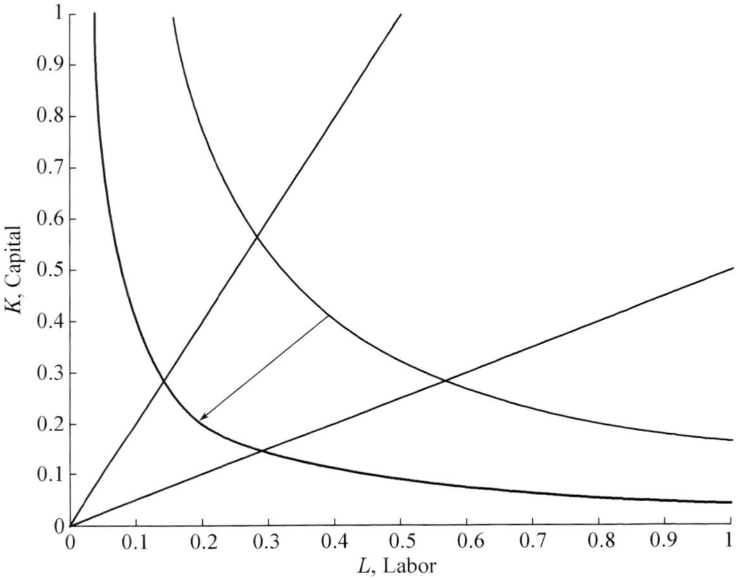

图 3-3　Hicks 中性技术进步

第二种技术进步的效果等价于劳动数量的增加，称为劳动增进型技术进步，其生产函数形式为

$$Y=F(K,AL) \tag{3.9}$$

劳动增进型技术进步也称为哈罗德中性技术进步（Harrod Neutral Technological Progress）。哈罗德中性技术进步(Harrod, 1937)的定义是，假设资本和产出的相对比例 K/Y 不变，且均衡状态下的资本收益率 r 保持不变，那么哈罗德中性技术进步就不会改变相对要素份额或要素收入分配比例$\frac{K\cdot MPK}{L\cdot MPL}$。如果将生产函数式(3.9)写成人均形式

$$Y=LF(k,A)\triangleq Lf(k,A),$$

那么，资本的边际产品为

$$MPK=\frac{\partial Y}{\partial K}=f_1(k,A),$$

劳动的边际产品为

$$MPL=\frac{\partial Y}{\partial L}=f(k,A)-kf_1(k,A),$$

要素份额的相对比率为

$$\frac{K \cdot MPK}{L \cdot MPL}=\frac{kf_1(k,A)}{f(k,A)-kf_1(k,A)}$$
$$=\frac{r+\delta}{1/\kappa-(r+\delta)},$$

其中，$\kappa=K/Y$ 为资本产出比。在均衡状态下 $r+\delta=f_1(k,A)$。所以生产函数为哈罗德中性技术进步类型的充分必要条件为在给定利率水平下保持资本产出比不变，技术进步不会对$\frac{K \cdot MPK}{L \cdot MPL}$产生任何影响(Robinson，1938；Uzawa，1961)。图 3－4 为 Harrod 中性技术进步。

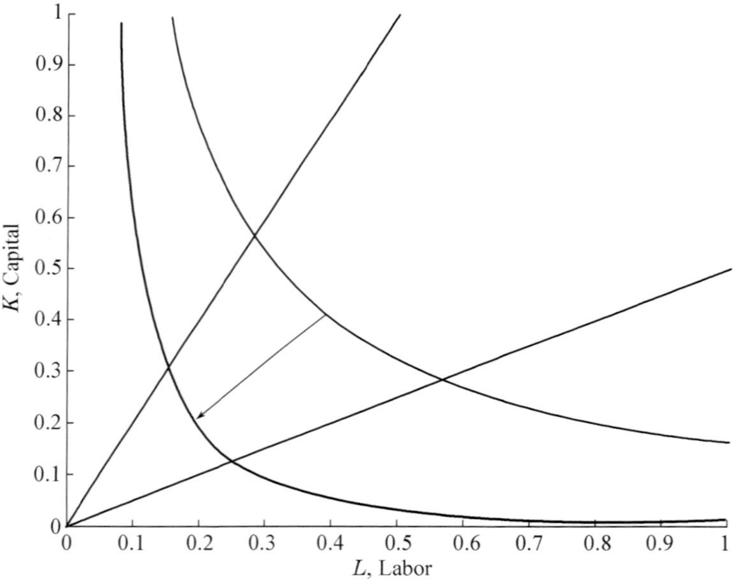

图 3－4　劳动增进型或 Harrod 中性技术进步

第三种技术进步的效果等同于增加资本数量，称为资本增进型技术进步。其生产函数形式可以表示为

$$Y=F(AK,L) \tag{3.10}$$

这种类型的技术进步也称为索罗中性技术进步(Solow Neutral Technological Progress)。索罗中性技术进步(Solow，1959)的定义为：假设劳动和产出的比例 L/Y 不变，且劳动的实际工资率 w 不变，那么索罗中

性技术进步不会改变相对要素份额或要素收入分配比例$\frac{K \cdot MPK}{L \cdot MPL}$。如果将生产函数式(3.10)改写为人均变量形式

$$Y = LF(Ak,1) \triangleq Lf(Ak,1),$$

那么,资本的边际产品为

$$MPK = \frac{\partial Y}{\partial K} = Af_1(Ak,1),$$

劳动的边际产品为

$$MPL = \frac{\partial Y}{\partial L} = f(Ak,1) - Akf_1(Ak,1),$$

要素份额的相对比率为

$$\frac{K \cdot MPK}{L \cdot MPL} = \frac{kAf_1(Ak,1)}{f(Ak,1) - Akf_1(Ak,1)} = \frac{1}{w}\frac{Y}{L} - 1。$$

在保持劳动的实际工资率 w 不变和 L/Y 不变的情况下,要素份额的相对比例自然保持不变。图 3-5 为 Solow 中性技术进步。

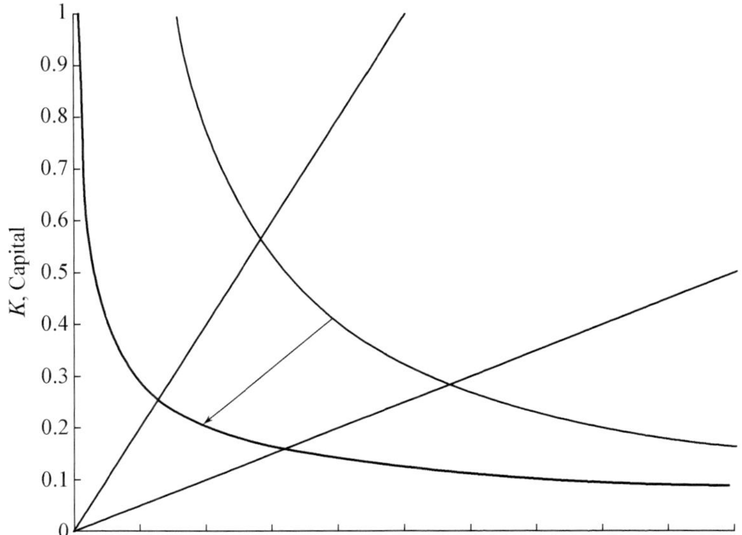

图 3-5　资本增进型或 Solow 中性技术进步

到底采用哪一种类型的技术进步，在不同的情况下具有不同的结论。如果经济体存在稳态，即所有的变量都以不变的速度增长（增长速度可以为0），那么技术进步必定是增进劳动型的。Barro 和 Sala-i-Martin（2004）已经在外生储蓄率的新古典模型中证明了该结论。但是，在内生储蓄率框架下是否依然成立？这个问题并没有得到证明。下一节的主要目的就是要证明，Ramsey 框架下的劳动增进型技术进步依然具有一般性。该结论为本书后续章节的展开奠定了逻辑基础，使得技术外溢的讨论只需要考虑劳动增进型，而不需要考虑所有三种类型的技术进步，从而大大简化了分析过程。

3.3 劳动增进型技术进步的一般性

本节主要是证明这样的结论：在消费最优化框架中，如果经济存在稳态，那么企业的技术进步必定是劳动增进型。该结论表明劳动增进型技术进步具有一般性。

首先考察企业的行为。假设生产函数具有新古典特征，且同时包含了劳动增进型和资本增进型的技术进步：

$$Y=F(BK,AL) \tag{3.11}$$

其中 A 是劳动增进型技术，B 为资本增进型技术。如果 $A=B$，那么根据一次齐次函数性质，生产函数式（3.11）的技术进步等价于 Hicks 中性技术进步。假设 A 和 B 的增长率分别为常数 $x\geqslant 0$ 和 $z\geqslant 0$，定义 $\widetilde{L}=AL/B$，$\widetilde{k}=K/\widetilde{L}$，则式（3.11）可以化为

$$\widetilde{y}=BF(\widetilde{k},1)\triangleq Bf(\widetilde{k}) \tag{3.12}$$

资本和劳动的边际产出分别为

$$\begin{aligned}\frac{\partial Y}{\partial K}&=\frac{\partial \widetilde{y}\widetilde{L}}{\partial K}=\frac{\partial}{\partial K}Bf(\widetilde{k})\widetilde{L}\\&=Bf'(\widetilde{k})\end{aligned} \tag{3.13}$$

$$\begin{aligned}\frac{\partial Y}{\partial L}&=\frac{\partial}{\partial L}Bf(\widetilde{k})\widetilde{L}\\&=B\left[f(\widetilde{k})\frac{A}{B}-f'(\widetilde{k})\frac{K}{\widetilde{L}^{2}}\frac{A}{B}\widetilde{L}\right]\end{aligned} \tag{3.14}$$

$$=A[f(\tilde{k})-f'(\tilde{k})\tilde{k}]$$

假设一个代表性企业的资本和劳动都是从市场上雇佣，资本的利率和折旧率分别为 r 和 δ，劳动的工资率为 w，则企业的利润为

$$\begin{aligned}\pi &= F(BK,AL)-(r+\delta)K-wL \\ &= \tilde{L}\left[Bf(\tilde{k})-(r+\delta)\tilde{k}-w\frac{B}{A}\right]\end{aligned} \tag{3.15}$$

竞争性企业在市场中雇佣的资本和劳动量必须使得利润最大化，即需要满足以下条件：

$$\frac{\partial\pi}{\partial K}=0:\tilde{L}\left[Bf'(\tilde{k})\frac{1}{\tilde{L}}-(r+\delta)\frac{1}{\tilde{L}}\right]=0$$

$$\frac{\partial\pi}{\partial L}=0:$$

$$\frac{A}{B}\left[Bf(\tilde{k})-(r+\delta)\tilde{k}-w\frac{B}{A}\right]+\tilde{L}\left[Bf'(\tilde{k})\left(\frac{-K}{\tilde{L}^2}\frac{A}{B}\right)-(r+\delta)\left(\frac{-K}{\tilde{L}^2}\frac{A}{B}\right)\right]=0$$

经过化简可得到

$$Bf'(\tilde{k})=r+\delta \tag{3.16}$$

$$[f(\tilde{k})-f'(\tilde{k})\tilde{k}]A=w \tag{3.17}$$

根据式(3.13)和式(3.14)，可知利润最大化条件和传统的情况一样：资本的边际产出等于租金价格，劳动的边际产出等于工资率。

其次，分析家庭的行为。所有家庭的最优化目标函数为其未来各期效用的贴现总效用

$$U=\int_0^{+\infty}u[c(t)]e^{nt}e^{-\rho t}dt \tag{3.18}$$

其中 $u[c(t)]$ 为效用函数，满足凹性函数条件

$$u'(c)>0,u''(c)<0, \tag{3.19}$$

以及 *Inada* 条件

$$\lim_{c\to 0}u'(c)=+\infty,\ \lim_{c\to+\infty}u'(c)=0 \tag{3.20}$$

凹性条件表明随着消费的增长，消费的边际效用会越来越低，*Inada* 条件则表明在非常高的消费水平上，多消费一单位带来的效用会接近于零。因此家庭在某一个时期过度消费并不会实现最优。同样，在消费水平很低的情况下，消费的边际效用会很高。当消费接近于零的时候，*Inada* 条件表明消费的边际效用会接近无穷大。因此家庭的消费水平极低也不是最优的选

择。这两方面的分析表明消费过高和过低都不可能是最优选择，最优选择只存在于平滑消费模式中。这就是凹性条件和 *Inada* 条件所表达的内涵。

劳动力数量 $L(t)=L(0)e^{nt}$，并且把 $L(0)$标准化为 1。$u[c(t)]e^{nt}$ 表示所有家庭的消费的效用总和。$\rho>0$ 为家庭的时间偏好率。一个正的时间偏好率表示家庭对于同样一单位的消费，当前消费的效用要高于未来消费。时间偏好率越高，消费者越是偏好当前消费甚于未来消费，消费者的急躁程度(Impatience)越大。目标函数中的因子 $e^{-\rho t}$ 将时刻 t 的所有家庭的效用总和贴现为时刻 0 的水平。因此，最优化式(3.18)的目标函数表示家庭选择一条消费路径使得未来的效用总和的贴现值之和最优。

在 Ramsey 模型中，家庭拥有企业的资产，即 K 为所有家庭资产。家庭可以在利率 r 的条件下发生借贷行为，也可以参加工作获得工资率 w。令 $c=\dfrac{C}{L}$，$k=\dfrac{K}{L}$。所以家庭的资产的动态方程为

$$\dot{K}=wL+rK-cL$$

由于

$$\dot{\tilde{k}}=\frac{d}{dt}\frac{K}{\tilde{L}}=\frac{\dot{K}\tilde{L}-K\left(\dfrac{(\dot{A}L+A\dot{L})B-AL\dot{B}}{B^2}\right)}{\tilde{L}^2}=\frac{\dot{K}}{\tilde{L}}-\tilde{k}(x-z+n)$$

将家庭资产的动态方程代入上式，可得

$$\dot{\tilde{k}}=\frac{B}{A}w+r\tilde{k}-\tilde{c}-(x-z+n)\tilde{k} \tag{3.21}$$

或者

$$\dot{k}=w+rk-c-nk \tag{3.22}$$

如果家庭可以通过“拆东墙补西墙”的策略以利率 r 来无限制地贷款消费，那么家庭的消费不存在一个有限的最优值。因为今天多消费的一元钱，在未来只需要通过无休止的贷款把还款期永远地向后推移，还款期无限长等价于不还款。如果这是可行的方法，家庭会在目前消费任意多的产品。所以只要“拆东墙补西墙”的可能性存在，家庭消费就不会存在有限最优值。

如果要排除这种“拆东墙补西墙”的消费策略，就要在信贷市场上实施信贷约束，迫使家庭不能负债死亡——在无穷远时点家庭的资产非负：

$$\lim_{t\to\infty}K(t)e^{-\int_0^t r(\tau)d\tau}\geqslant 0$$

或者
$$\lim_{t\to\infty} k(t)e^{-\int_0^t [r(\tau)-n]d\tau} \geqslant 0 \tag{3.23}$$

现在,家庭的最优化问题可以归纳为:

$$\begin{cases} \underset{c(t)}{Max}U = \int_0^{+\infty} u[c(t)]e^{nt}e^{-\rho t}dt \\ s.t.\ \dot{k} = w + rk - c - nk \\ \lim_{t\to\infty} k(t)e^{-\int_0^t [r(\tau)-n]d\tau} \geqslant 0 \\ c(t) \geqslant 0 \end{cases} \tag{3.24}$$

该最优化问题的现值哈密尔顿函数(Present-value Hamiltonian)为:

$$H=u[c(t)]e^{-(\rho-n)t}+\lambda(t)[w+rk(t)-c(t)-nk(t)]+\mu(t)c(t) \tag{3.25}$$

在现值哈密尔顿函数中,没有包括第一个不等式约束——信贷约束,那是因为信贷约束只是要求在无穷远时点成立即可,并不要求在整个时间范围内处处成立。相反地,消费的非负约束是在所有时间区间内都必须成立,因此需要加入消费的非负约束。最优化的必要条件有

$$u'(c)e^{-(\rho-n)t}-\lambda+\mu=0 \tag{3.26}$$

$$\lambda(r-n)+\dot{\lambda}=0 \tag{3.27}$$

非负消费约束对应的互补松弛条件为

$$\mu c=0,\mu\geqslant 0,c\geqslant 0 \tag{3.28}$$

信贷约束对应的横截条件(Transversality Condition, TVC)为

$$\lim_{t\to\infty}\lambda(t)k(t)=0 \tag{3.29}$$

由一阶必要条件式(3.26)可得

$$u'(c)e^{-(\rho-n)t}-\lambda\leqslant 0$$

根据 *Inada* 条件(3.20),$c\to 0$ 时 $u'(c)\to+\infty$,上述不等式无法成立,一阶必要条件(3.26)也无法成立,表明在消费为零的情况下,家庭无法最优化目标函数。因此消费必定为正。在 $c>0$ 的情况下,$\mu=0$,一阶必要条件(3.26)可以写成

$$u'(c)e^{-(\rho-n)t}-\lambda=0 \tag{3.30}$$

对时间求导可以得到

$$\left[\frac{d}{dt}u'(c)\right]e^{-(\rho-n)t}-(\rho-n)u'(c)e^{-(\rho-n)t}-\dot{\lambda}=0 \tag{3.31}$$

结合条件式(3.27)和式(3.30)可得

$$\frac{1}{u'}\frac{du'}{dt}+(r-\rho)=0 \tag{3.32}$$

对其转化可以写成

$$\left[-\frac{u''(c)c}{u'(c)}\right]\frac{\dot{c}}{c}=r-\rho$$

方括号内的表达式其实是家庭的相对风险规避系数(Coefficient of Relative Risk Aversion),如果用 θ 表示相对风险规避系数,则消费的增长率可以表示为

$$\frac{\dot{c}}{c}=\frac{r-\rho}{\theta},\theta\triangleq-\frac{u''(c)c}{u'(c)} \tag{3.33}$$

如果相对风险规避系数越大,表明家庭越厌恶风险,越偏好平滑消费,因此消费的增长率越低。由于家庭对消费进行跨期最优化,因此家庭的储蓄率是一个内生变量。

根据式(3.27),资产的影子价格可以表示为

$$\lambda(t)=\lambda(0)e^{-\int_0^t[r(\tau)-n]d\tau} \tag{3.34}$$

式(3.30)表明 $\lambda(0)=u'>0$,因此 TVC 可以写成

$$\lim_{t\to\infty}k(t)e^{-\int_0^t[r(\tau)-n]d\tau}=0$$

这就是信贷约束条件。

第三,考虑稳态情况。结合式(3.16)和式(3.17)的要素价格代入式(3.21)可以将 $\tilde{k}$ 的动态方程写成

$$\dot{\tilde{k}}=Bf(\tilde{k})-\tilde{c}-(x-z+n+\delta)\tilde{k} \tag{3.35}$$

把式(3.16)中的利率代入式(3.33),可以得到:

$$\frac{\dot{\tilde{c}}}{\tilde{c}}=\frac{1}{\theta}[Bf'(\tilde{k})-\delta-\rho-\theta(x-z)] \tag{3.36}$$

采用变量 $\tilde{k}$,横截条件可以写为

$$\lim_{t\to\infty}\tilde{k}(t)e^{-\int_0^t[Bf'(\tilde{k})-(x-z+n+\delta)]d\tau}=0 \tag{3.37}$$

微分方程组式(3.35)和式(3.36)的不动点记为 $(\tilde{k}^*,\tilde{c}^*)$,且有

$$Bf(\tilde{k}^*)-\tilde{c}^*-(x-z+n+\delta)\tilde{k}^*=0 \tag{3.38}$$

$$Bf'(\tilde{k}^*)-\delta-\rho-\theta(x-z)=0 \tag{3.39}$$

将方程组系统在不动点 $(\tilde{k}^*,\tilde{c}^*)$ 附近一阶泰勒展开得到

$$\begin{bmatrix}\dot{\tilde{k}}\\ \dot{\tilde{c}}\end{bmatrix}\simeq\begin{bmatrix}\dot{\tilde{k}}\\ \dot{\tilde{c}}\end{bmatrix}\Bigg|_{\binom{\tilde{k}}{\tilde{c}}=\binom{\tilde{k}^*}{\tilde{c}^*}}+\begin{bmatrix}\dfrac{\partial\dot{\tilde{k}}}{\partial\tilde{k}} & \dfrac{\partial\dot{\tilde{k}}}{\partial\tilde{c}}\\ \dfrac{\partial\dot{\tilde{c}}}{\partial\tilde{k}} & \dfrac{\partial\dot{\tilde{c}}}{\partial\tilde{c}}\end{bmatrix}\Bigg|_{\binom{\tilde{k}}{\tilde{c}}=\binom{\tilde{k}^*}{\tilde{c}^*}}\cdot\begin{pmatrix}\tilde{k}-\tilde{k}^*\\ \tilde{c}-\tilde{c}^*\end{pmatrix}$$

$$\begin{bmatrix}\dot{\tilde{k}}\\ \dot{\tilde{c}}\end{bmatrix}\simeq\begin{bmatrix}Bf'(\tilde{k})-(x-z+n+\delta) & -1\\ \dfrac{1}{\theta}Bf''(\tilde{k})\tilde{c} & 0\end{bmatrix}\Bigg|_{\binom{\tilde{k}}{\tilde{c}}=\binom{\tilde{k}^*}{\tilde{c}^*}}\cdot\begin{pmatrix}\tilde{k}-\tilde{k}^*\\ \tilde{c}-\tilde{c}^*\end{pmatrix}$$

(3.40)

该线性逼近系统的系数矩阵行列式为$\frac{1}{\theta}Bf''(\tilde{k})\tilde{c}\Big|_{\binom{\tilde{k}}{\tilde{c}}=\binom{\tilde{k}^*}{\tilde{c}^*}}$，根据新古典生产函数的特征，$f''(\tilde{k})<0$。前文已经分析过，人均消费非负，而且 $c>0$ 必须成立，因此$\tilde{c}>0$ 也成立。因此$\frac{1}{\theta}Bf''(\tilde{k})\tilde{c}\Big|_{\binom{\tilde{k}}{\tilde{c}}=\binom{\tilde{k}^*}{\tilde{c}^*}}<0$，表明该系统在不动点$(\tilde{k}^*,\tilde{c}^*)$附近属于鞍点稳定。

由于在不动点$(\tilde{k}^*,\tilde{c}^*)$上，$(\dot{\tilde{k}},\dot{\tilde{c}})^*=0$，因此式(3.39)表明 $Bf'(\tilde{k}^*)$必定是常数。但是 $f'(\tilde{k}^*)$在不动点$(\tilde{k}^*,\tilde{c}^*)$本身就是一个常数，所以 B 必须也是常数，即 $z=0$。这表明在不动点$(\tilde{k}^*,\tilde{c}^*)$，经济不会出现资本增进型技术进步。如果存在技术进步，只能是劳动增进型技术进步。

在经济增长文献中，稳态是指所有变量以不变速度增长的状态。上面的不动点$(\tilde{k}^*,\tilde{c}^*)$是一个稳态，$(\dot{\tilde{k}},\dot{\tilde{c}})^*=0$。是否有可能存在另一种稳态使得$(\dot{\tilde{k}},\dot{\tilde{c}})^*\neq0$？假设存在这样一种稳态使得$\tilde{k}$和$\tilde{c}$的增长率 $\gamma_{\tilde{k}}^*$ 和 $\gamma_{\tilde{c}}^*$ 是非零常数，那么可以证明 $z>0$、$\gamma_{\tilde{k}}^*>0$ 且 $\gamma_{\tilde{c}}^*>0$。事实上，根据式(3.35)和式(3.36)得到

$$\gamma_{\tilde{k}}^*\tilde{k}^*=Bf(\tilde{k}^*)-\tilde{c}^*-(x-z+n+\delta)\tilde{k}^* \tag{3.41}$$

$$\gamma_{\tilde{c}}^*=\frac{1}{\theta}[Bf'(\tilde{k}^*)-\delta-\rho-\theta(x-z)] \tag{3.42}$$

$$Bf'(\tilde{k}^*)=\delta+\rho+\theta(x-z+\gamma_{\tilde{c}}^*)>0 \tag{3.43}$$

由于 $B(t)=B(0)e^{zt}$，$z=0$ 表示 $\gamma_{\tilde{k}}^*=0$，同假设矛盾，因此只需讨论 $z>$

0 情形。如果 $\gamma_{\tilde{k}}^{*}<0$，随着 $\tilde{k}^{*}\to 0$，*Inada* 条件表明 $f'(\tilde{k}^{*})\to+\infty$，则 $t\to+\infty$ 时 $Bf'(\tilde{k}^{*})\to+\infty$ 不可能为常数，故有 $\gamma_{\tilde{k}}^{*}\geqslant 0$。由于假设 $\gamma_{\tilde{k}}^{*}$ 为非零常数，因此 $\gamma_{\tilde{k}}^{*}>0$ 成立。将式(3.41)对时间求导，得到

$$\dot{\tilde{c}}^{*}=\dot{B}f(\tilde{k}^{*})+\dot{\tilde{k}}^{*}[Bf'(\tilde{k}^{*})-(x-z+n+\delta+\gamma_{\tilde{k}}^{*})] \tag{3.44}$$

横截条件式(3.37)表示 $Bf'(\tilde{k}^{*})-(x-z+n+\delta)-\gamma_{\tilde{k}}^{*}>0$；$B$ 的增长率大于零表示 $\dot{B}f(\tilde{k}^{*})\geqslant 0$。$\gamma_{\tilde{k}}^{*}>0$ 表示 $\dot{\tilde{k}}^{*}>0$，因此 $\gamma_{\tilde{c}}^{*}>0$ 成立。

将式(3.44)改写为

$$\frac{\tilde{c}^{*}}{\tilde{k}^{*}}=\frac{z}{\gamma_{\tilde{c}}^{*}}\frac{Bf(\tilde{k}^{*})}{\tilde{k}^{*}}+\frac{\gamma_{\tilde{k}}^{*}}{\gamma_{\tilde{c}}^{*}}[Bf'(\tilde{k}^{*})-(x-z+n+\delta+\gamma_{\tilde{k}}^{*})] \tag{3.45}$$

由于

$$\gamma_{\tilde{k}}^{*}=\frac{Bf(\tilde{k}^{*})}{\tilde{k}^{*}}-\frac{\tilde{c}^{*}}{\tilde{k}^{*}}-(x-z+n+\delta) \tag{3.46}$$

所以有

$$\gamma_{\tilde{k}}^{*}=\left(1-\frac{z}{\gamma_{\tilde{c}}^{*}}\right)\frac{Bf(\tilde{k}^{*})}{\tilde{k}^{*}}-\frac{\gamma_{\tilde{k}}^{*}}{\gamma_{\tilde{c}}^{*}}[Bf'(\tilde{k}^{*})-(x-z+n+\delta+\gamma_{\tilde{k}}^{*})]-(x-z+n+\delta) \tag{3.47}$$

经过整理可以得到

$$\left(1-\frac{z}{\gamma_{\tilde{c}}^{*}}\right)\frac{Bf(\tilde{k}^{*})}{\tilde{k}^{*}}=\frac{\gamma_{\tilde{k}}^{*}}{\gamma_{\tilde{c}}^{*}}[Bf'(\tilde{k}^{*})-(x-z+n+\delta+\gamma_{\tilde{k}}^{*})]+(x-z+n+\delta+\gamma_{\tilde{k}}^{*}) \tag{3.48}$$

$$\frac{Bf(\tilde{k}^{*})}{\tilde{k}^{*}}=\frac{\gamma_{\tilde{k}}^{*}}{\gamma_{\tilde{c}}^{*}-z}Bf'(\tilde{k}^{*})+\frac{\gamma_{\tilde{c}}^{*}-\gamma_{\tilde{k}}^{*}}{\gamma_{\tilde{c}}^{*}-z}(x-z+n+\delta+\gamma_{\tilde{k}}^{*}) \tag{3.49}$$

显而易见，$\dfrac{Bf(\tilde{k}^{*})}{\tilde{k}^{*}}$ 是一个常数。式(3.46)表明 $\dfrac{\tilde{c}^{*}}{\tilde{k}^{*}}$ 也是一个常数，所以

$$\gamma_{\tilde{y}}^{*}=\gamma_{\tilde{k}}^{*}=\gamma_{\tilde{c}}^{*}=\gamma^{*}>0 \tag{3.50}$$

式(3.49)可以简化为

$$\frac{f'(\tilde{k}^{*})}{f(\tilde{k}^{*})}\tilde{k}^{*}=\frac{\gamma^{*}-z}{\gamma^{*}} \tag{3.51}$$

该微分方程左边为正，因此 $\gamma^{*}-z>0$，$\dfrac{\gamma^{*}-z}{\gamma^{*}}\in(0,1)$。定义 $\dfrac{\gamma^{*}-z}{\gamma^{*}}\equiv\alpha$，该微分方程的解为

$$f(\tilde{k}^*)=Cons \cdot (\tilde{k}^*)^{\alpha} \tag{3.52}$$

$$\begin{aligned} Y &= Cons \cdot (BK)^{\alpha}(AL)^{1-\alpha} \\ &= Cons \cdot K^{\alpha}(TL)^{1-\alpha} \end{aligned} \tag{3.53}$$

其中，变量 $T=AB^{\alpha/(1-\alpha)}$，$Cons$ 表示常数。可见，当稳态中增长率 γ^* 为正的情况下，技术进步一定可以写成劳动增进型。

以上结果表明，在消费最优化框架下，储蓄率内生，拉姆齐稳态的结论和通常的情况有不同之处。Barro 和 Sala-i-Martin(2004)的拉姆齐稳态只相当于本书的不动点稳态。这种情况下的拉姆齐稳态增长率 $\gamma^*=0$，技术进步不可能是资本增进型。但是以上非零拉姆齐稳态 $\gamma^*>0$ 的情形揭示了 $z>0$ 也有可能成立，但这时的生产函数等价于劳动增进型技术进步的生产函数。

当 $A=B$ 时，生产函数的技术进步是希克斯中性。在不动点稳态下，$z=0$ 和 $x>0$ 表明希克斯中性技术进步不存在。在非零稳态下，$z>0$ 和 $x>0$ 表明希克斯中性技术进步有可能存在，但技术进步等价于劳动增进型，$T=A^{1/(1-\alpha)}$。

综上所述，在不动点稳态下，技术进步必定是劳动增进型；在非零稳态下，技术进步等价于劳动增进型。因此，劳动增进型技术进步具有一般性。一旦获得该结论，在以消费最优化框架为基础的模型中，企业的技术进步就可以只考虑劳动增进型，而不需要对三种技术进步分别进行考虑。本书后续章节的研究均以此为基础。

第 4 章　Romer 型技术外溢及其度量[①]

4.1　Romer 型技术外溢

Romer 型技术外溢来自 Romer(1986)。这种技术外溢的证据早就被发现了,在现实经济生活中也是常见的一种类型。Romer(1986)对这种类型的技术外溢的界定采取如下两个特征:第一,知识或技术的产生来自每个企业自身的物质资本净投资;第二,每个企业通过物质资本投资获得的知识和技术都是公共品,可以被其他企业无成本获得。

第一个特征充分表达了 Romer 型经济中知识的获得不同于其他类型的模型。例如, Arrow(1962)认为知识技能的增长是通过边干边学(Learning-by-doing)效应获得。虽然每个人并不曾为了积累某项技能而停止工作并专门进行某种训练,但最终获得了该项技能。可见,劳动者在工作过程中,随着时间的推移自然对某项技能驾轻就熟。最常见的一种现象就是研究人员的打字过程。根据日常的生活经验,打字的原理几乎是不需要学习。这当然是指英文打字。但是,即使是中文打字,学习过程也非常简单。一般情况下,一个正常的成年人只需要半个小时到一个小时,就能基本了解中文打字的基本规则。对于英文打字而言,就更加简单。只要认得字母,看得清键盘符号,就可以无师自通地开始打字。显然,没人认为这样就能够被称为一个打字员。了解了打字的原理并不等于就能熟练打字。一个熟练打字员和一个刚入门的人,最大的差别是打字的速度和准确率相差悬殊。显而易见,打字速度和准确率不是学出来的,而是练出来的。对于一个研究人员,他使用电脑打字的目的当然不是为了练习电脑文字输入,而是为了把自己的想法写下来。一开始总是写的很慢,因为文字输入并不快。正

① 本章部分内容已发表于 *Annals of Economics and Finance*,2011 年第 2 期。

如同上文所说，打字速度和准确率不是学出来的，而是练出来的。不难想象，当研究人员打字过程持续几个月后，他不但打字速度会飞快提高，而且准确率很高。在这个过程中，研究人员并没有刻意训练自己的打字技能（这同社会上许多电脑输入法培训班对打字员的训练是完全不同的），但最终他在电脑文字输入方面的技能显著提升了。这就是 Arrow（1962）所述的边干边学对知识积累的作用，其关键之处在于这种边干边学获得的知识完全是一种意外收获，严格地说，这是工作过程中产生的正外部性效应。

Romer（1986）对 Arrow（1962）的边干边学效应进行推广，认为除了劳动者在工作过程中能出现知识的意外积累以外，企业的物质资本投资其实也可以产生这种知识的意外积累。Romer（1986）称之为边投资边学习（Learning-by-investing）。这种现象是否真的存在呢？Zimmerman（1982）采用核电站的建造经验数据分析了核电站建造成本是否会随着建造经验的增加而下降。事实上，该研究证实了边投资边学习效应的存在。建造第一个核电站的时候，经验缺乏，甚至不知道建造一个什么样的核电站。当第一个核电站建造成功后，整个行业会对如何建造一个核电站有了大概知识，这种知识对后续的核电站建造产生了外部性作用。正如同“吃一堑，长一智”一样，建造的核电站数量越多，经验越丰富，后续的建造成本就更低。Zimmerman（1982）的研究发现，第一个核电站的成功建造能使第二个核电站的建造成本降低 11.8%，第二个核电站的成功建造能使第三个核电站的建造成本降低 4%。更多一些的边投资边学习效应的证据有 Wright（1936），Searle（1946），Asher（1956）和 Rapping（1965）等，这些文献发现在飞机制造、一般制造业、造船以及其他领域都存在资本投资经验对生产率的正面外部性效应。

第二个特征表示了技术外溢的根源——知识的公共品性质。如果知识能够被完全加密编码，那么知识就不会出现外溢。事实上，不管如何加密，加密只是降低了知识外溢的速度而已。古人云：“若要人不知，除非己莫为。”这意思是说，一个人做了一件事情，迟早要被人知道。通常人如果犯罪，总是尽量掩盖隐瞒，就如同对信息加密一般。可是，时间一长，总有泄露的可能。

Romer（1986）根据这两个特征，认为单个企业所能使用的知识可以用全社会的资本存量来代替。这种设定意味着知识的完全外溢，即一个企业通过投资获得的知识，会被整个经济中所有的企业获得。这就是 Romer 外溢的最初含义。但是，正如上面所述，一个企业一旦获得知识，为了自身利益，总是想方设法阻止知识的外溢，使知识带来的收益内部化于自身企业。这种阻止过程虽然最终无法避免知识的外溢，但是可以在一段时间内降低知识外溢比例。事实上，Zimmerman(1982)的研究还发现由核电站投资积累的经验知识并不是全部外溢至经济中，所有核电站经验数据都表明，核电站投资获得的知识一部分外溢至经济中，另外一部分被核电站内部化。其中内部化的回归系数大约是外溢回归系数的两倍左右，表明核电站投资获得的知识大部分被内部化，只有一部分对整个行业有正外部性。基于这种考虑，本书还要分析这种受到阻止的、非完全的技术外溢。

Romer 型外溢的界定如下：技术和知识的增长来自单个企业的物质资本投资呈现的边投资边学习效应。单个企业一旦获得某种技术，将外溢至整个经济中。全社会的技术和知识用全社会物质资本存量表示。完全 Romer 型外溢假设知识能够毫无阻碍地完全外溢至整个经济中。非完全 Romer 型外溢假设在某个时刻或某一小段时期内，单个企业获得的知识只能够部分外溢至整个经济中。

本章在 Romer(1986)的基本框架内研究技术外溢。首先考察最简单的 C－D 生产函数假设下完全技术外溢和非完全技术外溢，再将结论扩展到一般新古典生产函数假设下的完全技术外溢和非完全技术外溢。

4.2 C－D 生产函数下的 Romer 型外溢

4.2.1 C－D 生产函数下的完全 Romer 型外溢

4.2.1.1 市场经济均衡

假设企业 i 的生产函数为 Cobb-Douglas 形式：

$$Y_i = AK_i^{\alpha}\,(\phi_i L_i)^{1-\alpha} \tag{4.1}$$

其中，Y_i表示企业 i 的产出，K_i表示物质资本投入，L_i表示劳动投入，ϕ_i表示劳动增进型技术，A 为参数，表示未考虑的其他因素，α 为资本的产出弹性。

对于生产函数式(4.1)而言，企业 i 采用的技术只是自身的技术 ϕ_i。技术外溢是指其他企业的技术也能被企业 i 获得。假设在技术外溢的情况

下，企业 i 能获得整个经济的所有技术，那么生产函数就可以写成

$$Y_i = AK_i^{\alpha} (\phi L_i)^{1-\alpha} \tag{4.2}$$

其中 ϕ 是整个社会的技术水平。由于 Romer(1986)主要考虑物质资本带来的技术外溢，因此 $\phi = K$。K 是全社会的物质资本存量。在这种设定下，(4.2)式又可以写成

$$Y_i = AK_i^{\alpha} (KL_i)^{1-\alpha} \tag{4.3}$$

采用人均形式可以写成

$$y_i = Ak_i^{\alpha} K^{1-\alpha} \tag{4.4}$$

根据企业 i 的生产函数，可以获得单个企业的资本边际产品

$$\begin{aligned} \frac{\partial Y_i}{\partial K_i} &= \frac{\partial}{\partial K_i}(y_i L_i) = \frac{\partial}{\partial K_i}(Ak_i^{\alpha} K^{1-\alpha} L_i) \\ &= \frac{\partial}{\partial K_i}\left[A\left(\frac{K_i}{L_i}\right)^{\alpha} K^{1-\alpha} L_i\right] \\ &= \alpha A k_i^{\alpha-1} K^{1-\alpha} \end{aligned} \tag{4.5}$$

在产出对资本投入求偏导的时候，数学上是把 A, L_i, K 等都看作不变的常量。从经济学含义上看，这种做法表示企业 i 在投资的时候，把全社会的资本存量 K——其自身面临的技术资源——看作既定。由于每个企业都很小，单个企业的资本投资对于全社会资本存量的增加而言是微不足道。所以这种忽略自身投资对全社会资本影响的看法具有一定合理性。但是，如果所有的企业都增加投资，那么全社会资本存量 K 就会上升，这时就会提高单个企业的资本边际产品。显而易见，对于单个企业 i 而言，资本的边际报酬随着自身资本投入的增加而下降：

$$\begin{aligned} \frac{\partial^2 Y_i}{\partial K_i^2} &= \frac{\partial}{\partial K_i}(\alpha A k_i^{\alpha-1} K^{1-\alpha}) \\ &= \alpha(\alpha-1) A k_i^{\alpha-2} K^{1-\alpha} / L_i \\ &< 0 \end{aligned} \tag{4.6}$$

上式为负是因为资本的产出弹性 $\alpha < 1$ 的缘故。该现象也称为资本的边际报酬递减规律。但是，如果所有的企业都把资本投入增加 β 倍，根据式(4.5)，k_i和 K 都会增加β 倍，因此有

$$\begin{aligned} \frac{\partial Y_i}{\partial K_i} &= \alpha A (\beta k_i)^{\alpha-1} (\beta K)^{1-\alpha} \\ &= \alpha A k_i^{\alpha-1} K^{1-\alpha} \end{aligned} \tag{4.7}$$

这表明当所有的企业都把资本增加 β 倍的时候，单个企业的资本边际报酬不再出现递减。其中的原因就是技术外溢弥补了企业自身资本边际报酬下降的趋势。

由于所有的企业都是同质的，不存在个体差异，因此在均衡中所有的企业都会选择相同的资本和劳动比例，即 $k_i=k$。均衡中的资本边际报酬为

$$\begin{aligned}\frac{\partial Y_i}{\partial K_i}&=\alpha A k^{\alpha-1}K^{1-\alpha} \\ &=\alpha A L^{1-\alpha}\end{aligned} \tag{4.8}$$

如同拉姆齐模型中那样，假设企业的资产都为家庭所拥有，即人均资本 k 等于人均资产 a。家庭成员为企业提供劳动供给 L，获得工资率 w，同时还可以将资产以利率 r 借贷，获得利息收入。家庭的预算约束和最优化的效用函数类似于拉姆齐模型中的情况。这里忽略庞齐策略问题。事实上，这并不对结果有实质性的影响。因此可以将最优化问题归结为

$$\begin{cases}\underset{c(t)}{Max}U=\int_0^{+\infty}u[c_i(t)]e^{nt}e^{-\rho t}dt \\ s.t.\ \dot{k}_i=y_i-c_i-(n+\delta)k_i \\ c_i\geqslant 0\end{cases}$$

在均衡中，生产函数式(4.4)可以写成

$$y=AkL^{1-\alpha} \tag{4.9}$$

这表示如果经济存在稳态，那么稳态增长率之间的关系为

$$\gamma_y=\gamma_k+(1-\alpha)n \tag{4.10}$$

根据人均资本 k 的动态方程可得

$$\gamma_k=\frac{y-c}{k}-(n+\delta) \tag{4.11}$$

在稳态中，γ_k 为常数，因此 $(y-c)/k$ 必定为常数，它可以写成

$$\frac{y_0}{k_0}e^{(\gamma_y-\gamma_k)t}-\frac{c_0}{k_0}e^{(\gamma_c-\gamma_k)t}=cons \tag{4.12}$$

其中，$cons$ 表示常数。等式右边没有指数项，但左边存在指数项，故指数项必定相等且为常数。否则等式不可能成立。令 γ_{DCE} 为分散经济均衡中的人均产出 y 的增长率。因此得到

$$\gamma_y=\gamma_k=\gamma_c=\gamma_{DCE} \tag{4.13}$$

根据式(4.10)，劳动力规模的增长率 $n=0$。在这个条件下，最优化问题的

哈密尔顿函数为

$$H=ue^{-\rho t}+\lambda[y_i-c_i-\delta k_i]+\mu c_i \tag{4.14}$$

显然根据效用函数的 *Inada* 性质，哈密尔顿乘子 $\mu=0$。一阶条件可以表示为

$$u'e^{-\rho t}=\lambda$$

$$\lambda[\alpha A k_i^{\alpha-1}K^{1-\alpha}-\delta]+\dot{\lambda}=0$$

市场经济均衡中的增长率为

$$\gamma_{DCE}=\frac{1}{\theta}(\alpha AL^{1-\alpha}-\delta-\rho) \tag{4.15}$$

其中，$\theta=-\frac{u''c}{u'}$，是相对风险规避系数，假设其是一个不变的常数。

4.2.1.2　计划经济均衡

在一个由社会计划者领导的经济中，假设社会计划者是仁慈且万能的。仁慈特征表明了社会计划者会以最优化整个社会福利为自己的目标函数，而不是最优化社会计划者自身的目标函数。万能特征是指社会计划者能够无成本地收集到所有信息，不存在交易成本和信息不对称等因素。

由于整个经济每个个体都是同质的，因此整个社会的人均效用函数可以表示为 $u[c(t)]$，其中 $c(t)$是社会人均消费的时间路径。n 和 ρ 分别为劳动力增长率和计划者的时间偏好率。社会计划者的目标函数可以写成

$$U=\int_0^{+\infty}u[c(t)]e^{nt}e^{-\rho t}dt$$

虽然形式上和前面的分散决策市场经济中的家庭最优化目标函数相同，但是其内在含义并不完全相同。

社会计划者安排企业生产产品，供社会个体消费和投资。由于每个个体对于社会计划者而言是同质的，因此社会计划者对资本和劳动的配置比例必定会是 $k_i=k$。从另外一个角度看，在社会计划者经济中，单个企业其实只是社会计划者的一个工厂，整个经济相当于只存在一个超级大企业。对于这个超级大企业而言，$k_i=k$ 必然成立。根据生产函数式(4.4)，社会计划者的生产函数可以写成

$$\begin{aligned}y&=Ak^{\alpha}K^{1-\alpha}\\&=AL^{1-\alpha}k\end{aligned} \tag{4.16}$$

社会计划者的预算约束条件为

$$Y=C+\dot{K}+\delta K \tag{4.17}$$

写成人均变量形式为

$$\dot{k}=y-c-(n+\delta)k \tag{4.18}$$

在社会计划者的安排下，企业从事生产，家庭进行消费、劳动。整个经济处于一个封闭状态，因此不会出现借贷行为，也不会出现拆东墙补西墙式的庞齐策略。根据同样的逻辑，$n=0$ 会成立。综上所述，社会计划者的最优化问题可以归纳如下

$$\begin{cases} \underset{c(t)}{Max} U = \int_0^{+\infty} u[c(t)]e^{-\rho t}dt \\ s.t.\ \dot{k} = y - c - \delta k \\ c \geqslant 0 \end{cases} \tag{4.19}$$

现值哈密尔顿方程是：

$$H=ue^{-\rho t}+\lambda[y-c-\delta k]+\mu c \tag{4.20}$$

其中，λ 和 μ 是哈密尔顿乘子。最优化问题的一阶条件为

$$u'e^{-\rho t}-\lambda+\mu=0 \tag{4.21}$$

$$\lambda[AL^{1-\alpha}-\delta]+\dot{\lambda}=0 \tag{4.22}$$

互补松弛条件为

$$\mu c=0,\mu\geqslant 0,c\geqslant 0 \tag{4.23}$$

对于某一个时刻 t 而言，如果哈密尔顿乘子 $\mu>0$，根据式(4.21)可知

$$\mu=\lambda-u'e^{-\rho t}>0 \tag{4.24}$$

根据互补松弛条件，$\mu>0$ 还意味着人均消费 $c=0$ 必定成立。然而，*Inada* 条件

$$\lim_{c\to 0}u'(c)=+\infty$$

表明在确定的时刻 t，当 $c=0$ 时 μ 趋于负无穷大，同假设 $\mu>0$ 矛盾，因此 $\mu=0$ 必定成立。这样，式(4.21)就可以写成

$$u'e^{-\rho t}-\lambda=0 \tag{4.25}$$

对时间求导可以得到

$$u''\dot{c}e^{-\rho t}-\rho u'e^{-\rho t}-\dot{\lambda}=0 \tag{4.26}$$

在式(4.26)两边除以式(4.25)中的哈密尔顿乘子 λ，可得

$$\frac{u''(c)c}{u'(c)}\gamma_c-\rho-\frac{\dot{\lambda}}{\lambda}=0 \tag{4.27}$$

其中，γ_c表示变量 c 的增长率$\dot{c}/c$。根据式(4.22)可得哈密尔顿乘子 λ 的增长率为

$$\frac{\dot{\lambda}}{\lambda}=-(AL^{1-\alpha}-\delta)$$

将其代入式(4.27)就得到

$$\frac{u''(c)c}{u'(c)}\gamma_c-\rho+AL^{1-\alpha}-\delta=0$$

整理后可以求出社会计划者经济中，人均消费的增长率为

$$\gamma_c=\frac{1}{\theta}(AL^{1-\alpha}-\delta-\rho) \tag{4.28}$$

其中，$\theta=-\frac{u''(c)c}{u'(c)}$。

对于社会计划者而言，经济的动态系统由下面的微分方程组描述

$$\begin{cases}\dfrac{\dot{k}}{k}=\dfrac{y}{k}-\dfrac{c}{k}-\delta \\ \dfrac{\dot{c}}{c}=\dfrac{1}{\theta}(AL^{1-\alpha}-\delta-\rho)\end{cases} \tag{4.29}$$

在稳态中，所有变量的增长率都为常数，因此 γ_c是常数，即稳态中 $c=c^*$。根据生产函数式(4.16)，

$$\frac{y}{k}=AL^{1-\alpha} \tag{4.30}$$

在稳态中也是常数，且 y 和 k 的增长率相等。根据微分方程组的第一个方程，可知 c/k 必定也是常数。所以有

$$\gamma_c=\gamma_k=\gamma_y=\gamma_{CE} \tag{4.31}$$

其中，γ_{CE}为计划经济中人均变量增长率。比较分散决策经济中的增长率式(4.15)和社会计划者经济中的增长率式(4.28)，可以发现两种经济体制下的资本报酬率是不同的。市场经济下的资本报酬率为

$$r_{DCE}=\alpha AL^{1-\alpha}-\delta \tag{4.32}$$

计划经济体制下的资本报酬率为

$$r_{CE}=AL^{1-\alpha}-\delta \tag{4.33}$$

符号 DCE 和 CE 分别表示分散决策市场经济(Decentralized Economy)和

集中决策的计划经济(Centralized Economy)。由于资本的产出弹性 $\alpha<1$，因此计划经济体制下的资本报酬率要高于市场经济

$$r_{DCE}<r_{CE} \tag{4.34}$$

更进一步可以发现，式(4.30)暗示 $AL^{1-\alpha}$ 是整个社会的每单位资本的产出或者资本的平均产出。计划经济和市场经济的资本报酬率差异表明在市场分散决策体制下，资本的外部性导致企业的投资无法获得全部收益，一部分收益外溢至经济的其他企业中。对于整个经济而言，是一个封闭系统，因此所有收益必定保留在这个经济体中，所以整体的平均收益率要高于私人收益率。

4.2.1.3　完全 Romer 型外溢的度量

资本投资的外部性导致收益外溢的程度到底有多大呢？度量技术外溢可以从两个角度进行。第一个角度是考察市场经济中私人收益率和社会计划者收益率的相对差异。一项创新或者知识的社会收益率对应于社会计划者的收益率，因为对于社会计划者而言，所有技术外溢都被内部化，不存在技术外溢导致收益受损。技术外溢的发生导致私人收益率会低于社会收益率。私人收益率就对应于市场经济中的个体企业收益率。第二个角度是考察存在技术外溢的市场经济均衡中，给定资源配置，技术外溢存在与不存在导致私人收益率的相对变化。下面分别从这两个角度进行论述。

1. Romer 外溢度量 w_1

根据上文分析，在 Romer 外溢的经济中，市场经济中个体企业的资本边际产品要低于计划经济中资本边际产品的比例。边际产品可以表示为

$$MPK_{DCE}=\alpha AL^{1-\alpha} \tag{4.35}$$

$$MPK_{CE}=AL^{1-\alpha} \tag{4.36}$$

Romer 外溢度量 w_1 可以写成

$$\begin{aligned} w_1 &=1-\frac{MPK_{DCE}}{MPK_{CE}} \\ &=1-\frac{\alpha AL^{1-\alpha}}{AL^{1-\alpha}} \\ &=1-\alpha \end{aligned} \tag{4.37}$$

现在 w_1 对 α 的导数为常数-1

$$\frac{\partial w_1}{\partial \alpha}=-1 \tag{4.38}$$

这表明资本产出弹性 α 上升 0.01，外溢度量 w_1 就下降 1%。按照道理资本产出弹性的上升表明物质资本在生产中的重要性上升，而物质资本在本书的模型中又是具有外部性，所以资本产出弹性的上升应该引起外溢度量 w_1 上升才对！为什么模型的推导结果会相反呢？其根源还要从最初的生产函数入手理解。生产函数式(4.3)表明资本产出弹性 α 是指企业个体的资本投入的产出弹性，作为知识外溢象征的社会总体资本，其弹性为 $(1-\alpha)$，因此，α 的上升表明了在生产过程中，企业的自身资本投资更重要，而知识外溢的重要性相对下降，因此外溢度量 w_1 会下降。

2. Romer 外溢度量 w_2

第二个度量视角是从分散决策经济的一般均衡出发。在分散均衡中，技术外溢存在的情况和不存在的情况下，私人收益率到底有多大变化呢？这就是外溢度量 w_2 的提出动机。遗憾的是，在目前的这个模型中，本书无法研究外溢度量 w_2，因为我们不知道在没有 Romer 外溢的情况下，模型的结论是什么。换句话说，现在的模型假设完全 Romer 外溢的存在，而且没有对 Romer 外溢强度专门设置参数，这一点不容更改，因此无法从第二个角度度量 Romer 外溢。本书会对模型的假设进行一些更改，最后解决这个问题。

4.2.1.4　政府政策对完全 Romer 型外溢度量的影响

上文已经表明了 Romer 外溢会导致私人企业的收益率低于社会收益率，从而无法达到帕累托最优。现在引入政府的补贴政策，考察补贴政策如何对经济进行帕累托改进。一般而言，在技术研发和技术外溢领域，政府可以采取的政策有三种：补贴物质资本投资、补贴最终产品的生产和补贴研发投资。在 Romer 经济中，研发并不是一个关注的研究对象，因此只有前面两种补贴政策。但是，在 R&D 型技术外溢经济中，本书会专门分析研发补贴的影响。

由于政府补贴的筹资一般通过税收进行，不同的税收可能对经济产生不同的影响。在通常的情况下，对商品征税会导致商品的相对价格发生变化，扭曲的价格信号会引起消费者改变决策。相反，一次性总赋税(A Lump Sum Tax)只对消费者的收入产生影响，不会对商品的相对价格产生影响，所以也不会扭曲社会资源配置，不会影响经济效率。本书的政府补贴政策假设都通过一次性总赋税来筹资，这样可以避免税收引起的效率损失。

1. 物质资本投资补贴

由于非帕累托最优是由物质资本外部性导致的，较低的私人企业收益率无法给企业提供足够的投资激励，所以私人投资会低于帕累托最优状态。要进行帕累托改进，最直接的方法就是对私人物质资本投资进行补贴，增强私人企业的投资激励。

假设私人企业每投资一单位物质资本，政府补贴投资成本的比例为 ε，即没有补贴情况下私人投资的实际成本为 $(r+\delta)$，在有投资补贴的情况下，私人投资的实际成本为 $(1-\varepsilon)(r+\delta)$，政府承担私人投资成本为 $\varepsilon(r+\delta)$。现在，企业的利润函数改变为

$$\pi=AK_i^{\alpha}(KL_i)^{1-\alpha}-(1-\varepsilon)(r+\delta)K_i-wL_i \tag{4.39}$$

利润最大化的一阶条件为

$$\frac{\partial\pi}{\partial K_i}=\alpha AK_i^{\alpha-1}(KL_i)^{1-\alpha}+(1-\varepsilon)(r+\delta)=0 \tag{4.40}$$

在均衡中，该一阶条件变为

$$r_{DCE}=\frac{\alpha}{1-\varepsilon}AL^{1-\alpha}-\delta \tag{4.41}$$

如果政府的补贴政策能使私人企业的资本边际报酬达到社会计划者水平 $AL^{1-\alpha}$，那么经济就能够达到帕累托最优状态。显而易见，投资补贴率 ε 必须满足下面的条件

$$\varepsilon=1-\alpha \tag{4.42}$$

在这种情况下，利率为

$$r_{DCE}=AL^{1-\alpha}-\delta \tag{4.43}$$

经济的增长率完全等同于式(4.28)。所以，政府只要实行补贴率为 $(1-\alpha)$ 的投资补贴政策，就能促进私人企业增加投资，使经济达到帕累托最优状态。但是，式(4.41)还透露出一个问题，政府是否可以进一步提高补贴率，使 $\varepsilon>1-\alpha$ 呢？如果可行，经济岂不是可以在更高的增长率下运行？事实上，如果这种方案是可行的，那么社会计划者就可以通过计划配置达到这种增长率。但是，计划者面临一个税收融资的问题，是否可以获得足够的融资呢？不妨做一个极端的思想实验。假设 $\varepsilon=1$，表明企业的所有投资成本都由政府来承担，那么式(4.41)表明左边会是无穷大。由于资本的折旧率是固定不变，因此社会的利率水平会趋于无穷大。其道理是显而易见的。私

人企业的投资成本完全被政府所吸纳，但投资产出却归自己所有。在市场经济下，私人企业自然会爆发出无穷的投资需求，利率趋于无穷大也是可以理解的。但是，在这种无穷投资需求下，政府是否有足够的补贴金额呢？政府必须通过税收融资。政府最多就是把私人企业生产出来的产出全部征收，这是政府税收的上限。如此一来，整个经济就变成了政府出资让企业生产，企业生产出来的产品全部上交政府。企业在这种情况下就是一个任务完成者，完全等同于计划经济情况。而计划经济的资本边际产品为 $AL^{1-\alpha}$，对应于式(4.42)成立的情况。因此式(4.42)所揭示的补贴率是最高补贴率，政府无法超越这个补贴率上限去补贴企业的投资，因此有

$$\varepsilon \in [0, 1-\alpha] \tag{4.44}$$

在均衡状态下 Romer 外溢度量 w_1 在投资补贴下可以写成

$$\begin{aligned} w_1 &= \frac{MPK_{CE}-(r_{DCE}+\delta)}{MPK_{CE}} \\ &= \frac{AL^{1-\alpha}-\frac{\alpha}{1-\varepsilon}AL^{1-\alpha}}{AL^{1-\alpha}} \\ &= 1-\frac{\alpha}{1-\varepsilon} \end{aligned} \tag{4.45}$$

$$\frac{\partial w_1}{\partial \varepsilon} = \frac{-\alpha}{(1-\varepsilon)^2} < 0 \tag{4.46}$$

从式(4.46)的 w_1 对 ε 的一阶导数为负可知，政府补贴率的上升会降低 Romer 外溢带来的影响。当 $\varepsilon=1-\alpha$ 的时候，w_1 达到最小值 0，对于同样的劳动力规模而言，表明经济达到了帕累托最优状态。

2. 最终产品生产补贴

政府如果通过一次性总赋税融资对生产进行补贴，同样能达到帕累托改进的效果。假设私人企业生产一单位最终产品 Y_i，政府就补贴 ε 比例的最终产品，即私人企业最终能获得最终产品 $(1+\varepsilon)Y_i$。在最终产品生产的补贴政策下，私人企业的利润函数为

$$\pi = (1+\varepsilon)AK_i^{\alpha}(KL_i)^{1-\alpha}-(r+\delta)K_i-wL_i \tag{4.47}$$

利润最大化的一阶条件变为

$$\frac{\partial \pi}{\partial K_i} = (1+\varepsilon)\alpha AK_i^{\alpha-1}(KL_i)^{1-\alpha}-(r+\delta) = 0 \tag{4.48}$$

$$\frac{\partial \pi}{\partial L_i}=(1+\varepsilon)(1-\alpha)AK_i^{\alpha}K^{1-\alpha}L_i^{-\alpha}-w=0$$

在均衡中，该一阶条件为

$$r_{DCE}+\delta=(1+\varepsilon)\alpha AL^{1-\alpha} \tag{4.49}$$

要使经济达到帕累托最优状态下的资本边际报酬水平，政府的补贴率必须为

$$\varepsilon=\frac{1}{\alpha}-1 \tag{4.50}$$

这时的利率和经济增长率都可以达到社会计划者水平，实现经济的帕累托最优。根据同样的道理，式(4.49)在政府的补贴下最高所能达到的利率水平为社会计划者的水平 $AL^{1-\alpha}$。所以式(4.50)所揭示的补贴率是一个最大生产补贴率，即

$$\varepsilon\in\left[0,\frac{1}{\alpha}-1\right] \tag{4.51}$$

Romer 外溢度量 w_1 可以表示为

$$\begin{aligned} w_1 &=\frac{MPK_{CE}-(r_{DCE}+\delta)}{MPK_{CE}} \\ &=\frac{AL^{1-\alpha}-(1+\varepsilon)\alpha AL^{1-\alpha}}{AL^{1-\alpha}} \\ &=1-(1+\varepsilon)\alpha \end{aligned} \tag{4.52}$$

$$\frac{\partial w_1}{\partial \varepsilon}=-\alpha<0 \tag{4.53}$$

Romer 外溢度量 w_1 对生产补贴率 ε 的一阶导数为负，表明随着补贴率的上升，Romer 外溢带来的影响逐渐减弱。当 $\varepsilon=(1/\alpha)-1$ 时，Romer 外溢度量 w_1 达到最小值 0，表示经济达到了帕累托最优状态。

4.2.2 C-D 生产函数下的非完全 Romer 型外溢

本节对简化版 Romer(1986)模型进行修改，加入 Romer 外溢强度因素。假设生产函数修改为

$$Y_i=AK_i^{\alpha}(K^{\nu}L_i)^{1-\alpha} \tag{4.54}$$

其中参数 $\nu\in[0,1]$ 为 Romer 外溢强度。该生产函数同式(4.3)相比，主要的差别在于劳动增进型技术从 K 变为 K^{ν}。这种改进凸显了技术的非完全外溢，即企业 i 无法采用整个社会的技术。当 $\nu=0$ 时，生产函数就转变为

寻常的形式，不再含有 Romer 外溢的内涵。当 $\nu=1$ 时，生产函数就转变为式(4.3)。因此，式(4.54)所表达的生产函数是一个更为一般的形式，包含了传统的 Cobb-Douglas 生产函数和具有 Romer 外溢的 Cobb-Douglas 生产函数。

4.2.2.1　市场经济均衡

把式(4.54)改写成人均变量形式：

$$y_i=Ak_i^{\alpha}K^{\nu(1-\alpha)} \tag{4.55}$$

最优化的问题为

$$\begin{cases}\underset{c(t)}{Max}U=\int_0^{+\infty}u[c_i(t)]e^{-(\rho-n)t}dt\\ s.t.\ \dot{k}_i=y_i-c_i-(n+\delta)k_i\\ c_i\geqslant 0\end{cases}$$

根据效用函数的 *Inada* 条件，$c_i=0$ 显然不是最优选择，不妨设 $c_i>0$。最优化的哈密尔顿函数为

$$H=ue^{-(\rho-n)t}+\lambda[Ak_i^{\alpha}K^{\nu(1-\alpha)}-c_i-(n+\delta)k_i]$$

一阶条件为

$$u'e^{-(\rho-n)t}=\lambda \tag{4.57}$$

$$\lambda[\alpha Ak_i^{\alpha-1}K^{\nu(1-\alpha)}-(n+\delta)]+\dot{\lambda}=0 \tag{4.58}$$

在均衡中，物质资本的边际产出可以写成

$$r_{DCE}+\delta=\alpha Ak^{-(1-\nu)(1-\alpha)}L^{\nu(1-\alpha)} \tag{4.59}$$

在家庭最优化决策下，经济增长率为

$$\gamma_{DCE}=\frac{1}{\theta}[\alpha Ak^{-(1-\nu)(1-\alpha)}L^{\nu(1-\alpha)}-\delta-\rho] \tag{4.60}$$

在均衡中，$k_i=k$，因此生产函数为

$$y=Ak^{\alpha+\nu(1-\alpha)}L^{\nu(1-\alpha)}$$

稳态中的增长率关系可以写成

$$\gamma_y=[\alpha+\nu(1-\alpha)]\gamma_k+\nu(1-\alpha)n$$

如果 $\nu=1$，则等同于完全 Romer 型技术外溢情况，这时有

$$\gamma_y=\gamma_k+(1-\alpha)n$$

根据资本的动态方程，

$$\gamma_k=\frac{y-c}{k}-(n+\delta)$$

显然，在稳态中$\frac{y-c}{k}$必须为常数，$\gamma_y=\gamma_k=\gamma_c=\gamma_{DCE}$，所以 $n=0$ 必定成立。如果 $\nu\neq1$，则有

$$\gamma_{DCE}(1-\alpha)(1-\nu)=\nu n(1-\alpha)$$

$$\gamma_{DCE}=\frac{n\nu}{1-\nu}$$

结合式(4.60)可知

$$r_{DCE}+\delta=\frac{\theta n\nu}{1-\nu}+\rho+\delta$$

4.2.2.2　计划经济均衡

同社会计划者的最优化问题式(4.19)相比，考虑 Romer 外溢强度后的社会计划者最优化问题可以写成：

$$\begin{cases} \underset{c(t)}{Max}U=\int_0^{+\infty}u[c(t)]e^{nt}e^{-\rho t}dt \\ s.t.\ \dot{k}(t)=y(t)-c(t)-(n+\delta)k(t) \\ \lim\limits_{t\to\infty}ke^{-\int_0^t[r(\tau)-n]d\tau}\geqslant0 \\ c(t)\geqslant0 \end{cases}$$

只是，现在的生产函数需要代之以新的形式。对于社会计划者而言，整个社会的所有个体都是同质的，生产资源的分配也是相同的，因此把 $k_i=k$ 代入生产函数式(4.55)对可以得到

$$y=Ak^{\alpha}K^{\nu(1-\alpha)}=Ak^{\alpha+\nu(1-\alpha)}L^{\nu(1-\alpha)} \tag{4.62}$$

哈密尔顿函数是

$$H=u(c)e^{-(\rho-n)t}+\lambda(t)[Ak^{\alpha+\nu(1-\alpha)}L^{\nu(1-\alpha)}-c(t)-(n+\delta)k]+\mu(t)c(t) \tag{4.63}$$

最优化的一阶条件为

$$u'e^{-(\rho-n)t}-\lambda+\mu=0 \tag{4.64}$$

$$\lambda\{[\alpha+\nu(1-\alpha)]Ak^{-(1-\nu)(1-\alpha)}L^{\nu(1-\alpha)}-(n+\delta)\}+\dot{\lambda}=0 \tag{4.65}$$

非负人均消费的互补松弛条件为

$$\mu c=0,c\geqslant0,\mu\geqslant0 \tag{4.66}$$

根据 *Inada* 条件，$c>0$ 和 $\mu=0$ 必定成立。这时一阶条件式(4.64)可以修正为

$$u'e^{-(\rho-n)t}=\lambda \tag{4.67}$$

就两边对时间求导可得

$$u''\dot{c}e^{-(\rho-n)t}-(\rho-n)u'e^{-(\rho-n)t}=\dot{\lambda}$$

$$\frac{u''c}{u'}\gamma_c-(\rho-n)=\frac{\dot{\lambda}}{\lambda}$$

代入一阶条件式(4.65)，经过整理得到

$$\gamma_{CE}=\frac{1}{\theta}\{[\alpha+\nu(1-\alpha)]Ak^{-(1-\nu)(1-\alpha)}L^{\nu(1-\alpha)}-\delta-\rho\} \tag{4.68}$$

由于 $\alpha\in(0,1)$，$\nu\in[0,1]$，因此 $\alpha+\nu(1-\alpha)>\alpha$，式(4.68)揭示的相同资源配置下，社会计划者的增长率要高于式(4.60)的分散决策市场经济增长率。如果 $\nu=0$，表示 Romer 外溢强度为 0，整个经济的生产不存在 Romer 外溢，那么市场经济和计划经济的增长率都相等，并且等于

$$\gamma_{CE}=\gamma_{DCE}=\gamma=\frac{1}{\theta}[\alpha Ak^{-(1-\alpha)}-\delta-\rho] \tag{4.69}$$

但是，$\gamma=[\alpha+\nu(1-\alpha)]\gamma+(1-\alpha)\nu n$，$\nu=0$ 表示 $\gamma=0$，因此在均衡中人均资本是一个不变的常数，表明这个经济在没有技术外溢的情况下等同于新古典增长模型。如果 $\nu=1$，则市场经济的增长率为

$$\gamma_{DCE}=\frac{1}{\theta}[\alpha AL^{1-\alpha}-\delta-\rho] \tag{4.70}$$

社会计划者的增长率为

$$\gamma_{CE}=\frac{1}{\theta}(AL^{1-\alpha}-\delta-\rho) \tag{4.71}$$

结果和前面简化版 Romer(1986)的结果完全相同。因此本书在这里所阐述的模型比简化版 Romer(1986)模型更加具有一般性，结论也更为丰富。

另外，根据上一节市场经济均衡的相同分析过程，可以发现稳态中有

$$\gamma_y=\gamma_k=\gamma_c=\gamma_{CE}$$

$$r_{CE}+\delta=\frac{\theta n\nu}{1-\nu}+\rho+\delta \tag{4.72}$$

稳态中的收益率和增长率等于市场经济稳态情况，这说明即使式(4.68)表达的增长率形式不同于市场经济中的增长率，但是实际增长率是相同的。原因在于计划经济和市场经济中稳态下资源配置结构不同。由于计划者能内部化技术外溢，因此其投资水平会高于市场经济水平。但是计划者物质

资本存量的上升会导致收益率下降，这种下降效应和技术外溢效应正好相互抵消，最终使得收益率等同于市场经济水平。

4.2.2.3 非完全 Romer 型外溢的度量

在具有外溢强度 ν 的模型中，重新来考虑 Romer 外溢的度量。在均衡条件下，市场经济中的资本边际产品为

$$MPK_{DCE}=\alpha Ak^{-(1-\nu)(1-\alpha)}L^{\nu(1-\alpha)} \tag{4.73}$$

在计划经济下，社会计划者的资本边际产品是

$$MPK_{CE}=[\alpha+\nu(1-\alpha)]Ak^{-(1-\nu)(1-\alpha)}L^{\nu(1-\alpha)} \tag{4.74}$$

非完全 Romer 外溢度量 w_1 定义为在市场经济均衡的资源配置下，资本边际产品的相对差异

$$\begin{aligned} w_1 &=\frac{MPK_{CE}-MPK_{DCE}}{MPK_{CE}} \\ &=\frac{[\alpha+\nu(1-\alpha)]Ak^{-(1-\nu)(1-\alpha)}L^{\nu(1-\alpha)}-\alpha Ak^{-(1-\nu)(1-\alpha)}L^{\nu(1-\alpha)}}{[\alpha+\nu(1-\alpha)]Ak^{-(1-\nu)(1-\alpha)}L^{\nu(1-\alpha)}} \\ &=1-\frac{\alpha}{\alpha+\nu(1-\alpha)} \end{aligned} \tag{4.75}$$

$$\begin{aligned} \frac{\partial w_1}{\partial \nu} &=\frac{(1-\alpha)[\alpha+\nu(1-\alpha)]-\nu(1-\alpha)^2}{[\alpha+\nu(1-\alpha)]^2} \\ &=\frac{(1-\alpha)\alpha}{[\alpha+\nu(1-\alpha)]^2}>0 \end{aligned} \tag{4.76}$$

$$\begin{aligned} \frac{\partial w_1}{\partial \alpha} &=-\frac{\alpha+\nu(1-\alpha)-\alpha[1-\nu]}{[\alpha+\nu(1-\alpha)]^2} \\ &=-\frac{\nu}{[\alpha+\nu(1-\alpha)]^2} \\ &\leqslant 0 \end{aligned} \tag{4.77}$$

如果比较计划经济均衡和市场经济均衡下两者的资本边际产品相对差异，可以发现并没有差异，都为 $\theta n\nu/(1-\nu)+\rho+\delta$。因此，直接比较不同资源配置下的两种均衡状态，在这个模型中并没有意义，并不能因此揭示技术外溢的影响。根据具体问题具体分析的原则，市场和计划体制下收益率的相对差异比较在非完全 Romer 型外溢模型中需要采取稍微不同的方式度量。这就是固定资源配置结构。

在现在的模型中，由于存在 Romer 外溢强度，因此可以定义在给定的分散决策的市场经济资源配置下，存在外溢和不存在外溢之间的收益率相

对变化，即非完全 Romer 外溢度量 w_2

$$\begin{aligned} w_2 &= \frac{MPK_{DCE}(\nu>0)-MPK_{DCE}(\nu=0)}{MPK_{DCE}(\nu>0)} \\ &= \frac{\alpha Ak^{-(1-\nu)(1-\alpha)}L^{\nu(1-\alpha)}-\alpha Ak^{-(1-\alpha)}}{\alpha Ak^{-(1-\nu)(1-\alpha)}L^{\nu(1-\alpha)}} \\ &= 1-\frac{1}{k^{\nu(1-\alpha)}L^{\nu(1-\alpha)}} \\ &= 1-K^{-\nu(1-\alpha)} \end{aligned} \tag{4.78}$$

如果 $K>1$，则 $\ln K>0$，$\nu(1-\alpha)\ln K>0$，$w_2>0$。需要注意的是，这里 $MPK_{DCE}(\nu>0)>MPK_{DCE}(\nu=0)$，因此 w_2 采用式(4.78)定义。在其他一些模型中，会出现相反的情况，即 $MPK_{DCE}(\nu>0)<MPK_{DCE}(\nu=0)$，这时，为了使外溢度量为正，需要相应地采用相反的定义。另外，还可以考察 w_2 和 Romer 外溢强度的关系

$$\frac{\partial w_2}{\partial \nu}=\nu(1-\alpha)K^{-\nu(1-\alpha)}\ln K\geqslant 0 \tag{4.79}$$

其中，假设 $K>1$。可见，当 Romer 外溢强度增加时，Romer 外溢度量 w_2 也会增加，表明分散决策经济中 Romer 外溢对经济的影响增强。

4.2.2.4　政府政策对非完全 Romer 型外溢度量的影响

在具有 Romer 外溢强度的模型里，本书依然考察两种政府补贴政策对经济的影响。政府补贴通过不引起价格扭曲的一次性总赋税筹资。

1. 物质资本投资补贴

假设在分散决策的市场经济中，政府对物质资本投资进行补贴，补贴率为 ε。根据生产函数，同样可以得到

$$\gamma_y=[\alpha+\nu(1-\alpha)]\gamma_k+\nu(1-\alpha)n$$

因此经济的增长率在补贴政策下依然为

$$\gamma_{DCE}=\frac{\nu n}{1-\nu}$$

单个企业的利润函数现在变成

$$\pi=AK_i^{\alpha}(K^{\nu}L_i)^{1-\alpha}-(1-\varepsilon)(r+\delta)K_i-wL_i \tag{4.80}$$

利润最大化的一阶必要条件为

$$\frac{\alpha}{1-\varepsilon}AK_i^{\alpha-1}(K^{\nu}L_i)^{1-\alpha}=r_{DCE}+\delta \tag{4.81}$$

当补贴力度达到下面的水平时，

$$\varepsilon=\frac{\nu(1-\alpha)}{\alpha+\nu(1-\alpha)} \tag{4.82}$$

私人投资的收益率为

$$r_{DCE}+\delta=[\alpha+\nu(1-\alpha)]Ak^{-(1-\nu)(1-\alpha)}L^{\nu(1-\alpha)}$$

经济增长率为

$$\gamma_{DCE}=\frac{1}{\theta}\{[\alpha+\nu(1-\alpha)]Ak^{-(1-\nu)(1-\alpha)}L^{\nu(1-\alpha)}-\delta-\rho\}=\frac{\nu n}{1-\nu}$$

可见，尽管经济增长率不变，但是资源配置水平会自动调整到计划者的最优状态。比较式(4.82)和式(4.75)，发现政府的投资补贴率正好等于 Romer 外溢度量 w_1。

$$\begin{aligned}\frac{\partial\varepsilon}{\partial\nu}&=\frac{(1-\alpha)[\alpha+\nu(1-\alpha)]-\nu(1-\alpha)^2}{[\alpha+\nu(1-\alpha)]^2}\\&=\frac{\alpha(1-\alpha)}{[\alpha+\nu(1-\alpha)]^2}>0\end{aligned} \tag{4.83}$$

补贴率 ε 对 Romer 外溢强度 ν 的导数为正，表示当 Romer 外溢强度上升时，投资补贴率必须增加才能保持经济的帕累托最优状态。

在投资补贴政策下，分散决策市场经济中资本的收益率为

$$r_{DCE}+\delta=\frac{\alpha}{1-\varepsilon}Ak^{\alpha-1}K^{\nu(1-\alpha)} \tag{4.84}$$

非完全 Romer 外溢度量 w_1 为

$$\begin{aligned}w_1&=\frac{MPK_{CE}-(r_{DCE}+\delta)}{MPK_{CE}}\\&=1-\frac{\frac{\alpha}{1-\varepsilon}Ak^{\alpha-1}K^{\nu(1-\alpha)}}{[\alpha+\nu(1-\alpha)]Ak^{-(1-\nu)(1-\alpha)}L^{\nu(1-\alpha)}}\\&=1-\frac{1}{1-\varepsilon}\frac{\alpha}{\alpha+\nu(1-\alpha)}\geqslant 0\end{aligned} \tag{4.85}$$

上面最后一个表达式为正，这是因为当式(4.82)成立时，经济达到社会计划者水平，故有 $0\leqslant\varepsilon\leqslant\frac{\nu(1-\alpha)}{\alpha+\nu(1-\alpha)}$ 成立。该条件和式(4.85)实际上是等价的。另外，政府投资补贴的上升同样会导致 w_1 下降

$$\frac{\partial w_1}{\partial\varepsilon}=-\frac{1}{(1-\varepsilon)^2}\frac{\alpha}{\alpha+\nu(1-\alpha)}<0 \tag{4.86}$$

非完全 Romer 外溢度量 w_2 为

$$
\begin{aligned}
w_2 &= \frac{(r_{i,DCE}+\delta)(\nu>0)-(r_{i,DCE}+\delta)(\nu=0)}{(r_{i,DCE}+\delta)(\nu>0)} \\
&= \frac{\frac{\alpha}{1-\varepsilon}Ak^{\alpha-1}K^{\nu(1-\alpha)}-\frac{\alpha}{1-\varepsilon}Ak^{\alpha-1}}{\frac{\alpha}{1-\varepsilon}Ak^{\alpha-1}K^{\nu(1-\alpha)}} \\
&= 1-K^{-\nu(1-\alpha)}
\end{aligned}
\tag{4.87}
$$

$$
\frac{\partial w_2}{\partial \varepsilon}=0
$$

可见,政府的补贴政策并不会对非完全 Romer 外溢度量 w_2 产生影响。这是因为 w_2 是度量存在技术外溢和不存在技术外溢两种情况下的相对差异。

2. 最终产品生产补贴

假设政府对企业的最终产品生产进行补贴,补贴率为 ε。这时企业的利润函数为

$$
\pi=(1+\varepsilon)AK_i^{\alpha}\,(K^{\nu}L_i)^{1-\alpha}-(r+\delta)K_i-wL_i \tag{4.88}
$$

利润最优化的一阶条件为

$$
\frac{\partial \pi}{\partial K_i}=(1+\varepsilon)\alpha AK_i^{\alpha-1}\,(K^{\nu}L_i)^{1-\alpha}-(r+\delta)=0 \tag{4.89}
$$

在均衡条件下,一阶条件为

$$
(1+\varepsilon)\alpha Ak_i^{\alpha-1}K^{\nu(1-\alpha)}=r_{i,DCE}+\delta \tag{4.90}
$$

当补贴率达到如下水平时

$$
\varepsilon=\frac{\nu(1-\alpha)}{\alpha} \tag{4.91}
$$

资本边际产品等于

$$
\begin{aligned}
r_{DCE}+\delta &= (1+\varepsilon)\alpha Ak^{\alpha-1}K^{\nu(1-\alpha)} \\
&= [\alpha+\nu(1-\alpha)]Ak^{-(1-\nu)(1-\alpha)}L^{\nu(1-\alpha)}
\end{aligned}
$$

可见,最终产品补贴同样能使经济达到社会计划者的帕累托最优状态。

$$
\frac{\partial \varepsilon}{\partial \nu}=\frac{1-\alpha}{\alpha}>0 \tag{4.92}
$$

当 Romer 外溢强度 ν 上升时,政府必须加大补贴率才能使经济保持帕累托最优。在最终产品补贴的情况下,分散决策市场经济中企业的资本收益率为

$$r_{i,DCE}+\delta=(1+\varepsilon)\alpha A k_i^{\alpha-1}K^{\nu(1-\alpha)} \tag{4.93}$$

在均衡条件下，市场经济中的资本收益率为

$$r_{i,DCE}+\delta=(1+\varepsilon)\alpha A k^{\alpha-1}K^{\nu(1-\alpha)} \tag{4.94}$$

非完全 Romer 外溢度量 w_1 为

$$\begin{aligned} w_1 &= \frac{MPK_{CE}-(r_{i,DCE}+\delta)}{MPK_{CE}} \\ &= 1-\frac{(1+\varepsilon)\alpha A k_i^{\alpha-1}K^{\nu(1-\alpha)}}{[\alpha+\nu(1-\alpha)]Ak^{-(1-\nu)(1-\alpha)}L^{\nu(1-\alpha)}} \\ &= 1-\frac{(1+\varepsilon)\alpha}{\alpha+\nu(1-\alpha)}k_i^{\alpha-1}k^{1-\alpha} \\ &= 1-\frac{(1+\varepsilon)\alpha}{\alpha+\nu(1-\alpha)} \end{aligned} \tag{4.95}$$

$$\frac{\partial w_1}{\partial \varepsilon}=-\frac{\alpha}{\alpha+\nu(1-\alpha)}<0 \tag{4.96}$$

非完全 Romer 外溢度量 w_2 为

$$\begin{aligned} w_2 &= \frac{(r_{i,DCE}+\delta)(\nu>0)-(r_{i,DCE}+\delta)(\nu=0)}{(r_{i,DCE}+\delta)(\nu>0)} \\ &= \frac{\alpha(1+\varepsilon)Ak^{\alpha-1}K^{\nu(1-\alpha)}-\alpha(1+\varepsilon)Ak^{\alpha-1}}{\alpha(1+\varepsilon)Ak^{\alpha-1}K^{\nu(1-\alpha)}} \\ &= 1-K^{-\nu(1-\alpha)} \end{aligned} \tag{4.97}$$

$$\frac{\partial w_2}{\partial \varepsilon}=0$$

同式(4.87)相似，在最终产品补贴下，非完全 Romer 外溢度量 w_2 也不受补贴政策的影响。

4.3 一般新古典生产函数中的 Romer 型外溢

4.3.1 一般新古典生产函数中的完全 Romer 型外溢

4.3.1.1 市场经济均衡

假设企业 i 的生产函数为一个具有一般化形式的新古典生产函数

$$Y_i=F(K_i, KL_i) \tag{4.98}$$

该生产函数具备全部新古典特征：对于所有严格为正的投入要素 K_i 和

L_i而言有

$$\frac{\partial F}{\partial K_i}>0,\frac{\partial^2 F}{\partial K_i^2}<0$$

$$\frac{\partial F}{\partial L_i}>0,\frac{\partial^2 F}{\partial L_i^2}<0$$

企业 i 的产出 Y_i对于企业 i 的投入要素 K_i和 L_i表现出规模报酬不变特征，即对于所有的 $\lambda>0$ 而言有

$$F[\lambda K_i,K(\lambda L_i)]=\lambda F[K_i,KL_i]$$

另外生产函数还满足 $Inada$ 条件

$$\lim_{K_i\to+\infty}\frac{\partial F}{\partial K_i}=\lim_{L_i\to+\infty}\frac{\partial F}{\partial L_i}=0$$

$$\lim_{K_i\to 0}\frac{\partial F}{\partial K_i}=\lim_{L_i\to 0}\frac{\partial F}{\partial L_i}=+\infty$$

该生产函数的技术水平仍然采用 Romer(1986)的设定。以全社会的资本存量作为全社会的技术指标，并且所有企业都能毫无损耗地获得这些技术。将生产函数写成人均形式为

$$y_i=f(k_i,K)$$

在通常的消费者最优化框架下，最优化问题可以写成

$$\begin{cases}\underset{c_i}{Max}U=\int_0^{+\infty}u[c_i(t)]e^{-(\rho-n)t}dt\\ s.t.\ \dot{k}_i(t)=f(k_i,K)-c_i-(n+\delta)k_i\\ \lim\limits_{t\to\infty}k_ie^{-\int_0^t[r(\tau)-n]d\tau}\geqslant 0\\ c_i\geqslant 0\end{cases}$$

对应的现值哈密尔顿函数为

$$H=ue^{-(\rho-n)t}+\lambda(t)[f(k_i,K)-c_i-(n+\delta)k_i]+\mu(t)c_i$$

最优化的一阶条件为

$$u'e^{-(\rho-n)t}=\lambda-\mu \tag{4.99}$$

$$\lambda[f_1(k_i,K)-(n+\delta)]+\dot{\lambda}=0 \tag{4.100}$$

互补松弛条件为

$$c_i\geqslant 0,\mu\geqslant 0,\mu c_i=0$$

同理有 $c_i>0$ 和 $\mu=0$。式(4.99)变为

$$u'e^{-(\rho-n)t}=\lambda \tag{4.101}$$

根据该条件可以得到

$$-\frac{\dot{\lambda}}{\lambda}=\theta\gamma_c+\rho-n$$

另外，根据式(4.100)，可以得到

$$-\frac{\dot{\lambda}}{\lambda}=f_1(k_i,K)-(n+\delta)$$

因此可以得到

$$-\frac{\dot{\lambda}}{\lambda}=\theta\gamma_c+\rho-n=f_1(k_i,K)-(n+\delta)$$

分散决策经济中的人均消费的增长率为

$$\gamma_{c,DCE}=\frac{1}{\theta}[f_1(k_i,K)-\delta-\rho] \tag{4.102}$$

在均衡中，每个企业都是同质对称，因此雇佣的劳动和资本比例应该相同，即 $k_i=k$，其中 k 是均衡中经济整体的人均资本水平。据此，式(4.102)在均衡中可以写成

$$\gamma_{c,DCE}=\frac{1}{\theta}[f_1(k,K)-\delta-\rho] \tag{4.103}$$

对于单个企业 i 而言，自身的物质资本投资对于整个经济而言微不足道，当私人企业进行投资决策的时候，只是把全社会的资本存量 K 看做是既定不变。但是当所有企业都投资增加的时候，整个社会的知识存量就会上升。

根据人均资本的动态方程可得

$$\gamma_k=\frac{y_i}{k_i}-\frac{c_i}{k_i}-(n+\delta)$$

在稳态中，有

$$\gamma_y=\gamma_k=\gamma_c=\gamma_{DCE}$$

且劳动力规模的增长率为 0，否则不存在稳态。私人企业的物质资本投资收益率为

$$r_{DCE}+\delta=f_1(k,K) \tag{4.104}$$

是一个常数。

4.3.1.2　计划经济均衡

对于社会计划者而言，整个经济就像一个企业一样，所有决策都由社会

计划者决策。其生产函数可以写成

$$Y=F(K,KL) \tag{4.105}$$

写成人均形式为

$$y=f(k,K) \tag{4.106}$$

该生产函数同样符合新古典的三大特征。在通常的消费者最优框架下，最优化问题可以写成

$$\begin{cases} \underset{c}{Max}U=\int_0^{+\infty}u[c(t)]e^{-(\rho-n)t}dt \\ s.t.\ \dot{k}(t)=f(k,K)-c-(n+\delta)k \\ \lim\limits_{t\to\infty}ke^{-\int_0^t[r(\tau)-n]d\tau}\geqslant 0 \\ c\geqslant 0 \end{cases}$$

现值哈密尔顿函数为

$$H=ue^{-(\rho-n)t}+\lambda(t)[f(k,kL)-c-(n+\delta)k]+\mu(t)c$$

最优化的一阶条件为

$$u'e^{-(\rho-n)t}=\lambda-\mu$$

$$\lambda[f(1,L)-(n+\delta)]+\dot{\lambda}=0$$

根据效用函数的 *Inada* 条件，同样可以知道 $\mu=0$ 且 $c>0$ 必定成立，因此社会计划者集中决策经济的人均消费增长率为

$$\gamma_{c,CE}=\frac{1}{\theta}[f(1,L)-\delta-\rho] \tag{4.107}$$

社会计划者的资本收益率为

$$r_{CE}+\delta=f(1,L) \tag{4.108}$$

要比较分散决策私人投资收益率和社会计划者收益率的大小，必须了解 $f_1(k,K)$ 和 $f(1,L)$ 的大小。注意到人均产出可以表示为

$$\begin{aligned} y_i&=f(k_i,K) \\ &=k_if\left(1,\frac{K}{k_i}\right) \end{aligned}$$

私人投资者的边际产品可以写成

$$\frac{\partial y_i}{\partial k_i}=f\left(1,\frac{K}{k_i}\right)-\frac{K}{k_i}f_2\left(1,\frac{K}{k_i}\right)$$

在均衡中上面的边际产品可以表示为

$$\frac{\partial y_i}{\partial k_i}=f(1,L)-Lf_2(1,L) \tag{4.109}$$

由于 $f(\cdot,\cdot)$满足新古典生产函数的特征，因此 $f_2(1,L)>0$，显而易见，

$$\begin{aligned} r_{CE}-r_{DCE} &= [f(1,L)-\delta]-[f(1,L)-Lf_2(1,L)-\delta] \\ &= Lf_2(1,L) \\ &> 0 \end{aligned}$$

所以社会计划者的收益率要高于分散经济中私人投资收益率。

4.3.1.3　完全 Romer 型外溢度量

利用分散经济和计划经济中的物质资本边际产出，可以定义 Romer 外溢的度量指标。根据上面讨论，分散经济中私人资本投资的边际产品为

$$MPK_{DCE}=f(1,L)-Lf_2(1,L)$$

社会计划者的物质资本投资边际产品为

$$MPK_{CE}=f(1,L)$$

对于相同的劳动规模而言，技术外溢度量 w_1 可以定义为

$$\begin{aligned} w_1 &= \frac{MPK_{CE}-MPK_{DCE}}{MPK_{CE}} \\ &= \frac{Lf_2(1,L)}{f(1,L)} \end{aligned} \tag{4.110}$$

可见，技术外溢度量 w_1 受到劳动力规模的影响。但是劳动力规模 L 如何影响技术外溢的度量呢？通过对 w_1 求导可得

$$\begin{aligned} \frac{\partial w_1}{\partial L} &= \frac{f_2(1,L)}{f(1,L)}+L\,\frac{f_{22}f-f_2^2}{[f(1,L)]^2} \\ &= \frac{-L}{[f(1,L)]^2}\left(f_2^2-\frac{f}{L}f_2-f_{22}f\right) \end{aligned}$$

上式右边的$\left(f_2^2-\frac{f}{L}f_2-f_{22}f\right)$是一个关于 f_2 的二次函数，其判别式 $\Delta=\left(\frac{f}{L^2}+4f_{22}\right)f$。当 $\Delta<0$ 时，即

$$\frac{f}{L^2}+4f_{22}<0$$

则有下式成立

$$f_2^2-\frac{f}{L}f_2-f_{22}f>0$$

所以$\frac{\partial w_1}{\partial L}<0$。同样道理，当 $\Delta>0$ 时，$\frac{f}{L^2}+4f_{22}>0$，$\frac{\partial w_1}{\partial L}$会有正有负。当 $\Delta=0$ 时，$\frac{f}{L^2}+4f_{22}=0$，如果 $f_2\neq\frac{f}{2L}$，那么$\frac{\partial w_1}{\partial L}<0$ 始终成立，如果 $f_2=\frac{f}{2L}$，则$\frac{\partial w_1}{\partial L}=0$。结果归纳如表 4－1 所列。

表 4－1　一般新古典生产函数下劳动力规模对完全 Romer 外溢 w_1 的影响

劳动力规模对 w_1 的影响	条件
$\frac{\partial w_1}{\partial L}<0$	$\frac{f}{L^2}+4f_{22}<0$
$\frac{\partial w_1}{\partial L}<0$ 或者$\frac{\partial w_1}{\partial L}>0$	$\frac{f}{L^2}+4f_{22}>0$
$\frac{\partial w_1}{\partial L}<0$	$\frac{f}{L^2}+4f_{22}=0$ 且 $f_2\neq\frac{f}{2L}$
$\frac{\partial w_1}{\partial L}=0$	$\frac{f}{L^2}+4f_{22}=0$ 且 $f_2=\frac{f}{2L}$

4.3.1.4　政府政策对完全 Romer 型外溢度量的影响

1. 物质资本投资补贴

政府补贴通过不影响资源配置的一次性总赋税筹资。私人企业在没有政府对物质资本投资补贴的情况下，投资总成本为$(r+\delta)$。如果政府对投资的补贴比例为 ε，即私人企业每投资一单位资本，只需承担$(1-\varepsilon)(r+\delta)$成本，政府承担的成本为 $\varepsilon(r+\delta)$。在这种情况下，私人企业的利润函数为

$$\pi=F(K_i,KL_i)-(1-\varepsilon)(r+\delta)K_i-wL_i$$

利润最大化的一阶条件有

$$\frac{\partial\pi}{\partial K_i}=\frac{\partial F}{\partial K_i}-(1-\varepsilon)(r+\delta)=0$$

$$\frac{\partial\pi}{\partial L_i}=\frac{\partial F}{\partial L_i}-w=0$$

由于$\frac{\partial F}{\partial K_i}=MPK_{DCE}=f(1,L)-Lf_2(1,L)$，因此私人投资的收益率为

$$r_{DCE}+\delta=\frac{f(1,L)-Lf_2(1,L)}{1-\varepsilon}$$

在补贴政策下的技术外溢度量 w_1 为

$$
\begin{aligned}
w_1 &= \frac{MPK_{CE}-(r_{DCE}+\delta)}{MPK_{CE}} \\
&= \frac{f(1,L)-\dfrac{f(1,L)-Lf_2(1,L)}{1-\varepsilon}}{f(1,L)} \\
&= 1-\frac{1}{1-\varepsilon}\left[1-\frac{Lf_2(1,L)}{f(1,L)}\right]
\end{aligned}
$$

我们可以考察一下政府对物质资本投资补贴比例的变化是如何影响技术外溢度量的。通过对技术外溢度量求导，可以得到：

$$
\begin{aligned}
\frac{\partial w_1}{\partial \varepsilon} &= \frac{\partial}{\partial \varepsilon}\left\{\frac{1}{1-\varepsilon}\left[\frac{Lf_2(1,L)}{f(1,L)}-1\right]+1\right\} \\
&= \frac{1}{(1-\varepsilon)^2}\left[\frac{Lf_2(1,L)}{f(1,L)}-1\right] \\
&\leqslant 0
\end{aligned}
$$

上式为非正的原因是$\frac{Lf_2(1,L)}{f(1,L)}$不会超过 1。不难看出，$\frac{Lf_2(1,L)}{f(1,L)}$正好是在没有补贴政策下分散决策经济中的技术外溢度量，取值范围为[0,1]。当$\frac{Lf_2(1,L)}{f(1,L)}=1$时，无补贴政策的分散决策经济中技术外溢度量为 1，表明该经济中不存在外部性，因此 ε 的变化对没有技术外溢的经济而言不会有任何影响。但是，经济是否可能达到$\frac{Lf_2(1,L)}{f(1,L)}=1$ 呢？不难看出，该条件比较苛刻。当劳动力规模不变的情况下，从该条件可以解出一个特定的劳动力规模数量。事实上，在该模型中，劳动力规模固定情况和稳态相吻合。如果劳动力规模发生稳定增长，那么模型就不存在稳态。根据生产函数可知

$$y_i=f(k_i,K)=k_i f(1,K/k_i)$$

在均衡中有

$$y=kf(1,L)$$

根据人均资本的动态方程，$\gamma_y=\gamma_k$，因此 $f(1,L)$必定为常数，劳动力规模必定固定。作为外生变量的 L，我们可以任何改变其值，对于满足$\frac{Lf_2(1,L)}{f(1,L)}=1$ 的特定值而言，并没有多大意义。因此我们可以合理地忽略$\frac{Lf_2(1,L)}{f(1,L)}=1$ 的情况，而对结论没有任何有害之处。基于这种考虑，可以认为下面的

情况更加有意义

$$\frac{\partial w_1}{\partial \varepsilon}<0$$

即当政府对投资的补贴比例上升时，技术外溢度量会下降。该结论很容易理解：技术外溢之所以会导致经济无法达到帕累托最优状态，是因为技术外溢使得私人投资的收益会外溢到经济中，从而削弱私人投资的积极性。政府如果能将外溢收益的一部分弥补给私人投资者，那么投资者的投资积极性会重新提振，增加物质资本的投资，进而促进经济增长率的提升，经济体也会向社会计划者的最优状态进行帕累托改进。政府对投资的补贴力度 ε 越大，私人投资的积极性越高，经济体离帕累托最优状态就越近，技术外溢导致的效率损失就越小，技术外溢度量就会越小。当补贴率为

$$\varepsilon=\frac{Lf_2(1,L)}{f(1,L)}$$

时，私人企业的物质资本投资收益可以写成

$$\begin{aligned} r_{DCE}+\delta &=\frac{f(1,L)-Lf_2(1,L)}{1-\varepsilon} \\ &=\frac{f(1,L)-Lf_2(1,L)}{1-\dfrac{Lf_2(1,L)}{f(1,L)}} \\ &=f(1,L) \end{aligned}$$

可见，通过物质资本投资补贴，政府可以把私人资本边际产品提升到社会计划者水平，因此经济增长率也能达到帕累托最优状态。

如果采用前面所述的 Cobb-Douglas 生产函数形式，$y_i=Ak_i^{\alpha}K^{1-\alpha}=Ak_i^{\alpha}k^{1-\alpha}L^{1-\alpha}$，在均衡中为 $y=AkL^{1-\alpha}$，$f(1,L)=AL^{1-\alpha}$，$f_2(1,L)=(1-\alpha)AL^{-\alpha}$，因此物质资本投资成本的补贴比例为 $\varepsilon=1-\alpha$，和前面的分析是一致的。

2. 最终产品生产补贴

如果政府对生产企业的最终产品进行补贴，补贴比例为 ε，即企业每生产一单位产品，会另外得到政府的补贴 ε。企业的利润函数为

$$\pi=(1+\varepsilon)F(K_i,KL_i)-(r+\delta)K_i-wL_i$$

利润最大化的一阶条件为

$$\frac{\partial \pi}{\partial K_i}=(1+\varepsilon)\frac{\partial F}{\partial K_i}-(r+\delta)=0$$

$$\frac{\partial \pi}{\partial L_i}=(1+\varepsilon)\frac{\partial F}{\partial L_i}-w=0$$

由于$\frac{\partial F}{\partial K_i}=MPK_{DCE}=f(1,L)-Lf_2(1,L)$，因此

$$r_{DCE}+\delta=(1+\varepsilon)[f(1,L)-Lf_2(1,L)]$$

在最终产品补贴政策下，技术外溢的度量可以写成

$$\begin{aligned}w_1&=\frac{MPK_{CE}-(r_{DCE}+\delta)}{MPK_{CE}}\\&=\frac{f(1,L)-(1+\varepsilon)[f(1,L)-Lf_2(1,L)]}{f(1,L)}\\&=-\varepsilon\left[1-\frac{Lf_2(1,L)}{f(1,L)}\right]+\frac{Lf_2(1,L)}{f(1,L)}\end{aligned}$$

由于$\frac{Lf_2(1,L)}{f(1,L)}$为无政府补贴下的技术外溢度量，其值域为[0,1]，因此有

$$\begin{aligned}\frac{\partial w_1}{\partial \varepsilon}&=-\left[1-\frac{Lf_2(1,L)}{f(1,L)}\right]\\&\leqslant 0\end{aligned}$$

同样地，如果$\frac{\partial w_1}{\partial \varepsilon}=0$，则有$\frac{Lf_2(1,L)}{f(1,L)}=1$，劳动力规模必须是一个确定的值。该条件非常苛刻，一旦劳动力规模发生外生变化，$\frac{\partial w_1}{\partial \varepsilon}=0$就不成立。所以不妨假设

$$\frac{\partial w_1}{\partial \varepsilon}<0$$

当政府补贴比例为$\varepsilon=0$时，结论就是前面所述没有政府补贴情况下的技术外溢度量$w_1=\frac{Lf_2(1,L)}{f(1,L)}$。当补贴比例上升时，私人投资的收益受技术外溢的影响就下降，投资积极性也逐渐上升，因此经济逐步靠近帕累托最优状态。相应地技术外溢度量也逐渐下降。当补贴率为

$$\varepsilon=\frac{Lf_2(1,L)}{f(1,L)-Lf_2(1,L)}$$

时，私人企业的物质资本投资的总收益为

$$\begin{aligned}r_{i,DCE}+\delta&=(1+\varepsilon)[f(1,L)-Lf_2(1,L)]\\&=\left[1+\frac{Lf_2(1,L)}{f(1,L)-Lf_2(1,L)}\right][f(1,L)-Lf_2(1,L)]\end{aligned}$$

$$=f(1,L)$$

可见，政府对生产者的最终产品进行补贴，同样可以使投资者的总收益达到社会计划者水平，因此这种补贴政策可以使经济达到帕累托最优状态。这时技术外溢度量为 0。

当采用 Cobb-Douglas 生产函数形式时，$y_i=Ak_i^{\alpha}K^{1-\alpha}=Ak_i^{\alpha}k^{1-\alpha}L^{1-\alpha}$，在均衡中为 $y=AkL^{1-\alpha}$，$f(1,L)=AL^{1-\alpha}$，$f_2(1,L)=(1-\alpha)AL^{-\alpha}$，政府对最终产品的补贴比例为

$$\begin{aligned}\varepsilon&=\frac{Lf_2(1,L)}{f(1,L)-Lf_2(1,L)}\\&=\frac{L(1-\alpha)AL^{-\alpha}}{AL^{1-\alpha}-L(1-\alpha)AL^{-\alpha}}\\&=\frac{1-\alpha}{\alpha}\end{aligned}$$

该结论和前面的分析是一致的。

4.3.2　一般新古典生产函数中的非完全 Romer 型外溢

本节把 Cobb-Douglas 生产函数情况下的非完全 Romer 外溢扩展到一般新古典生产函数情况，考察补贴政策对 Romer 外溢度量的影响。

4.3.2.1　市场经济均衡

假设具有非完全 Romer 外溢特征的一般新古典生产函数为

$$Y_i=F(K_i,K^{\nu}L_i) \tag{4.111}$$

其中参数 ν 对知识指标(即全社会的资本存量 K)进行强度调整，$\nu\in[0,1]$。当 $\nu=0$ 时，生产函数就是最简单的传统形式，没有知识外溢特征。当 $\nu=1$ 时，该生产函数就是完全 Romer 外溢情况下的生产函数。当 $0<\nu<1$ 时，单个企业只能使用全社会知识库中间的一部分，说明还有一些知识没有外溢至该企业，因此是非完全的 Romer 外溢。

和通常一样，本书假设式(4.111)具有新古典生产函数的所有特征。把该生产函数写成人均变量形式

$$y_i=f(k_i,K^{\nu})$$

在消费最优的框架内，分散决策个体的最优化问题为

$$\begin{cases} \underset{c_i}{MaxU} = \int_0^{+\infty} u[c_i(t)]e^{-(\rho-n)t}dt \\ s.t.\ \dot{k}_i(t) = f(k_i, K^\nu) - c_i - (n+\delta)k_i \\ \lim\limits_{t\to\infty} k_i e^{-\int_0^t [r(\tau)-n]d\tau} \geqslant 0 \\ c_i \geqslant 0 \end{cases}$$

对应的现值哈密尔顿函数为

$$H = ue^{-(\rho-n)t} + \lambda(t)[f(k_i, K^\nu) - c_i - (n+\delta)k_i] + \mu(t)c_i$$

最优化的一阶条件为

$$u'e^{-(\rho-n)t} = \lambda - \mu \tag{4.112}$$

$$\lambda[f_1(k_i, K^\nu) - (n+\delta)] + \dot{\lambda} = 0 \tag{4.113}$$

互补松弛条件为

$$c_i \geqslant 0, \mu \geqslant 0, \mu c_i = 0$$

同理，*Inada* 条件表明 $c_i > 0$ 和 $\mu = 0$。式(4.112)变成

$$u'e^{-(\rho-n)t} = \lambda \tag{4.114}$$

根据该条件可以得到

$$-\frac{\dot{\lambda}}{\lambda} = \theta\gamma_c + \rho - n$$

另外，根据式(4.113)，可以得到

$$-\frac{\dot{\lambda}}{\lambda} = f_1(k_i, K^\nu) - (n+\delta)$$

因此可以得到

$$-\frac{\dot{\lambda}}{\lambda} = \theta\gamma_c + \rho - n = f_1(k_i, K^\nu) - (n+\delta)$$

分散决策经济中的人均消费的增长率为

$$\gamma_{c,DCE} = \frac{1}{\theta}[f_1(k_i, K^\nu) - \delta - \rho] \tag{4.115}$$

在均衡中，每个企业都是同质对称，因此雇佣的劳动和资本比例应该相同，即 $k_i = k$，其中 k 是均衡中经济整体的人均资本水平。因此，式(4.116)在均衡中可以写成

$$\gamma_{c,DCE} = \frac{1}{\theta}[f_1(k, K^\nu) - \delta - \rho] \tag{4.117}$$

$$r_{DCE}+\delta=f_1(k,K^{\nu}) \tag{4.118}$$

对于单个企业 i 而言，自身的物质资本投资对于整个经济而言微不足道，当私人企业进行投资决策的时候，只是把全社会的资本存量 K 看做是既定不变。但是当所有企业都投资增加的时候，整个社会的知识存量就会上升。由于引入了非完全 Romer 外溢的强度参数 ν，因此可以考察外溢强度的变化对经济增长率和私人收益率的影响。将式(4.117)和式(4.118)对外溢强度参数 ν 求导，可得

$$\frac{\partial \gamma_{c,DCE}}{\partial \nu}=\frac{1}{\theta}f_{12}(k,K^{\nu})K^{\nu}\ln K$$

$$\frac{\partial r_{DCE}}{\partial \nu}=f_{12}(k,K^{\nu})K^{\nu}\ln K$$

由于 $f_{12}(k,K^{\nu})>0$，只要 $\ln K>0$，外溢强度越大，私人收益率越高，经济增长率就会越高。而 $\ln K>0$ 意味着全社会资本存量 $K>1$。如果经济一开始从一个很低的资本存量水平出发，特别地让 $K<1$，通过一段时间的资本积累，K 一定会超过临界值 1，在稳态中，可以合理地假设 $K>1$，所以$\partial \gamma_{c,DCE}/\partial \nu>0$ 成立。这表明在 Romer 经济中，一项技术或一种知识如果被更多的企业采用，该项技术和知识对整个社会的贡献会更大，知识外溢本质上能促进经济增长。相反，如果 Romer 经济中没有知识外溢，即假设 $\nu=0$，那么整个经济的生产函数等价于没有技术进步的 Ramsey 模型。显然，在 Ramsey 模型中，经济的最终增长率等同于技术进步率。一旦外生技术没有增长率，经济也就不增长。但是，即使没有技术的外生增长率，Romer 经济中的知识外溢一旦出现，照样能使经济获得长期增长。

根据人均形式的生产函数可得

$$y_i=k_i f(1,K^{\nu}/k_i)$$

在均衡中变为

$$y=kf(1,k^{-(1-\nu)}L^{\nu})$$

如果 $k^{-(1-\nu)}L^{\nu}$ 不是常数，那么 $\gamma_y\neq\gamma_k$。但是根据人均资本的动态方程

$$\dot{k}=y-c-(n+\delta)k$$

在存在稳态的情况下，必须有 $\gamma_y=\gamma_k=\gamma_c$ 成立。因此 $k^{-(1-\nu)}L^{\nu}$ 是常数的条件同稳态是一致的。这种情况下，如果 $\nu=1$，则表示劳动力规模必须是常数，$n=0$，这是就是完全 Romer 型外溢情况。如果 $\nu<1$，则有

$$-(1-\nu)\gamma_k+\upsilon n=0\Rightarrow\gamma_{DCE}=\frac{\nu n}{1-\nu} \qquad (4.119)$$

该条件同时也表明式(4.118)表示的资本边际产品在稳态中是一个常数。

4.3.2.2 计划经济均衡

对于社会计划者而言，整个经济可以看作一个企业，决策由社会计划者统一指定。这种情况下 $k_i=k$，生产函数可以写成

$$\begin{aligned} y_i &= f(k_i, K^\nu) \\ &= f(k, K^\nu) \\ &= kf(1, L^\nu k^{-(1-\nu)}) \end{aligned}$$

社会计划者的最优化问题为

$$\begin{cases} \underset{c}{Max}U = \int_0^{+\infty} u[c(t)]e^{-(\rho-n)t}dt \\ s.t.\ \dot{k}(t) = kf(1, L^\nu k^{-(1-\nu)}) - c - (n+\delta)k \\ \lim\limits_{t\to\infty} ke^{-\int_0^t [r(\tau)-n]d\tau} \geqslant 0 \\ c \geqslant 0 \end{cases}$$

现值哈密尔顿函数为

$$H=ue^{-(\rho-n)t}+\lambda(t)[kf(1,L^\nu k^{-(1-\nu)})-c-(n+\delta)k]+\mu(t)c$$

最优化的一阶条件有

$$u'e^{-(\rho-n)t}=\lambda-\mu$$

$$\lambda[f(1,L^\nu k^{-(1-\nu)})+(\nu-1)f_2(1,L^\nu k^{-(1-\nu)})L^\nu k^{-(1-\nu)}-(n+\delta)]+\dot{\lambda}=0 \qquad (4.120)$$

互补松弛条件为

$$c\geqslant 0, \mu\geqslant 0, \mu c=0$$

同理，*Inada* 条件表明 $c>0$ 和 $\mu=0$。第一个一阶条件变成

$$u'e^{-(\rho-n)t}=\lambda$$

根据该条件可以得到

$$-\frac{\dot{\lambda}}{\lambda}=\theta\gamma_c+\rho-n$$

根据条件式(4.120)，可以得到

$$-\frac{\dot{\lambda}}{\lambda}=f(1,L^{\nu}k^{-(1-\nu)})+(\nu-1)f_2(1,L^{\nu}k^{-(1-\nu)})L^{\nu}k^{-(1-\nu)}-(n+\delta)$$

所以有

$$-\frac{\dot{\lambda}}{\lambda}=\theta\gamma_c+\rho-n$$
$$=f(1,L^{\nu}k^{-(1-\nu)})+(\nu-1)f_2(1,L^{\nu}k^{-(1-\nu)})L^{\nu}k^{-(1-\nu)}-(n+\delta)$$

计划经济中的人均消费的增长率为

$$\gamma_{c,CE}=\frac{1}{\theta}[f(1,L^{\nu}k^{-(1-\nu)})+(\nu-1)f_2(1,L^{\nu}k^{-(1-\nu)})L^{\nu}k^{-(1-\nu)}-\delta-\rho]$$

社会计划者的收益率为

$$r_{CE}=f(1,L^{\nu}k^{-(1-\nu)})+(\nu-1)f_2(1,L^{\nu}k^{-(1-\nu)})L^{\nu}k^{-(1-\nu)}-\delta$$
$$=f(1,K^{\nu}k^{-1})+(\nu-1)f_2(1,K^{\nu}k^{-1})K^{\nu}k^{-1}-\delta$$

假设 $x=K^{\nu}k^{-1}$，则社会计划者的收益率可以写成

$$r_{CE}=f(1,x)+(\nu-1)f_2(1,x)x-\delta$$

将收益率对 Romer 外溢强度 ν 进行求导，得到

$$\frac{\partial r_{CE}}{\partial\nu}=f_2(1,x)\frac{\partial x}{\partial\nu}+f_2(1,x)x+(\nu-1)f_{22}(1,x)\frac{\partial x}{\partial\nu}\cdot x+(\nu-1)f_2(1,x)\frac{\partial x}{\partial\nu}$$
$$=[\nu f_2(1,x)-(1-\nu)xf_{22}(1,x)]\frac{\partial x}{\partial\nu}+f_2(1,x)x$$

由于 $\nu\in[0,1]$，$f_2(1,x)>0$，$f_{22}(1,x)<0$，$\partial x/\partial\nu=x\ln K$，物质资本不断增长，在稳态中必定会有 $\ln K>0$，因此有

$$\frac{\partial r_{CE}}{\partial\nu}>0$$

该结果说明知识外溢强度的上升会导致社会计划者收益率的提高。其原因很容易理解。知识外溢强度的上升意味着一项技术被整个经济中更多的企业使用，对社会的贡献要远远高于仅限于一个企业使用一项技术的情况。在分散经济中，由于决策者为每个企业个体，技术外溢导致研发收益外溢很容易削弱企业的投资积极性。所以分散经济中对技术外溢带来的正面效应的同时，还有投资下降的负面效应。但是，社会计划者就完全不同了。整个经济的决策者是这个社会计划者，而不是企业个体。对于这个社会计划者而言，经济中不同企业之间的技术外溢只会导致企业收益外溢，社会计划者的总体收益并不会有损失，也即社会计划者能将技术外溢效应内部化。所

以，技术外溢只会为整个社会带来福利，而没有投资下降的负面效应。技术外溢强度上升对收益率的提升作用，意味着其也能促进经济增长。

显而易见，式(4.119)的增长率在计划经济中依然成立。这就表明，计划经济增长率和市场经济的增长率是相同的，两种经济体制下的经济运行的区别在于计划者并不会考虑技术外溢的影响，因此可以增加物质资本投资，对局部而言，投资收益率会下降。但是增加物质资本投资还会带来技术外溢的正面效应。这两种效应相互抵消，最终导致物质资本的总体收益率在两种经济体制下并没有区别。

4.3.2.3 非完全 Romer 型外溢的度量

同 C－D 生产函数情况下一样，由于市场经济收益率等于计划经济收益率，比较两种稳态下的资本边际产出会发现并没有多少意义。这里依然以市场经济中资源配置结构为基准，考察市场均衡中收益率同相同资源结构下的计划者水平之间的相对差距。根据上文分析，在分散经济中，个体企业的资本边际产出为

$$MPK_{DCE}=f_1(k,K^{\nu}) \tag{4.121}$$

社会计划者的资本边际产出为

$$MPK_{CE}=f(1,K^{\nu}k^{-1})-(1-\nu)f_2(1,K^{\nu}k^{-1})K^{\nu}k^{-1} \tag{4.122}$$

因此技术外溢度量 w_1 为

$$\begin{aligned}w_1&=\frac{MPK_{CE}-MPK_{DCE}}{MPK_{CE}}\\&=\frac{f(1,K^{\nu}k^{-1})-(1-\nu)f_2(1,K^{\nu}k^{-1})K^{\nu}k^{-1}-f_1(k,K^{\nu})}{f(1,K^{\nu}k^{-1})-(1-\nu)f_2(1,K^{\nu}k^{-1})K^{\nu}k^{-1}}\end{aligned} \tag{4.123}$$

在分散决策经济中，企业 i 的生产函数可以写成

$$\begin{aligned}y_i&=f(k_i,K^{\nu})\\&=k_if\left(1,\frac{K^{\nu}}{k_i}\right)\end{aligned}$$

将产出对 k_i 求导得到个体企业的资本边际产出

$$\begin{aligned}MPK_{DCE}&=f_1(k_i,K^{\nu})\\&=f\left(1,\frac{K^{\nu}}{k_i}\right)-\frac{K^{\nu}}{k_i}f_2\left(1,\frac{K^{\nu}}{k_i}\right)\end{aligned} \tag{4.124}$$

将其代入式(4.123)可以得到

$$\begin{aligned}w_1&=\frac{f(1,K^{\nu}k^{-1})-(1-\nu)f_2(1,K^{\nu}k^{-1})K^{\nu}k^{-1}-[f(1,K^{\nu}k^{-1})-K^{\nu}k^{-1}f_2(1,K^{\nu}k^{-1})]}{f(1,K^{\nu}k^{-1})-(1-\nu)f_2(1,K^{\nu}k^{-1})K^{\nu}k^{-1}}\\&=\frac{\nu f_2(1,K^{\nu}k^{-1})K^{\nu}k^{-1}}{f(1,K^{\nu}k^{-1})-(1-\nu)f_2(1,K^{\nu}k^{-1})K^{\nu}k^{-1}}\end{aligned}\tag{4.125}$$

设 $x=K^{\nu}k^{-1}$，则$\frac{\partial x}{\partial \nu}=K^{\nu}k^{-1}\ln K$，在稳态下，$K$ 不断增长，可以合理假设 $\ln K>0$，所以$\frac{\partial x}{\partial \nu}>0$。将 w_1 的表达式改写为 x 的函数形式

$$w_1=\frac{\nu f_2(1,x)x}{f(1,x)+(\nu-1)f_2(1,x)x}$$

$$\begin{aligned}\frac{\partial w_1}{\partial \nu}&=\frac{f_2(1,x)x+\nu f_{22}(1,x)x'x+\nu f_2(1,x)x'}{f(1,x)+(\nu-1)f_2(1,x)x}\\&-\frac{\nu f_2(1,x)x[f_2(1,x)x'+f_2(1,x)x+(\nu-1)f_{22}(1,x)x'x+(\nu-1)f_2(1,x)x']}{[f(1,x)+(\nu-1)f_2(1,x)x]^2}\\&=\frac{f_2(1,x)x+\nu f_{22}(1,x)x'x+\nu f_2(1,x)x'}{f(1,x)+(\nu-1)f_2(1,x)x}\\&-\frac{\nu f_2(1,x)x[f_2(1,x)x+(\nu-1)f_{22}(1,x)x'x+\nu f_2(1,x)x']}{[f(1,x)+(\nu-1)f_2(1,x)x]^2}\\&=\frac{[f_2(1,x)x+\nu f_{22}(1,x)xx'+\nu f_2(1,x)x']f(1,x)-(x+\nu x')xf_2^2(1,x)}{[f(1,x)+(\nu-1)f_2(1,x)x]^2}\\&=\frac{(x+\nu x')f_2(1,x)[f(1,x)-xf_2(1,x)]+\nu xx'f(1,x)f_{22}(1,x)}{[f(1,x)+(\nu-1)f_2(1,x)x]^2}\end{aligned}$$

根据式(4.124)有

$$f(1,x)=f_1(k,K^{\nu})+xf_2(1,x)$$

所以

$$\frac{\partial w_1}{\partial \nu}=\frac{(x+\nu x')f_2(1,x)f_1(k,K^{\nu})+\nu xx'f(1,x)f_{22}(1,x)}{[f(1,x)+(\nu-1)f_2(1,x)x]^2}$$

上式只有 $f_{22}(1,x)<0$，因此，当$(x+\nu x')f_2(1,x)f_1(k,K^{\nu})+\nu xx'f(1,x)f_{22}(1,x)=0$ 时，

$$\frac{\partial w_1}{\partial \nu}=0$$

当 $\nu=0$ 时，经济并没有呈现知识外溢特征。这时 $w_1=0$，说明市场经济和计划经济之间没有偏离。在 $\nu=0$ 的位置，

$$\frac{\partial w_1}{\partial \nu}=\frac{xf_2(1,x)f_1(k,K^\nu)}{[f(1,x)+(\nu-1)f_2(1,x)x]^2}>0$$

因此知识外溢强度的上升会使 w_1 上升，市场经济和计划经济之间会产生偏离。当 $\nu=1$ 时，经济属于完全 Romer 外溢，这时有

$$w_1=\frac{f_2(1,K^\nu k^{-1})K^\nu k^{-1}}{f(1,K^\nu k^{-1})}$$

$$\frac{\partial w_1}{\partial \nu}=\frac{(x+x')f_2(1,x)f_1(k,K^\nu)+xx'f(1,x)f_{22}(1,x)}{[f(1,x)]^2}$$

由于导数的符号并没有确定，所以 ν 在上确界处开始减少时，外溢度量 w_1 是否下降或者上升并不确定。在没有对模型参数进一步假设的情况下，无法得到更加详细的结论。从这里也可以看到，Romer 经济由于采用全社会资本存量作为知识指标，使得最终结果中出现了劳动力规模效应。这是一个不利的现象。从直觉上看，一个经济的收益率是不会随着人口规模的上升而无限上升的。也正是这一点促使本书在后面要修正 Romer 经济，重新建立 Lucas-Romer 经济和 R&D 驱动的经济。

由于引进了知识外溢的强度 ν，所以可以考虑第二个外溢度量

$$\begin{aligned}
w_2&=\frac{MPK_{DCE}(\nu>0)-MPK_{DCE}(\nu=0)}{MPK_{DCE}(\nu>0)}\\
&=\frac{f\left(1,\frac{K^\nu}{k}\right)-\frac{K^\nu}{k}f_2\left(1,\frac{K^\nu}{k}\right)-\left[f\left(1,\frac{1}{k}\right)-\frac{1}{k}f_2\left(1,\frac{1}{k}\right)\right]}{f\left(1,\frac{K^\nu}{k}\right)-\frac{K^\nu}{k}f_2\left(1,\frac{K^\nu}{k}\right)}\\
&=1-\frac{f\left(1,\frac{1}{k}\right)-\frac{1}{k}f_2\left(1,\frac{1}{k}\right)}{f\left(1,\frac{K^\nu}{k}\right)-\frac{K^\nu}{k}f_2\left(1,\frac{K^\nu}{k}\right)}\\
&=1-\frac{f_1(k,1)}{f_1(k,K^\nu)}
\end{aligned}$$

另外 w_2 对 ν 的导数为

$$\frac{\partial w_2}{\partial \nu}=\frac{f_1(k,1)f_{12}(k,K^\nu)K^\nu\ln K}{[f_1(k,K^\nu)]^2}$$

在长期中，$\ln K>0$，因此有

$$\frac{\partial w_2}{\partial \nu}>0$$

说明当知识外溢强度上升的时候，外溢度量指标 w_2 同样上升，市场经济中

外溢的收益比例也更大。

4.3.2.4　政府政策对非完全 Romer 型外溢度量的影响

1. 政府对物质资本投资的补贴

政府补贴通过不影响资源配置的一次性总赋税筹资。假设政府对物质资本投资的补贴比例为 ε，即企业投资一单位物质资本的总成本为 $(r+\delta)$，其中企业自身承担的部分为 $(1-\varepsilon)(r+\delta)$，政府承担的部分为 $\varepsilon(r+\delta)$。这时企业的利润函数为

$$\pi=F(K_i,K^{\nu}L_i)-(1-\varepsilon)(r+\delta)K_i-wL_i$$

利润最优化的一阶条件为

$$\frac{\partial\pi}{\partial K_i}=\frac{\partial F}{\partial K_i}-(1-\varepsilon)(r+\delta)=0$$

$$\frac{\partial\pi}{\partial L_i}=\frac{\partial F}{\partial L_i}-w=0$$

所以企业投资的总成本或资本的边际产品为

$$r_{DCE}+\delta=\frac{\partial F/\partial K_i}{1-\varepsilon}=\frac{f_1(k,K^{\nu})}{1-\varepsilon}$$

由于 $f_1(k,K^{\nu})=f(1,K^{\nu}k^{-1})-K^{\nu}k^{-1}f_2(1,K^{\nu}k^{-1})$，所以投资的私人收益率为

$$r_{DCE}+\delta=\frac{f(1,x)-xf_2(1,x)}{1-\varepsilon}$$

其中 $x=K^{\nu}k^{-1}$。同样有

$$\gamma_y=\gamma_k=\gamma_c=\gamma_{DCE}=\frac{\nu n}{1-\nu}$$

当下式成立时，

$$\varepsilon=\frac{\nu xf_2(1,x)}{f(1,x)-(1-\nu)xf_2(1,x)}$$

私人投资收益率就是

$$\begin{aligned}r_{DCE}+\delta&=\frac{f(1,x)-xf_2(1,x)}{1-\dfrac{\nu xf_2(1,x)}{f(1,x)-(1-\nu)xf_2(1,x)}}\\&=f(1,x)-(1-\nu)xf_2(1,x)=MPK_{CE}\end{aligned}$$

由于计划经济和市场经济中的增长率相等，因此两种经济制度下的资本边际产出也相同。补贴政策并没有改变经济的增长率和资本边际产出，

但是改变了资源的结构。所以，通过对物质资本投资的政策可以使经济达到帕累托最优状态。另外，补贴比例 ε 对知识外溢强度 ν 的反应并不确定。事实上，

$$\frac{\partial\varepsilon}{\partial\nu}=\frac{(x+\nu x')f_2(1,x)[f(1,x)-xf_2(1,x)]+\nu xx'f(1,x)f_{22}(1,x)}{[f(1,x)+(\nu-1)f_2(1,x)x]^2}$$

其中 $f(1,x)-xf_2(1,x)=f_1(k,K^{\nu})>0$，所以$\frac{\partial\varepsilon}{\partial\nu}$的符号并不确定。

在补贴比例为 ε 的情况下，外溢度量指标 w_1 为

$$\begin{aligned}w_1&=\frac{MPK_{CE}-(r_{i,DCE}+\delta)}{MPK_{CE}}\\&=\frac{f(1,x)-(1-\nu)xf_2(1,x)-\dfrac{f(1,x)-xf_2(1,x)}{1-\varepsilon}}{f(1,x)-(1-\nu)xf_2(1,x)}\\&=1-\frac{f(1,x)-xf_2(1,x)}{(1-\varepsilon)[f(1,x)-(1-\nu)xf_2(1,x)]}\end{aligned}$$

当 $\varepsilon=0$ 时，即政府不进行补贴时，

$$w_1=\frac{\nu xf_2(1,x)}{f(1,x)-(1-\nu)xf_2(1,x)}$$

这就是前文的结果。如果将 w_1 对补贴比例 ε 求导，可得

$$\frac{\partial w_1}{\partial\varepsilon}=-\frac{1}{(1-\varepsilon)^2}\frac{f(1,x)-xf_2(1,x)}{f(1,x)-(1-\nu)xf_2(1,x)}$$

其中 $f(1,x)-xf_2(1,x)$是分散经济中资本的边际产品，$f(1,x)-(1-\nu)xf_2(1,x)$是社会计划者的边际产品，两者都为正，因此$\partial w_1/\partial\varepsilon<0$，即随着补贴比例的上升，分散均衡对集权均衡的偏离程度会下降，直到 $\varepsilon=\frac{\nu xf_2(1,x)}{f(1,x)-(1-\nu)xf_2(1,x)}$为止，经济达到帕累托最优状态。

对于知识外溢度量指标 w_2，根据分散均衡中的私人收益率可得

$$\begin{aligned}w_2&=\frac{(r_{i,DCE}+\delta)(\nu>0)-(r_{i,DCE}+\delta)(\nu=0)}{(r_{i,DCE}+\delta)(\nu>0)}\\&=1-\frac{f(1,k^{-1})-k^{-1}f_2(1,k^{-1})}{f(1,x)-xf_2(1,x)}\end{aligned}$$

$$\frac{\partial w_2}{\partial\varepsilon}=0$$

所以，当补贴率的变化对知识外溢度量指标 w_2没有影响。

2. 政府对最终产品的补贴

当政府对最终产品进行补贴，补贴比例为 ε 时，私人企业每生产一单位最终产品，就可以获得$(1+\varepsilon)$单位最终产品。这时企业的利润函数为

$$\pi=(1+\varepsilon)F(K_i,K^{\nu}L_i)-(r+\delta)K_i-wL_i$$

利润最大化的一阶条件为

$$(1+\varepsilon)\partial F/\partial K_i=r+\delta$$

$$(1+\varepsilon)\partial F/\partial L_i=w$$

私人企业投资的收益率现在为

$$r_{DCE}+\delta=(1+\varepsilon)[f(1,x)-xf_2(1,x)]$$

在最终产品补贴下，

$$\gamma_y=\gamma_c=\gamma_k=\gamma_{DCE}=\frac{\nu n}{1-\nu}$$

当政府补贴比例取

$$\varepsilon=\frac{\nu xf_2(1,x)}{f(1,x)-xf_2(1,x)}$$

时，私人企业的投资收益变成

$$\begin{aligned}r_{DCE}+\delta&=\left[1+\frac{\nu xf_2(1,x)}{f(1,x)-xf_2(1,x)}\right][f(1,x)-xf_2(1,x)]\\&=f(1,x)-(1-\nu)xf_2(1,x)=MPK_{CE}\end{aligned}$$

需要注意的是，最终产品补贴政策同样并不改变物质资本的边际产出和经济的稳态增长率，但是会改变资源配置结构。所以，政府对最终产品进行补贴同样能促进经济达到帕累托最优状态。这个最优补贴率受到知识外溢强度的影响。通过将 ε 对 ν 求导数，可得

$$\frac{\partial\varepsilon}{\partial\nu}=\frac{(x+\nu x')f_2(1,x)[f(1,x)-xf_2(1,x)]+\nu xx'f(1,x)f_{22}(1,x)}{[f(1,x)-xf_2(1,x)]^2}$$

由于$[f(1,x)-xf_2(1,x)]$为正，$f_{22}(1,x)$为负，因此上式符号并不确定。

技术外溢度量指标 w_1 为

$$w_1=\frac{MPK_{CE}-(r_{i,DCE}+\delta)}{MPK_{CE}}=1-(1+\varepsilon)\frac{f(1,x)-xf_2(1,x)}{f(1,x)+(\nu-1)xf_2(1,x)}$$

$$\frac{\partial w_1}{\partial\varepsilon}=-\frac{f(1,x)-xf_2(1,x)}{f(1,x)+(\nu-1)xf_2(1,x)}<0$$

可见补贴力度的上升同样使得分散均衡走向集权均衡，经济会出现帕累托

改进。

外溢度量指标 w_2 可以表示为

$$w_2=\frac{(r_{i,DCE}+\delta)(\nu>0)-(r_{i,DCE}+\delta)(\nu=0)}{(r_{i,DCE}+\delta)(\nu>0)}=1-\frac{f(1,k^{-1})-k^{-1}f_2(1,k^{-1})}{f(1,x)-xf_2(1,x)}$$

$$\frac{\partial w_2}{\partial \varepsilon}=0$$

在政府对最终产品的补贴政策下，补贴率对知识外溢度量指标 w_2 同样也没有影响。

第 5 章　Lucas-Romer 型技术外溢及其度量[①]

5.1　Lucas-Romer 型技术外溢

对知识的度量可以从两个角度出发，即总量角度和人均角度。Romer 型技术外溢模型已从总量角度考察了技术外溢。从人均角度如何度量技术外溢呢？

受 Barro 和 Sala-i-Martin(2004，pp. 235)的启发，本章将 Lucas(1988)的人均人力资本外部性思想引入 Romer 经济，消除 Romer 经济中的劳动力规模效应。本书将其定义为 Lucas-Romer 型技术外溢。从本质上看，Lucas-Romer 型技术外溢依然是通过边投资边学习效应来实现技术进步，只是技术外溢的方式和内涵有所不同。

研究人均变量的重要性可以从 GDP 和人均 GDP 之间的差别来类比。例如，对于德国和中国，德国的国土面积和人口规模都远远低于中国。甚至在 2007 年，中国的 GDP 都已经超过了德国，成为全世界除了美国和日本以外的第三大经济体。中国 2007 年 GDP 经过国家统计局修正，核定为以当年价计算的 25.73 万亿元人民币，增长率高达 13%。德国联邦统计局公布的 2007 年德国 GDP 为 2.38 万亿欧元，按照当年末欧元对人民币的汇率 10.666 9，德国的 GDP 折合人民币 25.39 万亿。中国似乎已经超越了德国。未来，如果纳入人民币升值因素，中国的总体经济规模可能会持续超越德国。但是德国的工业技术和科技水平依然要远远高于中国，甚至连中国自己都没有认为中国在科技、教育上已经超越德国成为世界第三大科技强国。事实上，在中国有识之士还在为贯彻义务教育法而奔波时，德国的公立学校早就实行免费高等教育。

---

① 本章部分内容已发表于 *Annals of Economics and Finance*，2011 年第 2 期。

从经济学直觉上看,用人均人力资本水平作为知识指标体现了"水涨船高"式的技术外溢。船有多高并不在于水的绝对量有多大,而在于水平面有多高。这就是 Romer 经济和 Lucas-Romer 经济的区别所在。

本书将 Lucas-Romer 型技术外溢界定为:技术和知识的增长来自单个企业的物质资本投资呈现的边投资边学习效应。单个企业一旦获得某种技术,将外溢至整个经济中。全社会的技术水平用全社会人均物质资本存量表示。完全 Lucas-Romer 型外溢假设知识能够毫无阻碍地完全外溢至整个经济中。非完全 Lucas-Romer 型外溢假设在某个时刻或某一小段时期内,单个企业获得的知识只能够部分外溢至整个经济中。

5.2 C-D 生产函数下 Lucas-Romer 型外溢

5.2.1 C-D 生产函数下完全 Lucas-Romer 型外溢

5.2.1.1 市场经济均衡

完全 Lucas-Romer 外溢模型来自对 Barro and Sala-i-Martin(2004, pp. 235)和 Lucas(1988)等思想的借鉴,但本书并不局限于此。在下一节本书将其扩展到非完全外溢假设下。最后将结论再扩展到一般新古典生产函数下。假设生产函数采用如下形式

$$Y_i = AK_i^{\alpha}(kL_i)^{1-\alpha} \tag{5.1}$$

其中 A 在这里只是一个参数,并不代表知识存量概念。这里代表知识存量的是社会人均资本水平 k。其他变量的含义同前文一样:K_i代表第 i 个企业投入的物质资本数量,L_i代表第 i 个企业投入的劳动力数量,Y_i代表第 i 个企业的产出水平,α 表示物质资本的产出弹性。如果写成人均变量形式,则为

$$y_i = Ak_i^{\alpha}k^{1-\alpha} \tag{5.2}$$

在分散决策经济中,决策个体为每个个体,而不是万能的社会计划者。最优化的目标也是个体自身的效用函数,而不是整个社会的效用函数。采用通常的消费者效用函数形式,最优化的问题可以归结为

$$\begin{cases} \underset{c_i}{\text{Max}}U=\int_0^{+\infty} u[c_i(t)]e^{-(\rho-n)t}\mathrm{d}t \\ s.t.\ \dot{k}_i(t)=Ak_i^{\alpha}k^{1-\alpha}-c_i-(n+\delta)k_i \\ \lim\limits_{t\to\infty} k_i e^{-\int_0^t[r(\tau)-n]\mathrm{d}\tau}\geqslant 0 \\ c_i\geqslant 0 \end{cases}$$

现值哈密尔顿函数为

$$H=ue^{-(\rho-n)t}+\lambda(t)[Ak_i^{\alpha}k^{1-\alpha}-c_i-(n+\delta)k_i]+\mu(t)c_i$$

最优化的一阶条件为

$$u'e^{-(\rho-n)t}-\lambda=-\mu \tag{5.3}$$

$$\lambda[\alpha Ak_i^{\alpha-1}k^{1-\alpha}-(n+\delta)]+\dot{\lambda}=0 \tag{5.4}$$

同样假设消费者效用函数满足 *Inada* 条件，那么 $c_i>0$ 必定成立。根据互补松弛条件，必定有 $\mu=0$。代入式(5.3)，对时间求导，然后整理得到

$$-\frac{\dot{\lambda}}{\lambda}=\theta\gamma_c+\rho-n$$

根据式(5.4)，整理得到

$$-\frac{\dot{\lambda}}{\lambda}=\alpha Ak_i^{\alpha-1}k^{1-\alpha}-(n+\delta)$$

消去$\frac{\dot{\lambda}}{\lambda}$，最后得到人均消费的增长率为

$$\gamma_{c,DCE}=\frac{1}{\theta}(\alpha Ak_i^{\alpha-1}k^{1-\alpha}-\delta-\rho) \tag{5.5}$$

在均衡中 $k_i=k$，所以上式的人均消费增长率为

$$\gamma_{c,DCE}=\frac{1}{\theta}(\alpha A-\delta-\rho) \tag{5.6}$$

根据企业生产的利润最大化决策，利率为

$$r_{DCE}=\alpha A-\delta \tag{5.7}$$

资本的边际产品为：

$$MPK_{DCE}=\alpha A \tag{5.8}$$

可见，通过采用人均变量，Lucas-Romer 外溢成功消除了 Romer 经济中的劳动力规模效应。

5.2.1.2 计划经济均衡

对于社会计划者而言，整个社会就自己一个人决策。这时 $k_i=k$，生产函数式(5.2)就变成

$$y=Ak \tag{5.9}$$

社会计划者的最优化问题归结为

$$\begin{cases} \underset{c}{\mathrm{Max}}U=\int_0^{+\infty}u[c(t)]e^{-(\rho-n)t}\mathrm{d}t \\ s.t.\ \dot{k}(t)=Ak-c-(n+\delta)k \\ \lim\limits_{t\to\infty}ke^{-\int_0^t[r(\tau)-n]d\tau}\geqslant 0 \\ c\geqslant 0 \end{cases}$$

该最优化问题的现值哈密尔顿函数为

$$H=ue^{-(\rho-n)t}+\lambda(t)[Ak-c-(n+\delta)k]+\mu(t)c$$

最优化的一阶必要条件有

$$u'e^{-(\rho-n)t}-\lambda=-\mu$$

$$\lambda[A-(n+\delta)]+\dot{\lambda}=0$$

同样，在 $c=0$ 的情况下，μ 必定为负值，所以 c 必定严格为正。这时 $\mu=0$ 成立。根据第一个一阶条件，可以得到

$$-\frac{\dot{\lambda}}{\lambda}=\theta\gamma_c+\rho-n$$

根据第二个一阶条件，可得

$$-\frac{\dot{\lambda}}{\lambda}=A-(n+\delta)$$

消去$\frac{\dot{\lambda}}{\lambda}$项，可以得到增长率为

$$\gamma_{c,CE}=\frac{1}{\theta}(A-\delta-\rho)$$

该增长率表达式显示计划经济中的利率水平为

$$r_{CE}=A-\delta$$

对应的资本边际产品为

$$MPK_{CE}=A \tag{5.10}$$

比较市场经济中的资本的边际产品式(5.8)和计划经济中的资本边际产品式(5.10),可以发现,由于资本的产出弹性 α 小于1,所以有

$$MPK_{DCE}<MPK_{CE}$$

同时,对照完全Romer外溢模型中的资本边际产品。完全Romer外溢模型中市场经济资本的边际产品为 $\alpha AL^{1-\alpha}$,计划经济中的资本边际产品为 $AL^{1-\alpha}$。不难发现,完全Romer外溢模型中的资本边际产品都与劳动力规模有关,当劳动力规模无限增长时,资本的边际产品,进而经济中的利率水平,都会无限增长。通过采用Lucas-Romer外溢设定,现在的资本边际产品式(5.8)和式(5.10)已经完全消除了劳动力规模效应。资本边际产品现在只和经济中最基本的参数相关,这些参数为其他未考虑的因素的代理参数 A 和资本的产出弹性 α。尽管完全Lucas-Romer外溢设定下,结论有所改变,但是,它并没有改变Romer(1986)的基本结论:市场经济中个体决策导致的私人投资收益率小于计划经济中社会计划者决策导致的社会收益率。

5.2.1.3 完全Lucas-Romer型外溢的度量

由于完全Lucas-Romer外溢并不涉及外溢程度的变化,因此只能比较市场经济和计划经济之间的相对偏离程度。定义外溢度量 w_1 为

$$w_1=\frac{MPK_{CE}-MPK_{DCE}}{MPK_{CE}}$$

将前文得到的资本边际产品表达式代入外溢度量 w_1 得到

$$\begin{aligned} w_1 &=\frac{A-\alpha A}{A} \\ &=1-\alpha \end{aligned}$$

同单纯的Romer外溢情况下,该外溢度量只受到资本的产出弹性 α 的影响,其对资本产出弹性的一阶导数为

$$\frac{\partial w_1}{\partial \alpha}=-1$$

5.2.1.4 政府政策对完全Lucas-Romer型外溢度量的影响

1. 物质资本投资补贴

政府补贴通过不影响资源配置的一次性总赋税筹资。假设在市场经济的个体决策系统下,政府对私人企业的物质资本投资进行补贴,补贴比例为 ε,即私人企业承担投资成本的 $(1-\varepsilon)$ 部分,政府承担 ε 部分。现在,私人企

业的利润水平为

$$\pi = AK_i^{\alpha}(kL_i)^{1-\alpha} - (1-\varepsilon)(r+\delta)K_i - wL_i$$

利润最大化的一阶条件为

$$\frac{\partial \pi}{\partial K_i} = \alpha AK_i^{\alpha-1}(kL_i)^{1-\alpha} - (1-\varepsilon)(r+\delta) = 0$$

$$\frac{\partial \pi}{\partial L_i} = (1-\alpha)AK_i^{\alpha}k^{1-\alpha}L_i^{-\alpha} - w = 0$$

根据第一个一阶条件，私人企业的资本投资收益率为

$$r_{DCE} + \delta = \frac{\alpha AK_i^{\alpha-1}(kL_i)^{1-\alpha}}{1-\varepsilon}$$

在均衡状态下为

$$r_{DCE} + \delta = \frac{\alpha A}{1-\varepsilon}$$

当投资补贴比例满足

$$\varepsilon = 1-\alpha$$

时，私人投资的收益率就是

$$\begin{aligned} r_{DCE} + \delta &= \frac{\alpha A}{1-\varepsilon} \\ &= A \\ &= MPK_{CE} \end{aligned}$$

所以，尽管市场经济中私人投资会因为外部性而降低投资积极性，从而使得经济偏离帕累托最优均衡。但是，政府通过补贴私人投资，把外溢的收益通过财政手段返还给私人企业，那么私人企业的收益率会回到社会计划者水平，从而重新提振投资积极性，提升经济的增长率，使经济达到帕累托最优水平。

下面考虑在补贴政策下，Lucas-Romer 外溢的度量

$$\begin{aligned} w_1 &= \frac{MPK_{CE} - (r_{DCE} + \delta)}{MPK_{CE}} \\ &= \frac{A - \frac{\alpha A}{1-\varepsilon}}{A} \\ &= 1 - \frac{\alpha}{1-\varepsilon} \end{aligned}$$

现在外溢度量中出现政府补贴比例 ε，其对外溢度量的影响为

$$\frac{\partial w_1}{\partial \varepsilon}=-\frac{\alpha}{(1-\varepsilon)^2}<0$$

该偏导数为负，说明政府补贴比例的上升有助于降低外溢度量 w_1，促进经济向帕累托最优状态过渡。

$$\frac{\partial w_1}{\partial \alpha}=-\frac{1}{1-\varepsilon}$$

在没有补贴的情况下，$\varepsilon=0$，该偏导数为 -1，和前文的分析一致。但是在政府补贴的情况下，资本产出弹性的变化对外溢度量的影响不再是一个常数，而是随着补贴力度的上升而下降。

2. 最终产品生产补贴

如果政府对私人企业的最终产品生产进行补贴，补贴比例为 ε，即私人企业每生产一单位最终产品，除了可以在市场上出售该一单位最终产品以外，还能获得政府的 ε 单位最终产品的等值补贴。如果用最终产品本身作为计价单位，那么在政府的最终产品补贴政策下，私人企业的利润函数为

$$\pi=(1+\varepsilon)AK_i^{\alpha}(kL_i)^{1-\alpha}-(r+\delta)K_i-wL_i$$

利润最大化的一阶条件为

$$\frac{\partial \pi}{\partial K_i}=(1+\varepsilon)\alpha AK_i^{\alpha-1}(kL_i)^{1-\alpha}-(r+\delta)=0$$

$$\frac{\partial \pi}{\partial L_i}=(1+\varepsilon)(1-\alpha)AK_i^{\alpha}k^{1-\alpha}L_i^{-\alpha}-w=0$$

根据第一个一阶条件，私人企业在补贴政策下的投资收益率为

$$r_{DCE}+\delta=(1+\varepsilon)\alpha AK_i^{\alpha-1}(kL_i)^{1-\alpha}$$

在均衡中，投资收益率为

$$r_{DCE}+\delta=(1+\varepsilon)\alpha A$$

当政府补贴比例为

$$\varepsilon=\frac{1-\alpha}{\alpha}$$

时，私人企业的投资收益率为

$$\begin{aligned}r_{DCE}+\delta&=\left(1+\frac{1-\alpha}{\alpha}\right)\alpha A\\&=A\\&=MPK_{CE}\end{aligned}$$

所以，政府通过对最终产品的补贴，同样能使经济达到帕累托最优状态。在

最终产品补贴政策下，外溢度量 w_1 可以表示为

$$\begin{aligned} w_1 &= \frac{MPK_{CE} - (r_{DCE} + \delta)}{MPK_{CE}} \\ &= \frac{A - (1+\varepsilon)\alpha A}{A} \\ &= 1 - (1+\varepsilon)\alpha \end{aligned}$$

该外溢度量和完全 Romer 型外溢情况下相同。政府的补贴力度对外溢度量的影响为

$$\frac{\partial w_1}{\partial \varepsilon} = -\alpha$$

说明政府补贴力度的上升会降低市场经济均衡对计划经济均衡的偏离程度。当资本产出弹性更大的情况下，政府补贴的这种效应会更加有效。另外，资本产出弹性对外溢度量的影响也有所变化，在政府补贴政策下，这种影响为

$$\frac{\partial w_1}{\partial \alpha} = -(1+\varepsilon)$$

尽管资本产出弹性对外溢度量的影响依然为负，即资本产出弹性的上升会降低市场经济均衡对计划经济均衡的偏离，但是，在政府最终产品补贴政策下，这种效应受到政府补贴力度的影响。当政府补贴力度上升时，这种效应倾向于上升。

5.2.2　C-D 生产函数下非完全 Lucas-Romer 型外溢

5.2.2.1　市场经济均衡

本节将完全 Lucas-Romer 外溢模型扩展成非完全 Lucas-Romer 外溢模型。现在采用 Lucas-Romer 外溢特征的生产函数：

$$Y_i = AK_i^{\alpha}\,(k^{\nu}L_i)^{1-\alpha} \tag{5.11}$$

其中参数 $\nu \in [0,\ 1]$ 为技术外溢强度。不失一般性，设 $k>1$。当 $\nu<1$ 时，$k^{\nu}<k$，说明单个企业 i 现在所采用的知识存量水平要低于 k。当 $\nu=0$ 的时候，生产函数式(5.11)就变成：

$$Y_i = AK_i^{\alpha}\,(L_i)^{1-\alpha}$$

这时就完全等同于传统的无技术外溢的新古典模型。如果 $\nu=1$，则生产函数就是完全 Lucas-Romer 外溢情形。因此，ν 代表技术外溢的强度，ν 越大，

技术外溢强度越大。

将生产函数式(5.11)写成人均形式

$$y_i = Ak_i^{\alpha}k^{\nu(1-\alpha)} \tag{5.12}$$

假设消费者具有通常的常替代弹性效用函数，且效用函数满足 *Inada* 条件。在分散决策的市场经济中，决策个体的最优化问题为

$$\begin{cases} \underset{c_i}{\mathrm{Max}} U = \int_0^{+\infty} u[c_i(t)]e^{-(\rho-n)t}\mathrm{d}t \\ s.t.\ \dot{k}_i(t) = Ak_i^{\alpha}k^{\nu(1-\alpha)} - c_i - (n+\delta)k_i \\ \lim\limits_{t\to\infty} k_i e^{-\int_0^t [r(\tau)-n]\mathrm{d}\tau} \geqslant 0 \\ c_i \geqslant 0 \end{cases}$$

最优化问题的现值哈密尔顿函数为

$$H = ue^{-(\rho-n)t} + \lambda(t)[Ak_i^{\alpha}k^{\nu(1-\alpha)} - c_i - (n+\delta)k_i] + \mu(t)c_i$$

最优化的一阶条件为

$$u'e^{-(\rho-n)t} - \lambda + \mu = 0$$

$$\lambda[aAk_i^{\alpha-1}k^{\nu(1-\alpha)} - (n+\delta)] + \dot{\lambda} = 0$$

根据 *Inada* 性质，$c_i > 0$，$\mu = 0$。根据第一个一阶条件，对时间求一阶导数，然后整理得到

$$-\frac{\dot{\lambda}}{\lambda} = \theta\gamma_c + \rho - n$$

对第二个一阶条件整理可得

$$-\frac{\dot{\lambda}}{\lambda} = aAk_i^{\alpha-1}k^{\nu(1-\alpha)} - (n+\delta)$$

消去哈密尔顿乘子的增长率，整理得到经济增长率

$$\gamma_{c,DCE} = \frac{1}{\theta}[aAk_i^{\alpha-1}k^{\nu(1-\alpha)} - \delta - \rho]$$

在稳态下，$k_i = k$，因此增长率的表达式为

$$\gamma_{c,DCE} = \frac{1}{\theta}[aAk^{-(1-\nu)(1-\alpha)} - \delta - \rho]$$

所以，市场经济中的利率水平为：

$$r_{DCE} = aAk^{-(1-\nu)(1-\alpha)} - \delta$$

由于在非完全 Lucas-Romer 外溢模型的均衡中，$y=Ak^{\alpha+\nu(1-\alpha)}$，因此有

$$\gamma_y=[\alpha+\nu(1-\alpha)]\gamma_k$$

给定 $\alpha\in(0,1)$，根据人均资本的动态方程，有 $\gamma_y=\gamma_k=\gamma_c=\gamma_{DCE}$，因此要么 $\nu=1$，要么 $\gamma_{DCE}=0$。如果存在技术外溢，则为完全 Lucas-Romer 型外溢经济。如果不是完全 Lucas-Romer 型外溢，则必定不存在长期增长，经济最后会停滞。

5.2.2.2　计划经济均衡

在计划经济中，社会计划者面对 Lucas-Romer 外溢进行决策，但是决策者只有社会计划者一个人，因此所有的 $k_i=k$，社会计划者的生产函数变为

$$y=Ak^{\alpha+\nu(1-\alpha)}$$

现在社会计划者的最优化问题可以归结为

$$\begin{cases}\underset{c}{\mathrm{Max}}U=\int_0^{+\infty}u[c(t)]e^{-(\rho-n)t}\mathrm{d}t\\ s.t.\ \dot{k}(t)=Ak^{\alpha+\nu(1-\alpha)}-c-(n+\delta)k\\ \lim\limits_{t\to\infty}ke^{-\int_0^t[r(\tau)-n]d\tau}\geqslant 0\\ c\geqslant 0\end{cases}$$

最优化的现值哈密尔顿函数为

$$H=u(c)e^{-(\rho-n)t}+\lambda(t)[Ak^{\alpha+\nu(1-\alpha)}-c(t)-(n+\delta)k]+\mu(t)c(t)$$

最优化的一阶条件有

$$u'e^{-(\rho-n)t}-\lambda+\mu=0$$

$$\lambda\{[\alpha+\nu(1-\alpha)]Ak^{-(1-\nu)(1-\alpha)}-(n+\delta)\}+\dot{\lambda}=0$$

同理 $c>0,\mu=0$。根据第一个一阶条件，可以得到人均资本哈密尔顿乘子，即影子价格的增长速度

$$-\frac{\dot{\lambda}}{\lambda}=\theta\gamma_c+\rho-n$$

根据第二个一阶条件，可得

$$-\frac{\dot{\lambda}}{\lambda}=[\alpha+\nu(1-\alpha)]Ak^{-(1-\nu)(1-\alpha)}-(n+\delta)$$

消去影子价格的增长速度，可以整理得到人均消费的增长率

$$\gamma_{c,CE}=\frac{1}{\theta}\{[\alpha+\nu(1-\alpha)]Ak^{-(1-\nu)(1-\alpha)}-\delta-\rho\}$$

计划经济中的利率水平为

$$r_{CE}=[\alpha+\nu(1-\alpha)]Ak^{-(1-\nu)(1-\alpha)}-\delta$$

同市场经济中私人收益率相比，表达式中多了一项 $\nu(1-\alpha)>0$，所以在相同资源结构下，社会计划者的收益率要高于私人收益率，这个基本结论没有改变。但是，根据上一节同样的逻辑，$\nu=1$ 必定成立，技术外溢最终依然是完全外溢。

5.2.2.3 非完全 Lucas-Romer 型外溢的度量

根据上文的论述，对于具有长期增长的经济而言，$\nu=1$ 必定成立。这种情况已在完全 Lucas-Romer 型外溢中探讨。这里的讨论并不用 1 来代替 ν，而是直接用参数 ν 来考察技术外溢的度量，考察带有一般性外溢强度参数的情况下度量的形式是什么样子的。非完全 Lucas-Romer 外溢经济中，市场经济中的私人资本投资的边际产品为

$$MPK_{DCE}=\alpha Ak^{-(1-\nu)(1-\alpha)}$$

计划经济中的社会计划者资本投资边际产品为

$$MPK_{CE}=[\alpha+\nu(1-\alpha)]Ak^{-(1-\nu)(1-\alpha)}$$

由于非完全 Lucas-Romer 外溢经济类似于非完全 Romer 外溢经济，计划经济收益率和市场经济一样，要揭示技术外溢，必须定义固定资源配置下的相对收益率差异 w_1 为

$$\begin{aligned}w_1&=\frac{MPK_{CE}-MPK_{DCE}}{MPK_{CE}}\\&=1-\frac{\alpha Ak^{-(1-\nu)(1-\alpha)}}{[\alpha+\nu(1-\alpha)]Ak^{-(1-\nu)(1-\alpha)}}\\&=1-\frac{\alpha}{\alpha+\nu(1-\alpha)}\end{aligned}$$

该外溢度量受两个因素的影响：物质资本的产出弹性 α 和 Lucas-Romer 外溢强度 ν。通过对两个因素求偏导数，可以得到它们对外溢度量 w_1 的影响强度

$$\frac{\partial w_1}{\partial \nu}=\frac{(1-\alpha)\alpha}{[\alpha+\nu(1-\alpha)]^2}>0$$

$$\frac{\partial w_1}{\partial \alpha}=-\frac{\nu}{[\alpha+\nu(1-\alpha)]^2}\leqslant 0$$

所以，如果 Lucas-Romer 外溢强度不是常数 1，那么外溢强度的增强会导致外溢度量 w_1 上升，市场经济更加偏离计划经济。物质资本产出弹性 α 的上升，会使得外溢度量 w_1 下降。这是因为当物质资本产出弹性上升的时候，在生产函数中，物质资本在生产中贡献比重上升，相反，以知识为代表的全社会人均资本水平的贡献比重却在下降。这会导致知识外溢效应削弱，因此物质资本产出弹性越高，市场经济偏离计划经济就会越小。

第二个外溢度量 w_2 是

$$w_2 = 1 - \frac{MPK_{i,DCE}(\nu=0)}{MPK_{i,DCE}(\nu>0)}$$

将资本的边际产品表达式代入外溢度量 w_2，得到

$$\begin{aligned} w_2 &= 1 - \frac{\alpha A k^{-(1-\alpha)}}{\alpha A k^{-(1-\nu)(1-\alpha)}} \\ &= 1 - k^{-\nu(1-\alpha)} \end{aligned}$$

外溢度量 w_2 的影响因素有：人均资本存量 k，Lucas-Romer 外溢强度 ν 和物质资本的产出弹性 α。通过对这些因素求偏导数，可以得到它们对外溢度量 w_2 的影响方向和影响程度

$$\frac{\partial w_2}{\partial k} = \nu(1-\alpha)k^{-\nu(1-\alpha)-1} \geqslant 0$$

$$\frac{\partial w_2}{\partial \nu} = (1-\alpha)k^{-\nu(1-\alpha)}\ln k$$

$$\frac{\partial w_2}{\partial \alpha} = -\nu k^{-\nu(1-\alpha)}\ln k$$

当 $\ln k < 0$ 时，$\frac{\partial w_2}{\partial \nu} < 0$，$\frac{\partial w_2}{\partial \alpha} > 0$。反之，则符号相反。

5.2.2.4 政府政策对非完全 Lucas-Romer 型外溢度量的影响

这部分考虑政府采用物质资本投资补贴政策和最终产品补贴政策的情况下，经济是否能达到帕累托最优？补贴政策受哪些因素的影响？补贴力度对 Lucas-Romer 外溢度量有什么样的影响？假设政府补贴通过不影响资源配置的一次性总赋税筹资。

1. 对物质资本投资进行补贴

假设政府对物质资本补贴的比例为 ε，即私人企业每投资一单位物质资本，承担成本为 $(1-\varepsilon)(r+\delta)$，相应地，政府承担的成本为 $\varepsilon(r+\delta)$。在补贴政策下，私人企业的利润函数为

$$\pi = Y_i - (1-\varepsilon)(r+\delta)K_i - wL_i$$

利润最优化的一阶条件为

$$MPK_{DCE} - (1-\varepsilon)(r+\delta) = 0$$

$$\frac{\partial Y_i}{\partial L_i} = w$$

根据第一个一阶条件，在补贴政策下，私人企业的投资收益现在是

$$r_{DCE} + \delta = \frac{MPK_{DCE}}{1-\varepsilon} \tag{5.13}$$

将私人企业的物质资本边际产品代入上式，可得

$$r_{DCE} + \delta = \frac{\alpha A k^{-(1-\nu)(1-\alpha)}}{1-\varepsilon} \tag{5.14}$$

当政府的补贴力度达到

$$\varepsilon = \frac{\nu(1-\alpha)}{\alpha+\nu(1-\alpha)} \tag{5.15}$$

时，私人企业的物质资本投资收益率可以达到

$$\begin{aligned} r_{DCE} + \delta &= \frac{\alpha A k^{-(1-\nu)(1-\alpha)}}{1-\dfrac{\nu(1-\alpha)}{\alpha+\nu(1-\alpha)}} \\ &= [\alpha+\nu(1-\alpha)]A k^{-(1-\nu)(1-\alpha)} \\ &= MPK_{CE} \end{aligned}$$

所以，政府对投资进行补贴，承担部分投资成本，可以激发私人企业的投资积极性，进而提高人均消费的增长率。通过补贴率式(5.15)，不难发现政府补贴力度和两个因素有关：Lucas-Romer 外溢强度 ν 和物质资本的产出弹性 α。它们对补贴率的影响为

$$\frac{\partial \varepsilon}{\partial \nu} = \frac{\alpha(1-\alpha)}{[\alpha+\nu(1-\alpha)]^2} > 0$$

$$\frac{\partial \varepsilon}{\partial \alpha} = -\frac{\nu}{[\alpha+\nu(1-\alpha)]^2} \leqslant 0$$

在投资补贴政策下，外溢度量 w_1 为

$$\begin{aligned} w_1 &= \frac{MPK_{CE} - (r_{i,DCE}+\delta)}{MPK_{CE}} \\ &= 1 - \frac{\dfrac{\alpha A k^{-(1-\nu)(1-\alpha)}}{1-\varepsilon}}{[\alpha+\nu(1-\alpha)]A k^{-(1-\nu)(1-\alpha)}} \end{aligned}$$

$$=1-\frac{1}{1-\varepsilon}\cdot\frac{\alpha}{\alpha+\nu(1-\alpha)}$$

可见，同前面相比，在政府投资补贴政策下，外溢度量多了一个因子 $\frac{1}{1-\varepsilon}$。补贴力度对外溢度量 w_1 的影响为

$$\frac{\partial w_1}{\partial\varepsilon}=-\frac{1}{(1-\varepsilon)^2}\cdot\frac{\alpha}{\alpha+\nu(1-\alpha)}$$
$$<0$$

这说明政府加强补贴力度可以促进经济帕累托改进。

在投资补贴政策下，外溢度量 w_2 为

$$w_2=1-\frac{(r_{i,DCE}+\delta)(\nu=0)}{(r_{i,DCE}+\delta)(\nu>0)}$$
$$=1-\frac{\dfrac{\alpha Ak^{-(1-\alpha)}}{1-\varepsilon}}{\dfrac{\alpha Ak^{-(1-\nu)(1-\alpha)}}{1-\varepsilon}}$$
$$=1-k^{-\nu(1-\alpha)}$$

可见，外溢度量 w_2 并不受政府补贴政策的影响。

2. 对最终产品进行补贴

如果政府对最终产品生产进行补贴，补贴比例为 ε，则企业的利润函数为

$$\pi=(1+\varepsilon)Y_i-(r+\delta)K_i-wL_i$$

利润最大化的一阶条件为

$$(1+\varepsilon)MPK_{DCE}-(r+\delta)=0$$

$$(1+\varepsilon)\frac{\partial Y_i}{\partial L_i}=w$$

因此，私人企业在最终产品补贴政策下的收益率为

$$r_{DCE}+\delta=(1+\varepsilon)MPK_{DCE}$$
$$=(1+\varepsilon)\alpha Ak^{-(1-\nu)(1-\alpha)}$$

当政府的补贴力度达到

$$\varepsilon=\frac{\nu(1-\alpha)}{\alpha}$$

时，私人企业的收益率为

$$
\begin{aligned}
r_{DCE}+\delta &= \left[1+\frac{\nu(1-\alpha)}{\alpha}\right]\alpha A k^{-(1-\nu)(1-\alpha)} \\
&= [\alpha+\nu(1-\alpha)]Ak^{-(1-\nu)(1-\alpha)} \\
&= MPK_{CE}
\end{aligned}
$$

因此，政府对最终产品的补贴同样能够使经济达到社会计划者状态。由于

$$\frac{\partial \varepsilon}{\partial \nu}=\frac{1-\alpha}{\alpha}>0$$

$$\frac{\partial \varepsilon}{\partial \alpha}=-\frac{\nu}{\alpha^2}<0$$

这说明当外溢强度上升时，政府的补贴力度需要加强。当物质资本产出弹性上升时，知识或技术在生产中的贡献下降，技术外溢导致的市场经济同计划经济的偏离将降低，所以政府的补贴力度可以下降。

在最终产品补贴下的外溢指标 w_1 为

$$
\begin{aligned}
w_1 &= \frac{MPK_{CE}-(r_{i,DCE}+\delta)}{MPK_{CE}} \\
&= 1-\frac{(1+\varepsilon)\alpha A k^{-(1-\nu)(1-\alpha)}}{[\alpha+\nu(1-\alpha)]Ak^{-(1-\nu)(1-\alpha)}} \\
&= 1-\frac{(1+\varepsilon)\alpha}{\alpha+\nu(1-\alpha)}
\end{aligned}
$$

同没有补贴的情况相比，这里多了一个因子$(1+\varepsilon)$，政府补贴力度对外溢指标 w_1 的影响为

$$\frac{\partial w_1}{\partial \varepsilon}=-\frac{\alpha}{\alpha+\nu(1-\alpha)}<0$$

说明政府补贴力度的上升会降低外溢指标 w_1，即增加政府补贴能促进经济向帕累托最优状态转移。

在最终产品补贴下的外溢指标 w_2 为

$$
\begin{aligned}
w_2 &= 1-\frac{(r_{DCE}+\delta)(\nu=0)}{(r_{DCE}+\delta)(\nu>0)} \\
&= 1-\frac{(1+\varepsilon)\alpha A k^{-(1-\alpha)}}{(1+\varepsilon)\alpha A k^{-(1-\nu)(1-\alpha)}} \\
&= 1-k^{-\nu(1-\alpha)}
\end{aligned}
$$

该外溢指标同样不受政府补贴的影响。

5.3 一般新古典生产函数下 Lucas-Romer 型外溢

5.3.1 一般新古典生产函数下完全 Lucas-Romer 型外溢

5.3.1.1 市场经济均衡

假设生产函数采用一般形式的新古典生产函数

$$Y_i=F(K_i,kL_i) \tag{5.16}$$

这里代表知识存量的是社会人均资本水平 k。其他变量的含义同前文一样，K_i代表第 i 个企业投入的物质资本数量，L_i代表第 i 个企业投入的劳动力数量，Y_i代表第 i 个企业的产出水平。如果写成人均变量形式，则

$$y_i=F(k_i,k)\overset{\triangle}{=\!=}f(k_i,k) \tag{5.17}$$

在分散决策经济中，采用通常的消费者效用函数形式，并且消费者效用函数满足 *Inada* 条件，则最优化的问题可以归结为

$$\begin{cases}\underset{c_i}{Max}U=\int_0^{+\infty}u[c_i(t)]e^{-(\rho-n)t}\mathrm{d}t\\ s.t.\ \dot{k}_i(t)=f(k_i,k)-c_i-(n+\delta)k_i\\ \lim\limits_{t\to\infty}k_ie^{-\int_0^t[r(\tau)-n]\mathrm{d}\tau}\geqslant 0\\ c_i\geqslant 0\end{cases}$$

最优化的现值哈密尔顿函数为

$$H=ue^{-(\rho-n)t}+\lambda(t)[f(k_i,k)-c_i-(n+\delta)k_i]+\mu(t)c_i$$

最优化的一阶条件为

$$u'e^{-(\rho-n)t}-\lambda=-\mu \tag{5.18}$$

$$\lambda[f_1(k_i,k)-(n+\delta)]+\dot{\lambda}=0 \tag{5.19}$$

由于效用函数满足 *Inada* 条件，$c_i>0$ 且 $\mu=0$。代入式(5.18)，对时间求导，然后整理得到

$$-\frac{\dot{\lambda}}{\lambda}=\theta\gamma_c+\rho-n$$

根据式(5.19)，整理得到

$$-\frac{\dot{\lambda}}{\lambda}=f_1(k_i,k)-(n+\delta)$$

消去$\frac{\dot{\lambda}}{\lambda}$，最后得到人均消费的增长率为

$$\gamma_c=\frac{1}{\theta}[f_1(k_i,k)-\delta-\rho] \tag{5.20}$$

由于生产函数可以写成

$$\begin{aligned} y_i &= f(k_i,k) \\ &= k_i f(1,k/k_i) \end{aligned}$$

所以，两边对企业自身的人均资本存量求导，得到

$$f_1(k_i,k)=f\left(1,\frac{k}{k_i}\right)-\frac{k}{k_i}f_2\left(1,\frac{k}{k_i}\right)$$

在均衡中 $k_i=k$，上式就变成

$$f_1(k,k)=f(1,1)-f_2(1,1)$$

所以，人均消费增长率为

$$\gamma_{c,DCE}=\frac{1}{\theta}[f(1,1)-f_2(1,1)-\delta-\rho] \tag{5.21}$$

根据企业生产的利润最大化决策，利率为

$$\begin{aligned} r_{DCE} &= f_1(k,k)-\delta \\ &= f(1,1)-f_2(1,1)-\delta \end{aligned} \tag{5.22}$$

市场经济中资本的边际产品为

$$MPK_{DCE}=f(1,1)-f_2(1,1) \tag{5.23}$$

5.3.1.2　计划经济均衡

对于社会计划者而言，整个经济的决策是由一个人做出，整个经济就像一个企业一个人的情况。根据这个特征，整个经济的一般新古典生产函数可以写成

$$\begin{aligned} y &= f(k,k) \\ &= kf(1,1) \end{aligned}$$

社会计划者的最优化问题为

$$\begin{cases}\max\limits_{c} U = \int_0^{+\infty} u[c(t)]e^{-(\rho-n)t}\mathrm{d}t \\ s.t.\ \dot{k}(t) = kf(1,1) - c - (n+\delta)k \\ \lim\limits_{t\to\infty} ke^{-\int_0^t[r(\tau)-n]\mathrm{d}\tau} \geqslant 0 \\ c \geqslant 0\end{cases}$$

对应于该最优化问题的现值哈密尔顿函数为

$$H=ue^{-(\rho-n)t}+\lambda(t)[kf(1,1)-c-(n+\delta)k]+\mu c$$

最优化的一阶条件为

$$u'e^{-(\rho-n)t}=\lambda-\mu$$

$$\lambda[f(1,1)-(n+\delta)]+\dot{\lambda}=0$$

由于效用函数满足 *Inada* 条件，$c>0$ 且 $\mu=0$。代入第一个一阶条件，整理得到影子价格 λ 的负增长速度：

$$-\frac{\dot{\lambda}}{\lambda}=\theta\gamma_c+\rho-n$$

对第二个一阶条件进行整理，得到影子价格 λ 的负增长速度

$$-\frac{\dot{\lambda}}{\lambda}=f(1,1)-(n+\delta)$$

消去影子价格 λ 的增长速度，可以得到

$$\gamma_c=\frac{1}{\theta}[f(1,1)-\delta-\rho]$$

整个经济中的利率水平为

$$r_{CE}=f(1,1)-\delta$$

由于 $f(k_i,k)=k_if\left(1,\frac{k}{k_i}\right)$，两边对 k_i 求导，可得

$$f_1(k_i,k)=f\left(1,\frac{k}{k_i}\right)-\frac{k}{k_i}f_2\left(1,\frac{k}{k_i}\right)$$

在均衡条件下，$\frac{k}{k_i}=1$，有

$$f_1(k,k)=f(1,1)-f_2(1,1)$$

$$\begin{aligned}r_{CE}&=[f_1(k,k)-\delta]+f_2(1,1)\\&=r_{i,DCE}+f_2(1,1)\end{aligned}$$

所以，社会计划者的收益率要高于市场经济体制下的收益率。

5.3.1.3　完全 Lucas-Romer 型外溢的度量

市场经济中的物质资本边际产出为

$$MPK_{DCE}=f(1,1)-f_2(1,1)$$

计划经济中的物质资本边际产出为

$$MPK_{CE}=f(1,1)$$

外溢度量 w_1 度量市场经济对帕累托最优状态的相对偏离程度，其为

$$\begin{aligned} w_1 &= \frac{MPK_{CE}-MPK_{DCE}}{MPK_{CE}} \\ &= 1-\frac{f(1,1)-f_2(1,1)}{f(1,1)} \\ &= \frac{f_2(1,1)}{f(1,1)} \end{aligned}$$

根据该结果，外溢度量 w_1 除了受到生产函数形式的影响外，不再受其他任何因素影响。它永远是一个常数。由于外溢强度因素没有引入模型，所以这里还不能考察分散经济中给定资源配置比例，知识外溢的存在与否导致的收益外溢比例。在后面的非完全 Lucas-Romer 外溢模型中，将考虑这种情况。

5.3.1.4　政府政策对完全 Lucas-Romer 型外溢度量的影响

1. 对物质资本投资进行补贴

假设政府补贴通过不影响资源配置的一次性总赋税筹资。假设政府对私人企业资本投资成本$(r+\delta)$的补贴比例为 ε，则私人企业每投资一单位物质资本，只需承担$(1-\varepsilon)(r+\delta)$单位成本。因此私人企业的利润函数为

$$\pi=F(K_i,kL_i)-(1-\varepsilon)(r+\delta)K_i-wL_i$$

利润最大化的一阶条件为

$$\frac{\partial\pi}{\partial K_i}=\frac{\partial F}{\partial K_i}-(1-\varepsilon)(r+\delta)=0$$

$$\frac{\partial\pi}{\partial L_i}=\frac{\partial F}{\partial L_i}-w=0$$

从第一个一阶条件可以得到私人投资在政府补贴的情况下，收益率为

$$r_{DCE}+\delta=\frac{MPK_{DCE}}{1-\varepsilon}$$

$$=\frac{f(1,1)-f_2(1,1)}{1-\varepsilon}$$

当政府补贴力度达到

$$\varepsilon=\frac{f_2(1,1)}{f(1,1)}$$

时，私人投资的收益率为

$$\begin{aligned} r_{DCE}+\delta &=\frac{f(1,1)-f_2(1,1)}{1-\frac{f_2(1,1)}{f(1,1)}} \\ &=f(1,1) \\ &=MPK_{CE} \end{aligned}$$

所以，政府通过设定投资补贴比例，可以促使私人企业的投资收益率回升到社会计划者水平，从而使经济回到帕累托最优状态。由于该比例只受生产函数形式的影响，因此在没有进一步设定生产函数形式的情况下，本书无法进一步分析该补贴比例如何受到其他因素的影响。

在资本投资补贴政策下，外溢度量 w_1 为

$$\begin{aligned} w_1 &=\frac{MPK_{CE}-(r_{DCE}+\delta)}{MPK_{CE}} \\ &=\frac{f(1,1)-\frac{f(1,1)-f_2(1,1)}{1-\varepsilon}}{f(1,1)} \\ &=1+\frac{1}{1-\varepsilon}\left[\frac{f_2(1,1)}{f(1,1)}-1\right] \end{aligned}$$

当 $\varepsilon=0$ 时，表示政府不对企业进行补贴，则上式变成

$$w_1=\frac{f_2(1,1)}{f(1,1)}$$

该表达式同前面没有补贴情况下的外溢度量 w_1 是一致的。当政府的补贴比例达到最大值 $\varepsilon=\frac{f_2(1,1)}{f(1,1)}$ 时，

$$w_1=1+\frac{1}{1-\frac{f_2(1,1)}{f(1,1)}}\left[\frac{f_2(1,1)}{f(1,1)}-1\right]=0$$

说明这时市场经济同计划经济之间没有偏离，经济达到帕累托最优状态。政府补贴力度的大小对于外溢度量 w_1 的影响为

$$\frac{\partial w_1}{\partial \varepsilon}=\frac{1}{(1-\varepsilon)^2}\left[\frac{f_2(1,1)}{f(1,1)}-1\right]<0$$

上面的不等式成立是因为 $f(1,1)=f_1(k,k)+f_2(1,1)>f_2(1,1)$，因此，政府补贴力度的上升会促进帕累托改进。

2. 政府对最终产品生产进行补贴

如果政府对私人企业的最终产品生产进行补贴，补贴比例为 ε，即私人企业每生产一单位最终产品，政府补贴给私人企业 ε 单位最终产品。私人企业总共可以获得 $(1+\varepsilon)$ 单位最终产品。私人企业的利润函数为

$$\pi=(1+\varepsilon)F(K_i,kL_i)-(r+\delta)K_i-wL_i$$

利润最大化的一阶条件为

$$\frac{\partial \pi}{\partial K_i}=(1+\varepsilon)\frac{\partial F}{\partial K_i}-(r+\delta)=0$$

$$\frac{\partial \pi}{\partial L_i}=(1+\varepsilon)\frac{\partial F}{\partial L_i}-w=0$$

由于物质资本的边际产品为 $MPK_{DCE}=f(1,1)-f_2(1,1)$，所以根据第一个一阶条件，可以得到在补贴政策下私人企业物质资本投资的收益率为

$$r_{DCE}+\delta=(1+\varepsilon)[f(1,1)-f_2(1,1)]$$

当政府补贴力度达到下面的水平时

$$\varepsilon=\frac{f_2(1,1)}{f(1,1)-f_2(1,1)}$$

私人企业的物质资本投资收益率可以达到

$$\begin{aligned}r_{DCE}+\delta&=\left[1+\frac{f_2(1,1)}{f(1,1)-f_2(1,1)}\right][f(1,1)-f_2(1,1)]\\&=f(1,1)\\&=MPK_{CE}\end{aligned}$$

因此，政府的最终产品补贴政策可以使经济收益率达到社会计划者水平，从而促进经济向帕累托最优状态改进。

在最终产品补贴政策下，外溢度量 w_1 为

$$\begin{aligned}w_1&=\frac{MPK_{CE}-(r_{DCE}+\delta)}{MPK_{CE}}\\&=\frac{f(1,1)-(1+\varepsilon)[f(1,1)-f_2(1,1)]}{f(1,1)}\\&=-\varepsilon+(1+\varepsilon)\frac{f_2(1,1)}{f(1,1)}\end{aligned}$$

$$=\frac{f_2(1,1)}{f(1,1)}+\varepsilon\left[\frac{f_2(1,1)}{f(1,1)}-1\right]$$

政府对最终产品的补贴强度变化产生的影响为

$$\frac{\partial w_1}{\partial \varepsilon}=\frac{f_2(1,1)}{f(1,1)}-1\leqslant 0$$

这说明政府补贴强度的上升会促进经济的帕累托改进。但是，从外溢度量的定义可以看到，外溢度量 w_1 必须为非负，其成立的条件为

$$\varepsilon\leqslant\frac{f_2(1,1)}{f(1,1)-f_2(1,1)}$$

而表达式 $\frac{f_2(1,1)}{f(1,1)-f_2(1,1)}$ 正是经济达到帕累托最优状态时候的政府补贴率。

5.3.2 一般新古典生产函数中非完全 Lucas-Romer 型外溢

5.3.2.1 市场经济均衡

本节准备将 Cobb-Douglas 生产函数形式下非完全的 Lucas-Romer 外溢经济结果推广到一般新古典生产函数情形。同样，我们分别考虑市场经济下的一般均衡和计划经济下的一般均衡。假设企业 i 的生产函数满足新古典的所有特征

$$Y_i=F(K_i,k^{\nu}L_i) \tag{5.24}$$

这里的知识或者技术采用 Lucas-Romer 外溢模式——全社会的人均资本，参数 $\nu\in[0,1]$ 代表外溢的强度，ν 越大，技术对产出的贡献越大。根据新古典的一次齐次假设，将该生产函数写成人均形式

$$y_i=F(k_i,k^{\nu})\overset{\triangle}{=\!=}f(k_i,k^{\nu}) \tag{5.25}$$

由于市场经济的决策主体是单个消费者和单个企业，因此最优化问题可以归纳为

$$\begin{cases}\underset{c_i}{\text{Max}}U=\int_0^{+\infty}u[c_i(t)]e^{-(\rho-n)t}\,\mathrm{d}t\\ s.t.\ \dot{k}_i(t)=f(k_i,k^{\nu})-c_i-(n+\delta)k_i\\ \lim\limits_{t\to\infty}k_ie^{-\int_0^t[r(\tau)-n]\mathrm{d}\tau}\geqslant 0\\ c_i\geqslant 0\end{cases}$$

最优化的现值哈密尔顿函数为

$$H=ue^{-(\rho-n)t}+\lambda(t)[f(k_i,k^\nu)-c_i-(n+\delta)k_i]+\mu(t)c_i$$

最优化的一阶条件为：

$$u'e^{-(\rho-n)t}=\lambda-\mu$$

$$\lambda[f_1(k_i,k^\nu)-(n+\delta)]+\dot{\lambda}=0$$

同理，$c_i>0$ 且 $\mu=0$。代入第一个一阶条件，对时间求导，整理得到影子价格的负增长速度

$$-\frac{\dot{\lambda}}{\lambda}=\theta\gamma_c+\rho-n$$

对第二个一阶条件进行整理，得到影子价格的负增长速度的另一种表达方式

$$-\frac{\dot{\lambda}}{\lambda}=f_1(k_i,k^\nu)-(n+\delta)$$

消去影子价格的增长速度，可以得到人均消费的增长率为

$$\gamma_c=\frac{1}{\theta}[f_1(k_i,k^\nu)-\delta-\rho]$$

市场经济中的利率水平为

$$r_{DCE}=f_1(k_i,k^\nu)-\delta$$

在均衡状态下，每个企业的决策都对称，因此 $k_i=k$，利率水平可以写成

$$r_{DCE}=f_1(k,k^\nu)-\delta$$

在均衡中，生产函数可以写成

$$y=kf(1,k^{\nu-1})$$

当 $\nu=1$ 时，有 $\gamma_y=\gamma_k$，归结于完全 Lucas-Romer 型外溢。当 $\nu\neq1$ 时，必定有 $\gamma_y=\gamma_k=0$，经济没有长期增长。

5.3.2.2　计划经济均衡

在计划经济中，整个经济由社会计划者来决策，对于社会计划者而言，必定有 $k_i=k$，所以生产函数可以写成

$$\begin{aligned}y&=f(k,k^\nu)\\&=kf(1,k^{\nu-1})\end{aligned}$$

假设社会计划者以全社会的效用函数为自己的效用函数，效用函数采取通常的不变跨期替代弹性形式，则社会计划者的最优化问题可以写成

$$\begin{cases}\underset{c}{\mathrm{Max}}U=\int_0^{+\infty}u[c(t)]e^{-(\rho-n)t}\mathrm{d}t \\ s.\,t.\,\dot{k}(t)=kf(1,k^{\nu-1})-c-(n+\delta)k \\ \lim\limits_{t\to\infty}ke^{-\int_0^t[r(\tau)-n]\mathrm{d}\tau}\geqslant 0 \\ c\geqslant 0\end{cases}$$

最优化的现值哈密尔顿函数为

$$H=ue^{-(\rho-n)t}+\lambda(t)[kf(1,k^{\nu-1})-c-(n+\delta)k]+\mu(t)c$$

最优化的一阶条件为

$$u'e^{-(\rho-n)t}=\lambda-\mu$$

$$\lambda[f(1,k^{\nu-1})+(\nu-1)f_2(1,k^{\nu-1})k^{\nu-1}-(n+\delta)]+\dot{\lambda}=0$$

同样物质资本的影子价格负增长率为

$$-\frac{\dot{\lambda}}{\lambda}=\theta\gamma_c+\rho-n$$

对第二个一阶条件进行整理，得到物质资本影子价格的负增长率的另外一个表达方式：

$$-\frac{\dot{\lambda}}{\lambda}=f(1,k^{\nu-1})+(\nu-1)f_2(1,k^{\nu-1})k^{\nu-1}-(n+\delta)$$

消去物质资本的影子价格增长率，整理得到人均消费的增长率为

$$\gamma_c=\frac{1}{\theta}[f(1,k^{\nu-1})+(\nu-1)f_2(1,k^{\nu-1})k^{\nu-1}-\delta-\rho]$$

计划经济中的利率水平为

$$r_{CE}=f(1,k^{\nu-1})+(\nu-1)f_2(1,k^{\nu-1})k^{\nu-1}-\delta$$

为了比较计划经济和市场经济中的利率水平，把生产函数写成如下形式

$$f(k_i,k^{\nu})=k_if\left(1,\frac{k^{\nu}}{k_i}\right)$$

两边对 k_i 求导可以得到

$$f_1(k_i,k^{\nu})=f\left(1,\frac{k^{\nu}}{k_i}\right)-\frac{k^{\nu}}{k_i}f_2\left(1,\frac{k^{\nu}}{k_i}\right)$$

在均衡中，有 $k_i=k$，则上式变成

$$f_1(k,k^{\nu})=f(1,k^{\nu-1})-k^{\nu-1}f_2(1,k^{\nu-1})$$

代入计划经济中的利率公式，可得

$$
\begin{aligned}
r_{CE} &= f_1(k, k^{\nu}) + f_2(1, k^{\nu-1})k^{\nu-1} + (\nu-1)f_2(1, k^{\nu-1})k^{\nu-1} - \delta \\
&= r_{DCE} + \nu f_2(1, k^{\nu-1})k^{\nu-1}
\end{aligned}
$$

当 $\nu=1$ 时，有

$$r_{CE} = r_{DCE} + f_2(1,1)$$

当 $\nu\neq1$ 时，必须有 $\gamma_y=\gamma_k=\gamma_c=0$，因此 $r_{CE}=r_{DCE}$，所以 $\nu f_2(1,k^{\nu-1})k^{\nu-1}=0$，即

$$f_2(1, k^{\nu-1}) = 0，对\ \nu\in(0,1)$$

根据新古典函数性质，在 $k\neq0$ 时，$f_2(1,k^{\nu-1})>0$。故 $\nu=1$ 必定成立。

5.3.2.3　非完全 Lucas-Romer 型外溢的度量

当 $\nu=1$ 时，本书仍然采用字母 ν 表示。市场经济体制下，私人企业投资的边际产品为

$$
\begin{aligned}
MPK_{DCE} &= f_1(k, k^{\nu}) \\
&= f(1, k^{\nu-1}) - k^{\nu-1} f_2(1, k^{\nu-1})
\end{aligned}
$$

计划经济体制下，社会计划者的资本边际产品为

$$MPK_{CE} = f(1, k^{\nu-1}) + (\nu-1) f_2(1, k^{\nu-1}) k^{\nu-1}$$

技术外溢导致的市场经济均衡对计划经济均衡的相对偏离程度 w_1 为

$$
\begin{aligned}
w_1 &= \frac{MPK_{CE} - MPK_{DCE}}{MPK_{CE}} \\
&= 1 - \frac{f(1, k^{\nu-1}) - k^{\nu-1} f_2(1, k^{\nu-1})}{f(1, k^{\nu-1}) + (\nu-1) k^{\nu-1} f_2(1, k^{\nu-1})} \\
&= \frac{\nu k^{\nu-1} f_2(1, k^{\nu-1})}{f(1, k^{\nu-1}) + (\nu-1) k^{\nu-1} f_2(1, k^{\nu-1})}
\end{aligned}
$$

第二个外溢度量 w_2 度量在固定的资源配置下，有技术外溢的市场经济均衡偏离无技术外溢情况的相对程度

$$
\begin{aligned}
w_2 &= \frac{MPK_{DCE}(\nu>0) - MPK_{DCE}(\nu=0)}{MPK^{*}_{DCE}(\nu>0)} \\
&= 1 - \frac{f\left(1, \frac{1}{k}\right) - \frac{1}{k} f_2\left(1, \frac{1}{k}\right)}{f(1, k^{\nu-1}) - k^{\nu-1} f_2(1, k^{\nu-1})} \\
&= 1 - \frac{f_1(k, 1)}{f_1(k, k^{\nu})}
\end{aligned}
$$

5.3.2.4　政府政策对非完全 Lucas-Romer 型外溢度量的影响

1. 政府对物质资本投资的补贴

假设政府补贴通过不影响资源配置的一次性总赋税筹资。假设政府对物质资本投资的补贴比例为 ε，即企业投资一单位物质资本的总成本为 $(r+\delta)$，其中企业自身承担的部分为 $(1-\varepsilon)(r+\delta)$，政府承担的部分为 $\varepsilon(r+\delta)$。

企业的利润函数为

$$\pi=F(K_i,k^{\nu}L_i)-(1-\varepsilon)(r+\delta)K_i-wL_i$$

企业利润最优化的一阶必要条件为

$$\frac{\partial \pi}{\partial K_i}=\frac{\partial F}{\partial K_i}-(1-\varepsilon)(r+\delta)=0$$

$$\frac{\partial \pi}{\partial L_i}=\frac{\partial F}{\partial L_i}-w=0$$

所以市场经济中，在政府给予物质资本投资补贴的情况下，企业投资的收益率为

$$\begin{aligned}r_{DCE}+\delta&=\frac{\partial F/\partial K_i}{1-\varepsilon}\\&=\frac{f_1(k,k^{\nu})}{1-\varepsilon}\\&=\frac{f(1,k^{\nu-1})-k^{\nu-1}f_2(1,k^{\nu-1})}{1-\varepsilon}\end{aligned}$$

令 $x=k^{\nu-1}$，则上述企业物质资本投资的收益率可以表示为

$$r_{DCE}+\delta=\frac{f(1,x)-xf_2(1,x)}{1-\varepsilon}$$

当政府的补贴比例达到

$$\varepsilon=\frac{\nu xf_2(1,x)}{f(1,x)-(1-\nu)xf_2(1,x)}$$

时，私人企业的收益率就是

$$\begin{aligned}r_{DCE}+\delta&=\frac{f(1,x)-xf_2(1,x)}{1-\dfrac{\nu xf_2(1,x)}{f(1,x)-(1-\nu)xf_2(1,x)}}\\&=f(1,x)-(1-\nu)xf_2(1,x)\\&=MPK_{CE}\end{aligned}$$

这说明政府对投资补贴的政策是能够让经济实现帕累托最优的。

在政府的补贴政策下，外溢度量指标 w_1 可以写成

$$w_1 = \frac{MPK_{CE} - (r_{DCE} + \delta)}{MPK_{CE}}$$

$$= 1 - \frac{\dfrac{f(1,x) - xf_2(1,x)}{1-\varepsilon}}{f(1,x) - (1-\nu)xf_2(1,x)}$$

$$= 1 - \frac{1}{1-\varepsilon} \cdot \frac{f(1,x) - xf_2(1,x)}{f(1,x) - (1-\nu)xf_2(1,x)}$$

当 $\varepsilon = 0$ 时，即政府不进行补贴时，外溢度量指标 w_1 就变为

$$w_1 = \frac{\nu xf_2(1,x)}{f(1,x) - (1-\nu)xf_2(1,x)}$$

现在考察政府的补贴力度对外溢度量指标 w_1 的影响。将 w_1 对补贴比例 ε 求导，得到

$$\frac{\partial w_1}{\partial \varepsilon} = -\frac{1}{(1-\varepsilon)^2} \frac{f(1,x) - xf_2(1,x)}{f(1,x) - (1-\nu)xf_2(1,x)}$$

显而易见，$\dfrac{\partial w_1}{\partial \varepsilon} < 0$，因此补贴力度的上升可以促进经济的帕累托改进。对于外溢度量指标 w_2，其可以表示为

$$w_2 = \frac{(r_{DCE} + \delta)(\nu > 0) - (r_{DCE} + \delta)(\nu = 0)}{(r_{DCE} + \delta)(\nu > 0)}$$

$$= 1 - \frac{f(1,k^{-1}) - k^{-1}f_2(1,k^{-1})}{f(1,x) - xf_2(1,x)}$$

可见，政府的补贴政策对其毫无影响。

2. 对最终产品生产的补贴

假设政府对最终产品的补贴比例为 ε，私人企业每生产一单位最终产品，就可以获得 $(1+\varepsilon)$ 单位最终产品。

私人企业的利润函数为

$$\pi = (1+\varepsilon)F(K_i, k^{\nu}L_i) - (r+\delta)K_i - wL_i$$

私人企业利润最大化的一阶条件为

$$(1+\varepsilon)\partial F/\partial K_i = r + \delta$$

$$(1+\varepsilon)\partial F/\partial L_i = w$$

私人企业投资的收益率现在为

$$r_{DCE} + \delta = (1+\varepsilon)[f(1,x) - xf_2(1,x)]$$

其中，$x = k^{\nu-1}$。当政府补贴比例取

$$\varepsilon=\frac{\nu x f_2(1,x)}{f(1,x)-x f_2(1,x)}$$

时，私人企业的投资收益率变成

$$\begin{aligned}r_{DCE}+\delta&=\left[1+\frac{\nu x f_2(1,x)}{f(1,x)-x f_2(1,x)}\right][f(1,x)-x f_2(1,x)]\\&=f(1,x)-(1-\nu)x f_2(1,x)\\&=MPK_{CE}\end{aligned}$$

所以，政府对最终产品进行补贴同样能使私人投资的收益率达到社会计划者水平，进而促进经济达到帕累托最优状态。

第一个外溢度量指标 w_1 为

$$\begin{aligned}w_1&=\frac{MPK_{CE}-(r_{DCE}+\delta)}{MPK_{CE}}\\&=1-(1+\varepsilon)\frac{f(1,x)-x f_2(1,x)}{f(1,x)+(\nu-1)x f_2(1,x)}\end{aligned}$$

$$\frac{\partial w_1}{\partial \varepsilon}=-\frac{f(1,x)-x f_2(1,x)}{f(1,x)+(\nu-1)x f_2(1,x)}<0$$

补贴力度的上升同样使经济出现帕累托改进。

第二个外溢度量指标 w_2 可以表示为

$$\begin{aligned}w_2&=\frac{(r_{DCE}+\delta)(\nu>0)-(r_{DCE}+\delta)(\nu=0)}{(r_{DCE}+\delta)(\nu>0)}\\&=1-\frac{f(1,k^{-1})-k^{-1}f_2(1,k^{-1})}{f(1,x)-x f_2(1,x)}\end{aligned}$$

在政府对最终产品的补贴政策下，补贴率对知识外溢度量指标 w_2 同样也没有影响。

第 6 章　R&D 型技术外溢及其度量[①]

6.1　R&D 型技术外溢

研发(R&D)型技术外溢，顾名思义，就是 R&D 活动产生的知识具有外部性，导致技术外溢和研发收益外溢。R&D 型的技术外溢同前面的 Romer 型技术外溢和 Lucas-Romer 型技术外溢都有区别：Romer 型技术外溢和 Lucas-Romer 型技术外溢假设技术和知识的生产过程是一个黑箱，并没有一个明确的技术生产函数来描述技术水平受哪些变量影响。事实上，商业领域的专利技术主要决定于企业开展的研发活动。例如，Jones(1995)和 Romer(1990)主要研究以 R&D 为驱动力的经济增长模型。但是，已有的 R&D 增长模型的研究重点并不在于 R&D 带来的外部性，从而技术外溢虽然在这些模型中有所体现，但是并不在这些模型中扮演重要角色。要考察 R&D 带来的技术外溢，就需要重新建立一个以 R&D 技术外溢为特征的理论框架。本章将根据 Romer(1986)和 Jones(1995)对技术变量的建模思路，融合外部性和研发两大因素，建立自己的技术研发函数。

假设企业 i 的生产函数为 Cobb-Douglas 形式为

$$Y_i = AK_i^{\alpha}\ (\phi_i L_i)^{1-\alpha}$$

其中 Y_i 表示企业 i 的产出，K_i 表示通常的物质资本投入，L_i 表示无差异的简单劳动投入，ϕ_i 是企业的技术水平，放在括号里面表示企业使用劳动增进型技术。在第 3 章，本书已经证明了劳动增进型技术进步具有一般性，因此只需要考虑劳动增进型技术进步即可。$\alpha \in (0,1)$ 为资本产出弹性，A 是一个

---

① 本章部分内容发表于《经济研究》2009 年第 4 期，*Frontiers of Economics in China*，2012 年第 1 期。感谢加拿大 University of Sherbrooke 的 Petr Hanel 教授对本章理论的应用性方面做出建设性评论。

参数，表示其他的一些外生因素对产出的影响。

根据第 4 章的讨论，Romer(1986)的思路可以简单表示为

$$\phi_i \Rightarrow \phi \Rightarrow K$$

其中，ϕ_i 表示单个企业所能使用的技术水平，ϕ 表示整个经济拥有的技术水平，K 表示整个经济拥有的资本存量。如果每个企业之间并没有技术外溢，那么每个企业就只能使用自己研发的技术。如果企业之间具有技术外溢，那么一个企业所面临的技术资源就会扩展到这个企业之外。其他企业研发获得的技术也能被这个企业所利用，进而促进生产力的提高。在 Romer(1986)的设定中，技术外溢具有完全性，也即一个企业所知道的技术会毫无损失地被其他企业获得。因此一个企业在完全技术外溢的情况下所面临的技术资源是整个社会的技术资源。这就是 $\phi_i \Rightarrow \phi$ 的推理过程，表示企业所使用的技术变量从自身的技术水平 ϕ_i 演化为全社会技术水平 ϕ。企业 i 的生产函数变为

$$Y_i = AK_i^{\alpha}\,(\phi L_i)^{1-\alpha}$$

然而，逻辑推理只走到这一步还会出现一个问题：技术进步无法内生化。这是因为尽管一个企业能采用整个社会的技术资源，但是这个社会的技术资源如何增长呢？结论只能是依靠上帝之手来外生增长。

为了获得经济的长期增长率，Romer 采纳 Arrow(1962)的思想。Arrow(1962)认为边干边学能促进知识和技能的积累。这是一种人力资本积累方面的外部性效应。Romer 受此启发，认为物质资本投资的过程中，也会产生新知识，即边投资边学习效应。一旦将物质资本投资和知识相联系，Romer 就发现，只要将 $\phi = K$，物质资本的增长就自动带动知识存量的增长。这样就解决了知识存量的外生增长难题，实现了经济的长期增长问题。这就是 $\phi \Rightarrow K$ 的推理过程，这时企业 i 的生产函数变为

$$Y_i = AK_i^{\alpha}\,(KL_i)^{1-\alpha}$$

该生产函数就是前文讨论的完全 Romer 技术外溢情形。第 5 章进一步将该思路进一步修改为

$$\phi_i \Rightarrow \phi \Rightarrow k$$

其中，k 是人均资本变量，其基本目的是消除 Romer(1986)存在的劳动力规模效应。

Jones(1995)从整个经济的角度出发,对技术水平的变化 $\dot{\phi}$ 建模,其思路是

$$\dot{\phi}=\bar{\delta}L_{\phi}\Rightarrow\dot{\phi}=\delta\phi^{\sigma}L_{\phi}\Rightarrow\dot{\phi}=\delta\phi^{\sigma}L_{\phi}^{\lambda}\Rightarrow\dot{\phi}=\delta\phi^{\sigma}R_{\phi}^{\lambda}$$

Jones 对技术函数的数学描述和前面两种思路有很大不同。前面的 Romer 思路和 Lucas 思路是对技术水平进行建模,Jones 则是对技术变迁建模。在 Jones 的设想中,技术进步首先和科学技术人员有关。在相同的情况下,从事研发的科技人员数量越多,技术进步会越快。用一种传统的描述就是"人多力量大"。用数学描述就是 $\dot{\phi}=\bar{\delta}L_{\phi}$,其中 L_{ϕ} 表示从事技术研发的劳动力数量。该技术函数是一种最简单的形式,给定一定数量的科技研发人员,单位时间内技术水平的变化就是一个常数。$\bar{\delta}$ 可以看作是研发效率,即每单位研发劳动力在单位时间内对技术进步的贡献。

但是,$\dot{\phi}=\bar{\delta}L_{\phi}$ 形式的技术函数有四个问题。第一,这种技术函数假定所有的研发劳动力 L_{ϕ} 都是同质的。事实上,不同的科技研发人员的水平是不同的。这取决于研发人员自身的知识存量和技术水平。知识丰富的研发人员效率显然要高于知识贫乏的研发人员。这种怀疑让 Jones 猜想技术进步和现存的知识存量有关。假设每个研发人员都能平等地获得这个世界上的所有知识存量(在网络化时代和信息化时代,这个假设尤其显得合理),那么研发劳动力的异质性就可以通过劳动力面临的不同知识存量库而得到区分。例如,在前牛顿时代,研发人员没有将微积分作为最基本的科研工具,研发效率很低。经过牛顿和莱布尼茨的努力,创立了微积分理论,现代的研发人员同前牛顿时代的研发人员相比,研发效率自然要高出不少。换句话说,现代的研发人员是站在巨人的肩膀上进一步展开研发活动,这种巨人肩膀效应就是一种知识外溢效应,不过这种知识外溢效应和本书前面所讲的知识外溢有一些不同。这里的知识外溢是过去的研发人员的发明成果对后续的研发人员的研发活动产生知识外溢。例如牛顿和莱布尼茨发明的微积分就对今天的研发人员产生了巨大的知识外溢。这是一种时间维度上的纵向外溢。知识的收益是在同一个企业内不同时刻上发生转移。而前文所述的知识外溢是不同企业之间的知识外溢。虽然从本质上看也是具有先后顺序,外溢总是从先发明的成果外溢至后续的发明活动。但是,不同企业之间

的知识外溢注重的是知识的横向扩散，知识的收益在不同企业之间发生转移。

第二，是否后续的研究一定比前人的效率要高呢？凡是从事过研究的人都有切身感受。每当一个学生在导师的指导下开始从事研究活动的时候，通常会产生一种印象——容易研究的东西都已经被研究完了，剩下的都是一些很难研究的东西了。诚然，研究活动总是从简单到复杂，简单的东西总是先被人研究，然后再着手复杂问题的研究。Jones 把这种情况比喻成"钓鱼效应"：池塘里面一开始有很多鱼，因此先钓鱼者钓到鱼的概率就很大，难度很小；当钓鱼者越来越多的时候，后续的钓鱼者面临着钓鱼难度上升的局面。这种钓鱼效应在科学研究中确实也存在，这种效应倾向于增加后续科研的难度。同巨人肩膀效应正好相反。

巨人肩膀效应和钓鱼效应都是和科研人员面临的知识存量有关系。基于这种认识，Jones 改进了技术函数，将其设定为 $\dot{\phi}=\delta\phi^{\sigma}L_{\phi}$。其中 σ 是一个参数。如果 $\sigma>0$，那么现存的知识存量倾向于提高研发的效率，即现存知识存量的巨人肩膀效应要高于钓鱼效应。如果 $\sigma<0$，那么现存知识存量倾向于降低研发效率，即现存知识存量的钓鱼效应要高于巨人肩膀效应。如果 $\sigma=0$，那么现存知识存量的多少对于研发效率并没有什么影响，技术函数退回到 $\dot{\phi}=\bar{\delta}L_{\phi}$ 形式。但是，通过对巨人肩膀效应和钓鱼效应的分析，对于 $\sigma=0$ 的情况不能停留在现存知识存量无效应的认识上。事实上，这种情况下，更合理的解释方式是：现存知识存量对研发效率所产生的巨人肩膀效应和钓鱼效应正好相互抵消，其净效应为 0。

第三个问题是重复研究现象导致研发人员的边际贡献递减。在技术函数 $\dot{\phi}=\delta\phi^{\sigma}L_{\phi}$ 中，研发人员 L_{ϕ} 越多，技术进步也就越大，而且每增加一个研发人员所带来的技术进步都是相同的。但是，科研领域一个普遍存在的问题是：同一项研究会在几个研究机构同时进行。即使在商业色彩较少的基础研究领域，同一个课题也是在好几个机构和大学之间并行进行，每个研究人员都想跑在其他机构前面抢先发表最新成果。一旦成果发表，所有进行相同课题的其他机构的投资都将白费。这种情况发生的原因大概有两个：在一定时期内，活跃的学术前沿课题有限，如果要想在学术界做出惊人的科研贡献，就要在最活跃的前沿进行努力。大家一起努力，相互竞争，必然会产生重复研究问题。另外一个原因是信息不对称。一个课题已经有一些研究机构在从事研究了，后进入这个课题的研究人员对此并不了解，冒然进入，结果出现重复研究现象。在网络化和信息化时代，研究人员可以方便地从网络上了解到相同研究领域中有哪些机构已经在从事这方面的研究了。从而减少了重复研究的概率。然而，在商业研究领域，情况并不是如此乐观。这是因为商业研究是以盈利为目的，研究活动和研究成果都需要高度保密。高度保密的结果必然加强信息不对称，强化重复研究效应。

无论重复研究现象产生的原因是什么，一个最基本的规律是重复研究必定和研究人员的数量有关。如果全世界只有一个研究人员或者一个研究机构，那么基本不会出现重复研究现象。正是因为研究人员数量众多、研究机构林立，才会由于这些机构和研究人员之间的相互竞争和信息不对称导致重复研究。

第四个问题是合作研究导致研发人员的边际贡献递增。研究人数多虽然会出现重复研究现象，但有时也不一定是坏事。一般情况下，一个研究机构或者一个研究人员由于长期从事某一方面的研究，会形成在这一方面的研究优势。这固然是好事。但是，如果一个研究项目涉及不同的领域，特别是交叉领域的研究，那么只在某一方面具有研发优势还不够。这时候，相关领域中具有研发优势的机构进行合作研究就非常有必要。现实世界中所谓的强强联合就是如此。显然，强强合作导致研发人员的创造性被更大程度地激发，边际贡献也呈现递增。

根据对重复研究现象和合作研究现象的观察，不难发现这两种现象都和研究人员数量有关。因此可以将技术函数改变为 $\dot{\phi}=\delta\phi^{\sigma}L_{\phi}^{\lambda}$。该技术函数和前面的不同之处在于研发人员数量 L_{ϕ} 出现了指数 λ。通过对研究人员数量求导，可得

$$\frac{\partial\dot{\phi}}{\partial L_{\phi}}=\lambda\delta\phi^{\sigma}L_{\phi}^{\lambda-1}$$

$$\frac{\partial^{2}\dot{\phi}}{\partial L_{\phi}^{2}}=\lambda(\lambda-1)\delta\phi^{\sigma}L_{\phi}^{\lambda-2}$$

如果 $\lambda<0$，那么随着研究人数增加，研究人员的边际贡献为负。这种情况比较少见。当 $\lambda>0$ 时，研发人数增加，技术会进步。$\lambda>0$ 又可以分为两种

情况：当 $0<\lambda<1$ 时，研发人员的边际贡献依然正，但是二阶导数为负。这说明研发人员的边际贡献是递减的。这种情况同重复研究现象相吻合。当 $\lambda>1$ 时，一阶导数为正，表示从事研发的劳动力越多，技术进步越大。二阶导数也为正，表示研发人员对技术进步的边际贡献不是递减，而是递增。这种情况同研发人员之间的相互合作现象相吻合。在现实经济中，应该是重复研究效应和合作研究效应相互叠加。当 $0<\lambda<1$ 时，重复研究效应超过合作研究效应；当 $\lambda>1$ 时，合作研究效应超过重复研究效应。

前面的分析都是假定技术函数只有一种投入——研究人员数量 L_ϕ，事实上，研发的投入资源除了研究人员以外，还有经济资源。Jones 和 Williams(1998)在对技术进步建模的时候，采用了研发经费投入以替代研发人员数量。所以技术函数就变成

$$\dot{\phi}=\delta\phi^{\sigma}R_{\phi}^{\lambda}$$

其中，R_ϕ 是研发经费的投入。

通过前面的分析，不难看到：(1) Romer(1986)并不存在技术函数。本书要纳入研发变量，建立研发变量和技术水平之间的函数关系。(2) 为了消除劳动力规模效应，需要采用人均变量进行建模。(3) Jones(1995)虽然在经济增长模型中考虑了技术外溢因素，但他研究的外溢是时间维度的纵向外溢。这种设置并不适合研究不同企业之间的横向外溢。本书将企业自身的研发努力和研发外部性效应相互分离，考察技术的横向外溢导致的个体研发投资者收益损失。

本书假设企业除了需要进行物质资本投资外，还需要分配一些资源进行研发，研发资本存量分为个体水平和社会平均水平，两者共同决定了企业的技术水平。消除劳动力规模影响后，企业的技术水平 ϕ 取决于个体企业人均研发资本 z_i 和社会人均研发资本 z_a。综合这些分析，技术研发函数可以表示为一个一般性的函数形式①：

$$\phi_i=\phi_i(z_i+\nu z_a),\phi_i'(\cdot)>0 \tag{6.1}$$

其中，ϕ_i是第 i 个企业的技术水平，z_i是该企业 i 的人均研发资本水平，z_a为社会平均研发资本水平。ν 是技术外溢的强度参数。$\phi_i'(\cdot)>0$ 表示技术

① 感谢南京大学经济学院耿强教授对技术函数形式的建设性评论。

水平是人均研发资本的单调递增函数。如果$\phi_i'(\cdot)\leqslant 0$，人均研发资本水平越高，技术水平越低。企业不会去投资技术研发。因此，研发函数的一阶导数为正具有其合理性。

企业个体的人均研发资本代表企业自身的研发努力对技术的影响。整个社会的人均研发资本代表了全社会已有的研发努力对企业技术的影响，在某种程度上也意味着全社会已有知识存量对企业创造新技术的影响。当$\nu=1$时，表示个体企业的技术水平不但取决于自身的研发努力z_i，整个社会的人均研发资本存量z_a对其也有正面外溢效应，并且这两个因素对企业的技术进步贡献是相同的。其背后的现实含义是，一个企业采用一种技术进行生产，该项技术无论是自己研发获得，还是通过技术外溢方式获得，对于生产目的而言都是等同的。对于同样一项创新，如果自主研发需要付出比其他企业更高的代价，那么$\nu>1$。在$\nu\geqslant 1$的情况下，理性的企业将不会选择自主研发，所有企业的技术进步都依靠其他企业的努力。在均衡中，没有企业会从事自主研发，最后整个经济的技术就停止不前。这并不是一个令人感兴趣的经济。诚然，在现实经济中，会出现一部分企业完全依靠其他企业的技术外溢生存。例如在知识产权保护缺乏的社会中，一些盗版软件公司就是如此。但这毕竟是少数。在本书的分析中并不对此进行详细考察。所以，对于本书的分析而言，$\nu<1$是一个合理假设。

如果技术在外溢过程中有损耗，说明相同的研发努力在自身企业中进行的时候对技术水平的贡献较大。这种损耗效应由外溢强度参数ν表示。有损耗的情况对应于$0<\nu<1$。$\nu=0$就是完全损耗，等价于无技术外溢。在有损耗的情况下，如果企业不进行自主研发，只依靠外部的技术外溢效应，那么自身的技术水平不会赶上社会平均水平，在市场竞争中就面临被淘汰的结局。因此在$0\leqslant\nu<1$的情况下，企业不从事自主研发并不是最优的选择。

给定企业的自身研发努力不变，当$\nu<0$时，社会人均研发资本的投资越高，企业的发现新技术越困难。这种效应就是前文所述的钓鱼效应。为了在市场竞争中不至于落在其他企业后面，每个企业都会极力加大技术研发力度，抢先"钓鱼"。在后面的分析中将会发现，当ν趋近-1时，抢先钓鱼效应会使整个社会的研发投资水平趋于无穷，-1也成为ν的下确界。显然，整个社会的资源全部用于研发投资并不是最优的，故$\nu>-1$也是一个合理假设。

其实，正如 Jones 所表示的那样，钓鱼效应和技术外溢效应可能都存在。更加合理的解释是当 $-1<\nu<0$ 时，钓鱼效应超过技术外溢效应，净效应为钓鱼效应。当 $0<\nu<1$ 时，技术外溢效应超过钓鱼效应，净效应是技术外溢效应。当 $\nu=0$ 时，两种效应相互抵消，净效应为 0。

参数 ν 到底是正还是负，在理论分析中并不能确定。在第 7 章，将利用中国的经验数据校准该参数。出于论述的方便，本章的讨论可以假设 ν 为正，净效应为技术外溢效应。ν 为负的情形只需作类推即可。本书后面所提的技术外溢效应仅指净效应。

将式(6.1)对时间求导，可以得到

$$\dot{\phi}_i=[\phi_i'(z_i+\nu z_a)](\dot{z}_i+\nu\dot{z}_a) \tag{6.2}$$

$$\frac{\partial\dot{\phi}_i}{\partial\dot{z}_i}=\phi_i'(z_i+\nu z_a),\frac{\partial^2\dot{\phi}_i}{\partial\dot{z}_i z_i}=\phi_i''(z_i+\nu z_a)$$

当 $\phi_i''>0$ 时，表示给定一单位人均研发资本的变化，人均资本存量越高，新技术发明越多，类似于合作研究效应。当 $\phi''_i<0$ 时，表示给定一单位人均研发资本的变化，人均资本存量越高，新技术发明越少，类似于重复研究效应。当 $\phi''_i=0$ 时，表明两种效应相互抵消。

为了表达形式上的简洁，以下论述将省略下标 i，ϕ 和 z 分别表示个体企业的技术水平和人均研发资本水平。z_a 仍然表示社会平均研发资本水平，其中下标 a 表示平均涵义(average)。这样技术函数可以简化成

$$\phi=\phi(z+\nu z_a),\phi'(\cdot)>0 \tag{6.3}$$

省略下标 i，生产函数可以写成

$$Y=AK^{\alpha}(\phi L)^{1-\alpha} \tag{6.4}$$

技术函数式(6.3)表示企业的技术水平可以看作研发努力的一个确定性函数。虽然排除研发过程中的不确定性显得过于理想化，但是，如果从均值意义上考虑，式(6.3)表示的是一种平均意义上的研发资本投入和技术产出的对应关系。Romer(1990)在其产品种类扩大型技术进步中曾使用这种确定性假设，认为一定数量的努力就可以获得一种成功的新产品。Barro 和 Sala-i-Martin(2004)认为，这种假设对于理论分析所带来的影响是：确定性假设导致经济在一条平滑路径上增长，不确定性假设则导致原本平滑的

增长路径上产生许多细小的随机冲击。如果分析的重点不在于那些短期波动和冲击，那么确定性研发函数假设就具有合理性。

综上所述，对本书的 R&D 型或研发型技术外溢可以界定如下：技术和知识的增长来自企业的盈利性目的下的研发活动。单个企业一旦获得某种技术创新，将对整个经济产生外部性效应。这种外部性可以是正面效应(技术外溢)，也可以是负面效应(钓鱼效应)。本章假设外部性净效应为正，由研发活动引发的正外部性净效应在本书中称为 R&D 型技术外溢效应。在外部性净效应为负的情况下，结论可以类推。

6.2　模型的均衡状态及 R&D 型技术外溢

6.2.1　市场经济均衡

将式(6.4)改写成人均水平(本书的人均意义指每单位劳动力，per labor or worker)表达式

$$y=Ak^{\alpha}\left[\phi(z+\nu z_a)\right]^{1-\alpha} \tag{6.5}$$

其中，$y=Y/L$，$k=K/L$。在竞争性市场经济中，企业需要在消费 c、物质资本投资 I_k 和研发资本投资 I_z 之间进行决策。假设物质资本和研发资本的折旧率分别为 δ_1 和 δ_2。模型的动态方程分别为

$$\dot{k}=I_k-(n+\delta_1)k \tag{6.6}$$

$$\dot{z}=I_z-(n+\delta_2)z \tag{6.7}$$

其中，n 为劳动力 L 的增长率。对于企业而言，其面临的资源约束条件为

$$Ak^{\alpha}\left[\phi(z+\nu z_a)\right]^{1-\alpha}=I_k+I_z+c \tag{6.8}$$

效用偏好形式为通常的不变跨期替代弹性效用函数形式

$$u(c)=\frac{c^{1-\theta}-1}{1-\theta} \tag{6.9}$$

其中，c 为人均消费，θ 是相对风险规避系数，假设为一个常数，数量上等于跨期替代弹性的倒数。

在约束条件式(6.6)～式(6.8)下，最优化下面的目标函数

$$U=\int_0^{\infty}\frac{c^{1-\theta}-1}{1-\theta}e^{-(\rho-n)t}\,\mathrm{d}t \tag{6.10}$$

该最优化问题的哈密尔顿函数为

$$H=\frac{c^{1-\theta}-1}{1-\theta}e^{-(\rho-n)t}+\lambda_1[I_k-(n+\delta_1)k]+\lambda_2[I_z-(n+\delta_2)z]+\lambda_3\{Ak^{\alpha}[\phi(z+\nu z_a)]^{1-\alpha}-I_k-I_z-c\} \tag{6.11}$$

其中,λ_i 为哈密尔顿乘子。最优状态的一阶必要条件有

$$c^{-\theta}e^{-(\rho-n)t}=\lambda_3 \tag{6.12}$$

$$\lambda_1=\lambda_3,\lambda_2=\lambda_3 \tag{6.13}$$

$$\dot{\lambda}_1-\lambda_1(n+\delta_1)+\lambda_3\alpha Ak^{\alpha-1}[\phi(z+\nu z_a)]^{1-\alpha}=0 \tag{6.14}$$

$$\dot{\lambda}_2-\lambda_2(n+\delta_2)+\lambda_3(1-\alpha)Ak^{\alpha}[\phi(z+\nu z_a)]^{-\alpha}\phi'(z+\nu z_a)=0 \tag{6.15}$$

由于每个企业都是无差异的,对称性条件意味着在均衡中每个企业都采取相同的决策,因此每个企业的 k 和 z 都等于社会平均水平,$k=k_a$,$z=z_a$。式(6.13)说明在最优状态下,物质资本的影子价格和研发资本的影子价格相等,而且都等于社会资源对于效用的边际贡献。因此企业的最优选择最后会达到两种资本在均衡状态下的报酬率相等。根据式(6.13),可以将式(6.14)和式(6.15)写成:

$$-\frac{\dot{\lambda}_1}{\lambda_1}=\alpha Ak^{\alpha-1}[\phi((1+\nu)z)]^{1-\alpha}-(n+\delta_1) \tag{6.16}$$

$$-\frac{\dot{\lambda}_2}{\lambda_2}=(1-\alpha)Ak^{\alpha}[\phi((1+\nu)z)]^{-\alpha}\phi'((1+\nu)z)-(n+\delta_2) \tag{6.17}$$

在稳态中,各种变量的增长率不变,因此式(6.16)表明 k/ϕ 在稳态中一定是一个常数。结合式(6.17),可以推断 ϕ' 在稳态中也必定是常数,否则 λ_2 的增长率就不可能是恒定的。进一步可以证明在$(0,+\infty)$区间内,研发效率 ϕ' 是常数。假如在非稳态下 ϕ' 不是常数,则在某子集 $\Omega\subseteq(0,+\infty)$上,$\phi'$ 不是常数。在稳态中只需 k/ϕ 为常数,并未规定 ϕ 的范围,故 z 也未规定范围。该经济体完全可以一开始就在稳态中且$(1+\nu)z\in\Omega$。这就与稳态相矛盾。所以研发函数必定是线性函数。据此可以设定研发函数的具体形式为

$$\phi(z+\nu z_a)=\phi_0+\xi\cdot(z+\nu z_a) \tag{6.18}$$

其中,$\xi>0$ 是一个常数。如果整个社会都没有技术研发,则企业的技术水

平处于一个常数低水平 ϕ_0 上。在稳态中 $\phi=\phi_0+\xi\cdot(1+\nu)\cdot z$。根据前面的论述，常数研发效率意味着重复研究效应和合作研究效应相互抵消。需要特别指出的是，Romer(1990)假设研发效率是常数，但本书的模型则从理论上证明了研发效率是常数，研发函数具有线性特征。因此常数研发效率在本书中是一个结论，而不是一个假设，这和 Romer(1990)具有本质不同。同时线性研发函数也为线性计量模型提供了理论支持。

稳态中的利率为

$$\begin{aligned} r_{DCE}^{*} &= (1-\alpha)A\left(\frac{k_{DCE}^{*}}{\phi_{DCE}^{*}}\right)^{\alpha}\xi-\delta_2 \\ &= \alpha A\left(\frac{k_{DCE}^{*}}{\phi_{DCE}^{*}}\right)^{\alpha-1}-\delta_1 \end{aligned} \tag{6.19}$$

式(6.19)说明稳态利率是一个常数，如果模型的参数取值使得稳态利率严格为正，则下文的分析表明经济能实现内生增长。

为了便于分析，假设

$$\phi_0=0,\delta_1=\delta_2=\delta \tag{6.20}$$

在此假设下可以得到

$$\frac{\phi_{DCE}^{*}}{k_{DCE}^{*}}=\frac{1-\alpha}{\alpha}\xi,\frac{z_{DCE}^{*}}{k_{DCE}^{*}}=\frac{1-\alpha}{\alpha(1+\nu)} \tag{6.21}$$

上式在经济含义上必须为正，故 $\nu<-1$ 不会出现。如果 $-1<\nu<0$，则钓鱼效应占主要地位，上式表示资源配置中研发资本比例要高于 $\nu=0$ 情形，说明钓鱼效应促使企业加大研发投入，抢在别的企业前面发现新技术，以免池塘中的鱼越来越少。当 $\nu\to-1$ 时，$z_{DCE}^{*}/k_{DCE}^{*}\to+\infty$，表明所有的资源都向研发领域配置。这是一种极端情况。毕竟，研发的目的是生产，生产的目的是消费，只有消费才最终进入效用函数。如果所有资源都用来研发，没有资源用于物质资本投资，生产就无法进行，最终消费也不会存在，消费者效用显然无法最优化。如果 $0<\nu<1$，则净效应为技术外溢效应，外部性强度的上升会导致研发收益更多的外溢至整个社会，对于经济而言同一项技术对经济的贡献会更大；但是外溢导致私人企业所能获得的研发收益下降，私人企业会降低研发资本的相对投入比例，这对经济的影响是负面的。但是，从总体看来，$\phi_{DCE}^{*}/k_{DCE}^{*}$ 的值却不变，表明钓鱼效应和研发投入增加效应正好相互抵消($-1<\nu<0$)，或者技术外溢效应和研发投入下降效应正好相互抵消

$(0<\nu<1)$。稳态下利率水平为

$$r_{DCE}^{*}=\alpha^{\alpha}(1-\alpha)^{1-\alpha}A\xi^{1-\alpha}-\delta \tag{6.22}$$

下面推导稳态中各变量的长期增长率。首先根据式(6.21)，z/k 在稳态中是常数，所以两者的稳态增长率一定相等，$\gamma_k=\gamma_z$。其次，稳态中生产函数为 $y=Ak^{\alpha}[\xi(1+\nu)z]^{1-\alpha}$，两边取对数，再对时间求导就得到 $\gamma_y=\gamma_z$。将 k 和 z 的动态方程式(6.6)和式(6.7)代入约束条件式(6.8)，得到

$$y=[\dot{k}+(n+\delta_1)k]+[\dot{z}+(n+\delta_2)z]+c \tag{6.23}$$

两边除以 k 得到

$$\frac{y}{k}=\left[\frac{\dot{k}}{k}+(n+\delta_1)\right]+\left[\frac{\dot{z}}{z}\frac{z}{k}+(n+\delta_2)\frac{z}{k}\right]+\frac{c}{k} \tag{6.24}$$

在稳态中，除 c/k 以外的所有项都是常数，c/k 必定也是常数，两者增长率相同。最后可以发现 c、k、z 和 y 在稳态中都以相同的速度增长

$$\gamma_y=\gamma_k=\gamma_z=\gamma_c=\gamma_{DCE} \tag{6.25}$$

γ_{DCE} 可以从式(6.12)获得

$$\gamma_{DCE}=\frac{1}{\theta}[\alpha^{\alpha}(1-\alpha)^{1-\alpha}A\xi^{1-\alpha}-\delta-\rho] \tag{6.26}$$

因此，经济的长期增长特征完全由模型的基本参数决定，而且在长期是一个不变的常数。

6.2.2 计划经济均衡

上面讨论的是以个体企业为决策主体的分散决策经济。这种经济的长期增长率是否能达到帕累托最优呢？从直观上看，这个模型中的技术外部性特征是对完全竞争市场假设的一种偏离，分散决策经济或许不具有帕累托最优性。为了考察这个问题，本书假设整个社会存在一个万能的、仁慈的社会计划者。万能性是指社会计划者可以克服交易成本、信息不对称性和激励这些问题。这些问题都不在本书的研究范围内，因此需要万能性来剔除这些因素的影响。仁慈性是指这个社会计划者以最大化整个社会效用函数为目标，而不是最大化自身效用函数。由于这个集权经济只有一个人在决策，因此也可以看作整个经济只有一个人一个企业的情形。

为什么社会计划者的集权经济能代表帕累托最优状态呢？这是因为只要有帕累托改进的可能性，以全社会福利最优化为目标的社会计划者就可

以通过计划手段进行帕累托改进，直到没有进一步改进的余地为止。这时候，社会计划者经济必定是帕累托最优的。相反，在分散决策的市场经济中，每一个个体都最优化自己的效用函数，个体的理性并不能代表集体的理性。因此当每个个体都达到最优化的情况下，整个社会不一定会达到最优化。例如在技术外溢存在的情况下，一项技术如果被更多的企业采用，对社会的贡献明显要更大。对于社会计划者而言，他会希望技术外溢越大越好，毕竟整个社会都会因此收益。但是，对于个体决策者而言，自己承担研发成本，但却无法享受研发带来的所有收益，无疑会降低研发的积极性。毕竟，个体决策者最优化的是自己的利益，而不是社会的利益。正是决策个体的不同，目标函数的不同，最终导致了不同的行为。通过比较个体决策的市场经济体制和社会计划者决策的集权经济体制下的经济收益率和增长率，可以获知个体决策的市场经济是否能达到帕累托最优。

对于社会计划者而言，$z=z_a$，生产函数为

$$y=Ak^{\alpha}[\phi(z+\nu z)]^{1-\alpha} \tag{6.27}$$

资源约束条件式(6.8)现在变成

$$Ak^{\alpha}[\phi((1+\nu)z)]^{1-\alpha}=I_k+I_z+c \tag{6.28}$$

如果式(6.9)表示整个社会的效用函数形式，则社会计划者的最优化目标函数就是式(6.10)。在动态方程式(6.6)和式(6.7)以及资源约束条件式(6.28)下，社会计划者的哈密尔顿函数为

$$\begin{aligned}H=&\frac{c^{1-\theta}-1}{1-\theta}e^{-(\rho-n)t}+\lambda_1[I_k-(n+\delta_1)k]+\lambda_2[I_z-(n+\delta_2)z]\\&+\lambda_3\{Ak^{\alpha}[\phi((1+\nu)z)]^{1-\alpha}-I_k-I_z-c\}\end{aligned} \tag{6.29}$$

最优性的一阶必要条件有

$$c^{-\theta}e^{-(\rho-n)t}=\lambda_3$$

$$\lambda_1=\lambda_3,\lambda_2=\lambda_3$$

$$\dot{\lambda}_1-\lambda_1(n+\delta_1)+\lambda_3\alpha Ak^{\alpha-1}[\phi((1+\nu)z)]^{1-\alpha}=0$$

$$\dot{\lambda}_2-\lambda_2(n+\delta_2)+\lambda_3(1-\alpha)Ak^{\alpha}[\phi((1+\nu)z)]^{-\alpha}\cdot(1+\nu)\phi'=0 \tag{6.30}$$

分散经济中的式(6.16)在集权经济中依然成立，但式(6.17)现在被修改为

$$-\frac{\dot{\lambda}_2}{\lambda_2}=(1-\alpha)Ak^{\alpha}\left[\phi((1+\nu)z)\right]^{-\alpha}(1+\nu)\phi'-(n+\delta_2) \tag{6.31}$$

根据同样的推理，研发函数的一阶导数是一个常数，研发函数仍然具有线性特征。

稳态中的社会计划者的利率可以表示为

$$\begin{aligned} r_{CE}^{*} &= (1-\alpha)A\left(\frac{k_{CE}^{*}}{\phi_{CE}^{*}}\right)^{\alpha}(1+\nu)\xi-\delta_2 \\ &= \alpha A\left(\frac{k_{CE}^{*}}{\phi_{CE}^{*}}\right)^{\alpha-1}-\delta_1 \end{aligned} \tag{6.32}$$

如果采用假设式(6.20)，那么

$$\frac{\phi_{CE}^{*}}{k_{CE}^{*}}=\frac{1-\alpha}{\alpha}(1+\nu)\xi,\ \frac{z_{CE}^{*}}{k_{CE}^{*}}=\frac{1-\alpha}{\alpha} \tag{6.33}$$

在稳态中，这两个比例都是常数。同式(6.21)相比较，当 $0<\nu<1$ 时，资源配置比例 z_{CE}^{*}/k_{CE}^{*} 要高于分散经济中的比例，表示在稳态下资源更多的被分配到技术研发领域，其原因是技术的正外部性可以被社会计划者内部化。当 $-1<\nu<0$ 时，资源配置比例 z_{CE}^{*}/k_{CE}^{*} 要低于分散经济中的比例，表示在稳态下资源更多的被分配到物质资本领域，其原因是技术的负外部性也可以被社会计划者全部内部化。计划经济的稳态利率为

$$r_{CE}^{*}=\alpha^{\alpha}(1-\alpha)^{1-\alpha}A\xi^{1-\alpha}(1+\nu)^{1-\alpha}-\delta \tag{6.34}$$

长期增长率为

$$\gamma_{CE}=\frac{1}{\theta}\left[\alpha^{\alpha}(1-\alpha)^{1-\alpha}A\xi^{1-\alpha}(1+\nu)^{1-\alpha}-\delta-\rho\right] \tag{6.35}$$

从上式可以看到，影响长期增长率的因素除通常资本产出弹性 α、消费偏好参数 θ、时间偏好率 ρ、折旧率 δ 以及模型以外的一些综合因素 A 这些经济参数之外，同时还受到 ξ 和 ν 的影响。

同分散经济比较，社会计划者将技术外部性内部化从而提高或降低了经济增长率。技术外溢净效应越强，经济增长率越高，说明技术外溢在本质上有利于经济增长。根据本书的结论，很容易解释专利制度的特征。专利制度要求创新者获得专利保护的同时，必须向社会公开专利的技术秘密。对照本书的分散经济增长率和集权经济增长率，不难看出，集权经济之所以能有更高的增长率，那是因为社会计划者不会因技术外溢而带来收益的损

失。所有的收益都被计划者内部化。同时，一项技术可以被所有的企业了解，最大程度上实现技术对社会的整体贡献。专利制度就是要在保障创新者收益的同时，尽可能让整个社会了解这项技术，促进这项技术的社会利益最大化。

6.2.3　R&D 型外溢度量

R&D 型技术外溢到底对研发收益率有多大的影响呢？本书从两个侧面来度量 R&D 技术外溢的经济影响。由于外溢发生在研发资本领域，因此从研发的边际产出入手分析。

根据上文分析，研发的边际产出在分散经济中为

$$MPZ_{DCE}=r_{DCE}+\delta=(1-\alpha)Ak^{\alpha}\phi^{-\alpha}\xi \tag{6.36}$$

在集权经济中为

$$MPZ_{CE}=r_{CE}+\delta=(1-\alpha)Ak^{\alpha}\phi^{-\alpha}\xi(1+\nu) \tag{6.37}$$

在分散均衡中，有

$$\frac{\phi_{DCE}^{*}}{k_{DCE}^{*}}=\xi\frac{1-\alpha}{\alpha} \tag{6.38}$$

在社会计划者的集权均衡中，则有

$$\frac{\phi_{CE}^{*}}{k_{CE}^{*}}=\xi\frac{1-\alpha}{\alpha}(1+\nu) \tag{6.39}$$

将这两个均衡比例代入研发资本的边际产出公式中，定义技术外溢度量 w_1 为

$$\begin{aligned} w_1 &=\frac{MPZ_{CE}^{*}-MPZ_{DCE}^{*}}{MPZ_{CE}^{*}} \\ &=1-\frac{1}{(1+\nu)^{1-\alpha}} \end{aligned} \tag{6.40}$$

技术外溢强度 ν 和资本产出弹性 α 对 w_1 的影响可以通过求偏导数得到

$$\partial w_1/\partial\nu=(1-\alpha)(1+\nu)^{\alpha-2}>0$$

$$\partial w_1/\partial\alpha=-(1+\nu)^{-(1-\alpha)}\ln(1+\nu)\leqslant 0$$

外溢度量 w_1 随着资本产出弹性 α 和技术外溢强度 ν 的变化情况见图 6－1，其变化率(偏导数)见图 6－2 和图 6－3。从图中可以清晰明了地看到，技术

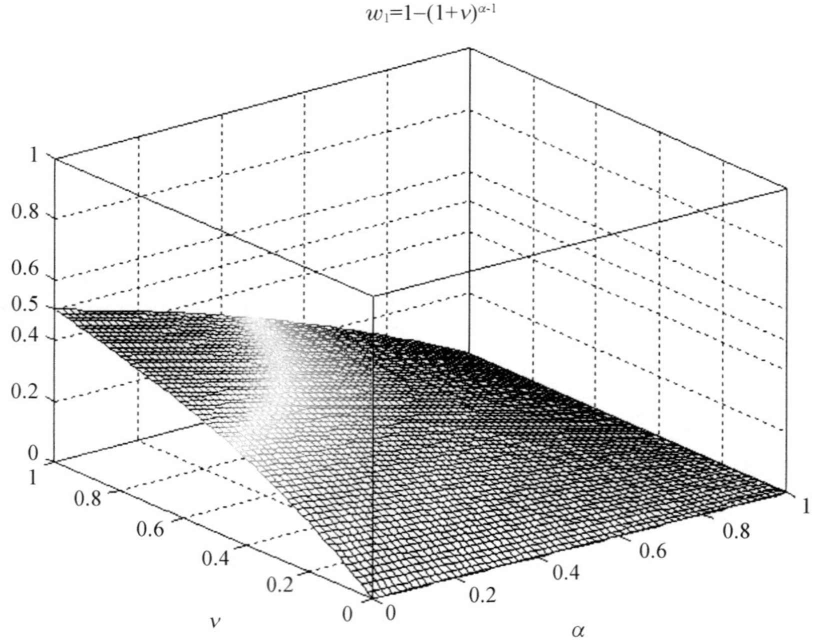

图 6－1　R&D 型技术外溢度量 w_1

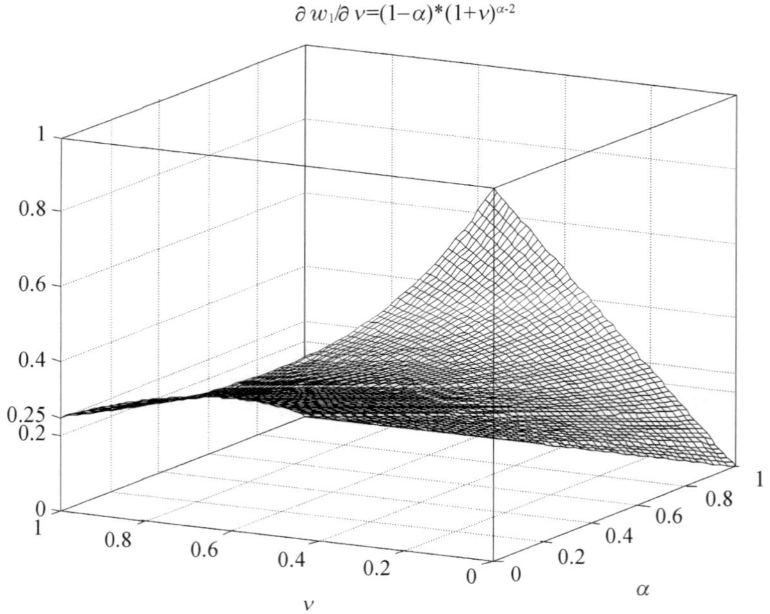

图 6－2　外溢强度 v 对 R&D 型外溢度量 w_1 的影响

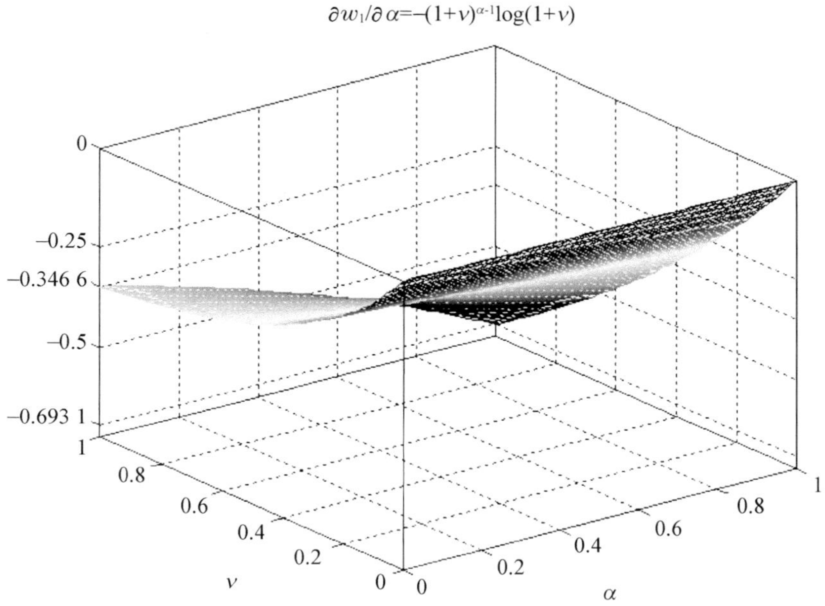

图 6－3　资本产出弹性 α 对 R&D 型外溢度量 w_1 的影响

外溢强度 ν 越大，分散均衡对集权均衡的相对偏离越大；资本产出弹性越大，物质资本在生产过程中的比重越大，研发资本越小，研发资本外部性引起的影响也就越小，所以分散均衡对集权均衡的偏离越小。这表现为图 6－1中沿着 ν 轴增加的方向，曲面逐渐升高。沿着资本产出弹性 α 增加的方向，曲面却逐渐下降。

进一步分析表明，当 $\alpha\to1$ 时，生产函数中的研发资本对产出的影响为零，技术外溢强度对经济将没有影响，$\partial w_1/\partial\nu\to0$。当 $\nu=0$ 时，第二个不等式的等号成立，资本产出弹性对于 w_1 没有影响。这两种情况分别表现为曲面和水平面分别有两条垂直的交线。

以上是考察市场经济均衡和计划经济均衡之间的相对差距。另外，还可以考察给定市场经济均衡下的资源配置结构，市场经济研发收益率和计划经济之间的相对差异

$$w_1'=1-\frac{MPZ_{DCE}}{MPZ_{CE}}=1-\frac{(1-\alpha)A\ (k/\phi)^{\alpha}_{DCE}\xi}{(1-\alpha)A\ (k/\phi)^{\alpha}_{DCE}\xi(1+\nu)}=\frac{\nu}{1+\nu}$$

$$\frac{\partial w_1'}{\partial\nu}=\frac{1}{(1+\nu)^2}>0$$

第二个技术外溢度量指标 w_2 度量在分散经济均衡状态下，研发边际产出外溢至经济中的比例。根据式(6.36)，分散均衡下研发边际产出可以重新表示为：

$$MPZ_{DCE}^{*}(\nu>0)=(1-\alpha)A\xi^{1-\alpha}\left(\frac{k_{DCE}^{*}}{z_{DCE}^{*}}\right)^{\alpha}(1+\nu)^{-\alpha} \tag{6.41}$$

如果保持分散均衡状态下的 k/z 比例不变，即整个经济的资源配置不发生改变，那么设定 $\nu=0$ 就可以发现研发边际产出上升至：

$$MPZ_{DCE}(\nu=0)=(1-\alpha)A\xi^{1-\alpha}\left(\frac{k_{DCE}^{*}}{z_{DCE}^{*}}\right)^{\alpha}$$

高出的部分就是在分散经济均衡下外溢部分，私人的研发投资活动无法获得这部分收益①。因此分散均衡状态下研发收益外溢的比例可以定义为：

$$w_2=\frac{MPZ_{DCE}(\nu=0)-MPZ_{DCE}^{*}(\nu>0)}{MPZ_{DCE}^{*}(\nu>0)}=(1+\nu)^{\alpha}-1 \tag{6.42}$$

需要注意的是，在前面几章定义 w_2 时，$\nu>0$ 时边际产品高于当 $\nu=0$ 时的边际产品。但是，在这里，情况是相反的。其原因是模型的假设有所不同。本书定义的外溢度量是度量收益外溢的比例，其性质上应该是[0,1]区间内的正数。因此，为了避免负数带来的解释困难，式(6.42)采用了相反数定义，但并不影响基本结论。如果式(6.41)中保持不变的 k/z 比例并不是均衡状态下的比例，那么 w_2 依然能度量分散经济中非均衡状态下研发收益外溢的比例。图 6－4 描绘了 w_2 随 ν 和 α 的上升而上升，这可以通过 w_2 对这两个变量的偏导数看出

$$\partial w_2/\partial\nu=\alpha\,(1+\nu)^{-(1-\alpha)}>0$$

$$\partial w_2/\partial\alpha=(1+\nu)^{\alpha}\ln(1+\nu)\geqslant 0$$

当 $\alpha=0$ 时，ν 对 w_2 无任何影响；当 $\nu=0$ 时，α 对 w_2 无任何影响。图 6－4中曲面在 $\alpha=0$ 和 $\nu=0$ 时同水平面相连接表明了这一点。技术外溢强度 ν 和资本产出弹性对 w_2 的影响分别如图 6－5 和图 6－6 所示。

① 当然，这并不是一个分散均衡状态。由于研发边际产出高于资本边际产出，整个经济的资源配置将会从物质资本转向研发资本，直到形成新的均衡。不难发现，在新的分散均衡下，虽然经济不再具有外溢特征，但研发资本相对比例较高。这两种效应正好相互抵消，使得无外溢经济的均衡收益率等于有外溢情况的均衡收益率。

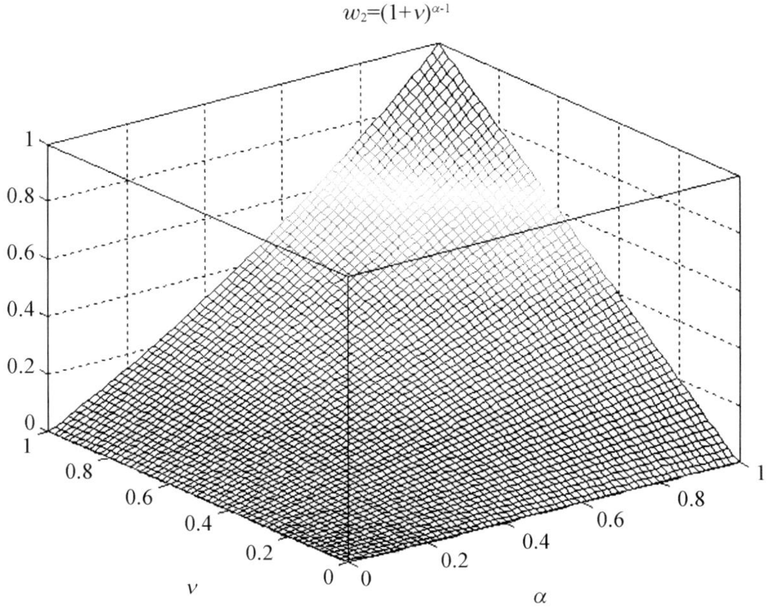

图 6－4　R&D 型技术外溢度量 w_2

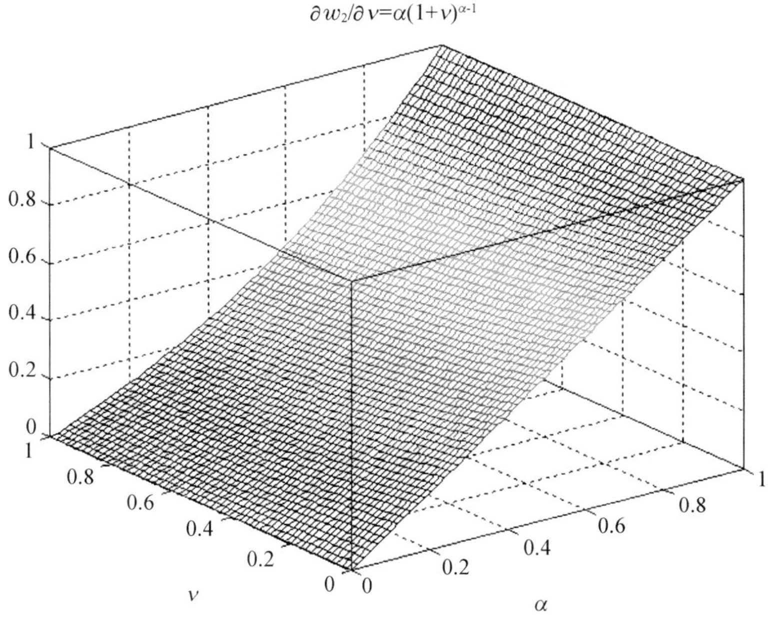

图 6－5　外溢强度 v 对 R&D 型外溢度量 w_2 的影响

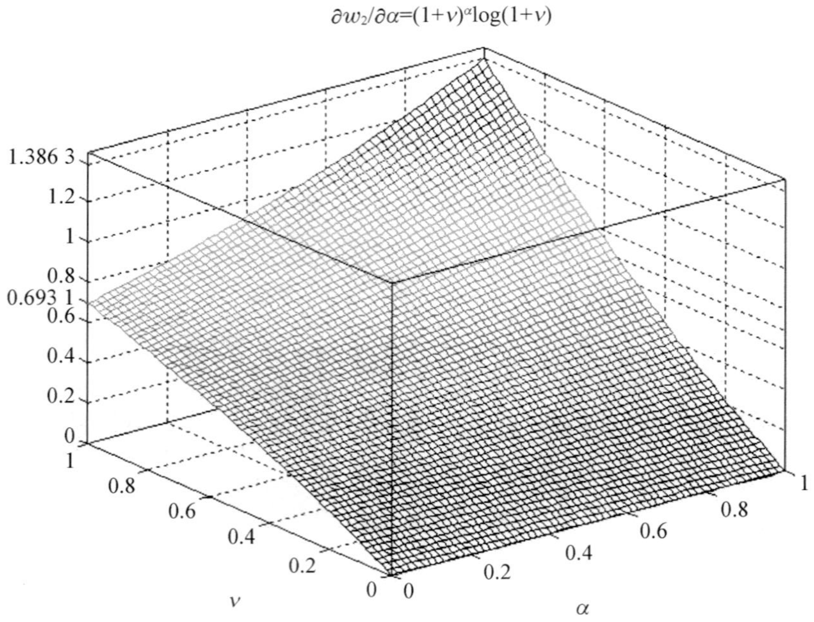

图 6－6　资本产出弹性 α 对 R&D 型外溢度量 w_2 的影响

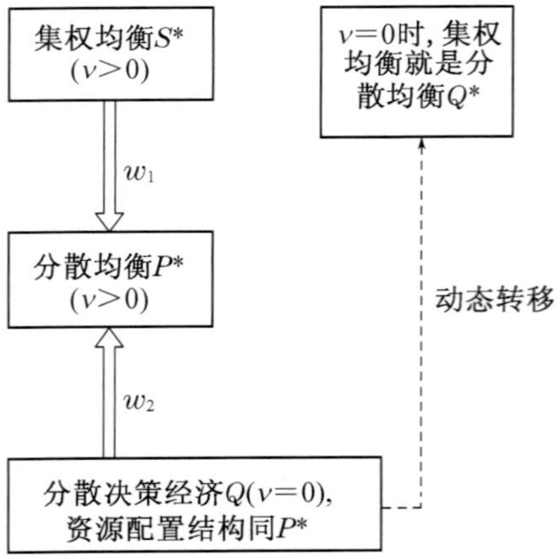

图 6－7　经济均衡和 R&D 型技术外溢度量

图 6－7 概括了 R&D 型技术外溢度量和经济均衡状态之间的基本结构。分散均衡状态 P^* 的研发收益率要比集权均衡状态 S^* 低 w_1；分散均衡状态 P^* 的研发收益率要比相同资源配置结构下无技术外溢的分散经济 Q 低 w_2。但是，分散经济状态 Q 并不是一个均衡状态，研发资本的相对比例会经历一个动态转移过程，最后达到分散均衡状态 Q^*。在技术外溢强度 $\nu=0$ 的情况下，$w_1=w_2=0$，分散经济和集权经济之间没有差别，分散均衡就是帕累托最优；当 ν 为正时，差别就出现了；当 ν 取最大值 1 时，$w_1=1-2^{-(1-\alpha)}$，$w_2=2^{\alpha}-1$。

6.3　政府政策对 R&D 外溢度量的影响

6.3.1　政府对研发资本投资的补贴

假设政府补贴通过不影响资源配置的一次性总赋税筹资。假设政府对研发资本投资的补贴率为 ε，即私人投资研发活动每一单位资本，总成本为 $(r+\delta)$，但只需承担 $(1-\varepsilon)(r+\delta)$，政府承担部分为 $\varepsilon(r+\delta)$。对于私人企业来说，利润函数为

$$\begin{aligned}\pi &= Y-(r+\delta)K-(1-\varepsilon)(r+\delta)Z-wL \\ &= LAk^{\alpha}\xi^{1-\alpha}\left(\frac{Z}{L}+\nu z_a\right)^{1-\alpha}-(r+\delta)K-(1-\varepsilon)(r+\delta)Z-wL\end{aligned}$$

其中，$Z=zL$，表示企业的研发资本总量，L 表示企业雇佣的劳动力数量。企业的利润最大化的一阶条件为

$$\frac{\partial \pi}{\partial K}=\alpha A\xi^{1-\alpha}k^{\alpha-1}(z+\nu z_a)^{1-\alpha}-(r+\delta)=0 \tag{6.43}$$

$$\frac{\partial \pi}{\partial Z}=(1-\alpha)A\xi^{1-\alpha}k^{\alpha}(z+\nu z_a)^{-\alpha}-(1-\varepsilon)(r+\delta)=0 \tag{6.44}$$

$$\frac{\partial Y}{\partial L}=A\xi^{1-\alpha}k^{\alpha}(z+\nu z_a)^{1-\alpha}-(1-\alpha)A\xi^{1-\alpha}k^{\alpha}(z+\nu z_a)^{-\alpha}z-w=0$$

根据式(6.43)和式(6.44)，消掉 $(r+\delta)$ 可得

$$\frac{z+\nu z_a}{k}=\frac{1}{1-\varepsilon}\cdot\frac{1-\alpha}{\alpha}$$

在均衡状态下，有 $z=z_a$，所以均衡下的资源配置比例为

$$\frac{z^*}{k^*}=\frac{1}{1-\varepsilon}\cdot\frac{1-\alpha}{\alpha(1+\nu)} \tag{6.45}$$

由于 $\varepsilon\in[0,1]$，当 $\varepsilon=0$ 时，政府并不给予研发补贴，这时的资源配置比例等同于式(6.21)。当 $\varepsilon=1$ 的时候，政府给予全额资助，相当于政府出资让私人企业投资研发。从式(6.45)可以看到，政府全额出资时研发资本相对于物质资本的比例会趋于无穷大。这其实是很容易理解，私人企业是一个盈利性企业，当投资研发却不需要承担任何成本，但收益却归自己所有

时，其对研发投资的需求必定是无穷大。无疑这种情况的出现会导致研发资源浪费严重。当 $0<\varepsilon<1$ 时，由于

$$\frac{z^*}{k^*}(\varepsilon=0)<\frac{z^*}{k^*}(0<\varepsilon<1)$$

所以，政府的研发补贴政策会使资源更多地流向研发，研发资本对物质资本的相对比例会上升。将式(6.45)的均衡资源配置比例代入式(6.44)，可以得到研发补贴下企业的研发投资收益率：

$$\begin{aligned} r_{DCE}+\delta &= \frac{1}{1-\varepsilon}(1-\alpha)A\xi^{1-\alpha}(1+\nu)^{-\alpha}(k/z)^{\alpha} \\ &= \alpha^{\alpha}(1-\alpha)^{1-\alpha}A\xi^{1-\alpha}(1-\varepsilon)^{-(1-\alpha)} \end{aligned}$$

当研发补贴率达到

$$\varepsilon=\frac{\nu}{1+\nu}$$

时，研发资本的相对比例为

$$\frac{z^*}{k^*}=\frac{1}{1-\frac{\nu}{1+\nu}}\cdot\frac{1-\alpha}{\alpha(1+\nu)}=\frac{1-\alpha}{\alpha}$$

该比例正好是帕累托最优状态下的资源配置比例。这时的研发投资收益率为

$$(r_{DCE}+\delta)\left(\varepsilon=\frac{\nu}{1+\nu}\right)=\alpha^{\alpha}(1-\alpha)^{1-\alpha}A\xi^{1-\alpha}(1+\nu)^{1-\alpha}$$

该研发投资收益率正好是计划经济中社会计划者的收益率水平，说明政府的研发补贴政策是可以促进经济达到帕累托最优状态。通过将 ε 对 ν 求导，可以得到

$$\frac{\partial\varepsilon}{\partial\nu}=\frac{1}{(1+\nu)^2}>0$$

可见，使经济达到帕累托最优的研发补贴比例将随着技术外溢强度的上升而上升，其同技术外溢强度之间的变化关系见图 6－8。

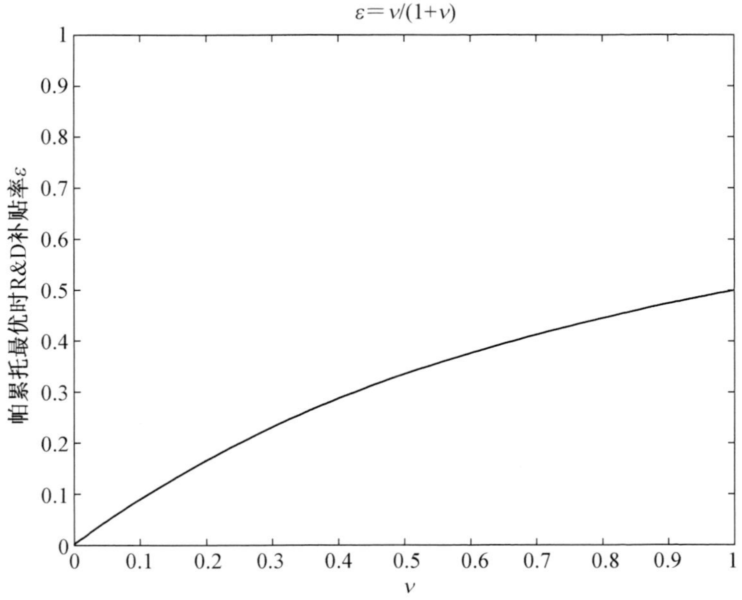

图 6－8　R&D 型技术外溢经济中的最优研发补贴率

根据式(6.46)，经济增长率可以表示为

$$\gamma=\frac{1}{\theta}[\alpha^{\alpha}(1-\alpha)^{1-\alpha}A\xi^{1-\alpha}(1-\varepsilon)^{-(1-\alpha)}-\delta-\rho] \tag{6.47}$$

当政府提高研发补贴比例的时候，研发资本的配置比例会相对上升，经济增长率也会上升，经济逐步进行帕累托改进。当 $\varepsilon=\nu/(1+\nu)$ 时，经济增长率达到帕累托最优状态下的增长率水平

$$\gamma=\frac{1}{\theta}[\alpha^{\alpha}(1-\alpha)^{1-\alpha}A\xi^{1-\alpha}(1+\nu)^{1-\alpha}-\delta-\rho]$$

该结论具有重要意义。过去的研究工作认为，研发补贴政策只能使经济以“正确”的增长率进行增长，却不能使经济达到帕累托最优状态(Barro and Sala-i-Martin, 2004, pp. 300)。所谓正确的增长率是指，研发补贴降低了研发成本，从而使经济的增长率能回升到社会计划者水平。但是，研发补贴并不会改变资源的配置比例。即使经济以正确的增长率运行，但资源配置比例依然没有达到帕累托最优状态。在本书的模型中，该传统的结论并不成立。本书的模型分析表明，研发补贴不但使经济以正确的增长率运行，而且促进了研发资源的相对配置比例改善，在资源配置比例达到帕累托

最优状态下经济以社会计划者的正确增长率运行。

出现这种看似矛盾的结论的原因在于模型的假设不同。在 Barro Sala-i-Martin(2004)的模型中,经济偏离帕累托最优的原因在于市场垄断。对研发的补贴政策并不能消除垄断带来的扭曲,因此研发补贴政策并不能使经济达到帕累托最优状态。在本书的模型中,经济偏离帕累托最优状态的根源在于技术外部性。研发补贴能够有效消除外部性带来的研发投资激励不足问题,因此研发补贴政策可以使经济达到帕累托最优状态。从更高的一个层次看,看似矛盾的结论其实揭示了一个简单的、具有一致性的逻辑:解铃还须系铃人。由谁引发的效率损失必须由对应的政策加以消除。

下面考察研发补贴下的技术外溢度量。技术外溢度量 w_1 为

$$
\begin{aligned}
w_1 &= 1-\frac{(r_{DCE}+\delta)}{MPZ_{CE}} \\
&= 1-\frac{\alpha^{\alpha}(1-\alpha)^{1-\alpha}A\xi^{1-\alpha}(1-\varepsilon)^{-(1-\alpha)}}{\alpha^{\alpha}(1-\alpha)^{1-\alpha}A\xi^{1-\alpha}(1+\nu)^{1-\alpha}} \\
&= 1-\frac{1}{(1-\varepsilon)^{1-\alpha}}\cdot\frac{1}{(1+\nu)^{1-\alpha}}
\end{aligned}
$$

当 $\varepsilon=\nu/(1+\nu)$ 时,$w_1=0$,说明经济体达到帕累托最优状态。各因素对 w_1 的影响为

$$\frac{\partial w_1}{\partial \varepsilon}=-(1-\alpha)(1-\varepsilon)^{\alpha-2}(1+\nu)^{\alpha-1}<0$$

$$\frac{\partial w_1}{\partial \alpha}=-[(1-\varepsilon)(1+\nu)]^{\alpha-1}\ln(1-\varepsilon)(1+\nu)\leqslant 0$$

$$\frac{\partial w_1}{\partial \nu}=(1-\alpha)(1-\varepsilon)^{\alpha-1}(1+\nu)^{\alpha-2}>0$$

研发补贴比例越高,市场经济均衡偏离计划经济均衡越小,表明研发补贴力度的上升有利于经济的帕累托改进。资本产出弹性越高,研发资本在生产中的贡献比重越小,技术外溢对经济的影响就越弱。技术外溢强度越强,市场经济均衡偏离计划经济均衡的相对程度就越大。对研发补贴下的外溢度量 w_1 的可视化见图 6-9。图中分别绘制了研发补贴为 0,0.3 和0.5 三种情况下的技术外溢度量。图中有三层曲面,最上面一层对应 $\varepsilon=0$,属于没有研发补贴的情况,同前面的一样;中间一层为 $\varepsilon=0.3$;最下面一层对应 $\varepsilon=0.5$。随着政府研发补贴比例的上升,技术外溢曲面逐渐下降。但是,从研发外溢度量的定义看,其必须为非负,因此真实的技术外溢度量应

该是图中水平面以上的部分。同时，由于 $\varepsilon=\nu/(1+\nu)$，因此 ε 最大只能是 0.5，这时候 $\nu=1$。最下面的外溢度量曲面其实和水平面只有图中所示一个交点。

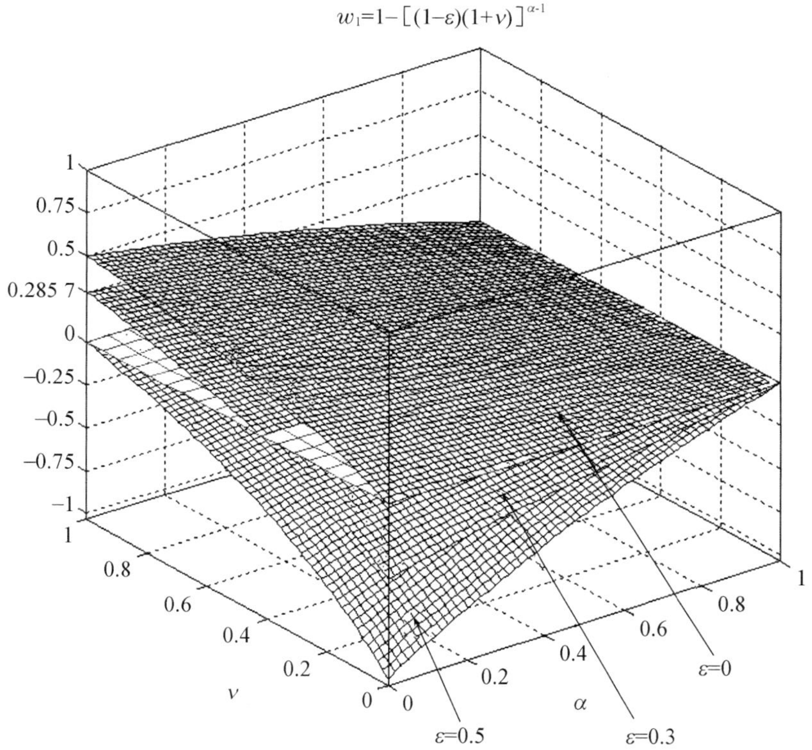

图 6-9　研发补贴下的 R&D 型技术外溢度量 w_1

根据式(6.44)，私人企业的研发收益率可以表示为

$$r_{DCE}+\delta=(1-\alpha)A\xi^{1-\alpha}\left(\frac{k^*}{z^*}\right)^{\alpha}(1+\nu)^{-\alpha}(1-\varepsilon)^{-1}$$

如果给定资源配置结构，比较市场经济和计划经济的相对收益率差异可得

$$w_1'=1-(1-\varepsilon)^{-1}(1+\nu)^{-1}$$

在市场经济均衡下，如果资源配置比例 k/z 不变，比较 $\nu=0$ 和 $\nu>0$，就可以得到 R&D 技术外溢度量 w_2

$$w_2=\frac{(r_{DCE}+\delta)(\nu=0)-(r_{DCE}+\delta)(\nu>0)}{(r_{DCE}+\delta)(\nu>0)}$$

$$=\frac{(1-\alpha)A\xi^{1-\alpha}\left(\frac{k^*}{z^*}\right)^{\alpha}(1-\varepsilon)^{-1}}{(1-\alpha)A\xi^{1-\alpha}\left(\frac{k^*}{z^*}\right)^{\alpha}(1+\nu)^{-\alpha}(1-\varepsilon)^{-1}}-1$$

$$=(1+\nu)^{\alpha}-1$$

可见，研发补贴对于技术外溢度量 w_2 并没有影响。

6.3.2 政府对物质资本投资的补贴

假设政府对物质资本的投资补贴比例为 ε，私人企业的利润函数为

$$\pi=Y-(1-\varepsilon)(r+\delta)K-(r+\delta)Z-wL$$
$$=LAk^{\alpha}\xi^{1-\alpha}\left(\frac{Z}{L}+\nu z_a\right)^{1-\alpha}-(1-\varepsilon)(r+\delta)K-(r+\delta)Z-wL$$

企业利润最大化的一阶条件为

$$\frac{\partial\pi}{\partial K}=\alpha A\xi^{1-\alpha}k^{\alpha-1}(z+\nu z_a)^{1-\alpha}-(1-\varepsilon)(r+\delta)=0 \tag{6.48}$$

$$\frac{\partial\pi}{\partial Z}=(1-\alpha)A\xi^{1-\alpha}k^{\alpha}(z+\nu z_a)^{-\alpha}-(r+\delta)=0 \tag{6.49}$$

$$\frac{\partial Y}{\partial L}=A\xi^{1-\alpha}k^{\alpha}(z+\nu z_a)^{1-\alpha}-(1-\alpha)A\xi^{1-\alpha}k^{\alpha}(z+\nu z_a)^{-\alpha}z-w=0$$

根据式(6.48)和式(6.49)，消掉$(r+\delta)$可得：

$$\frac{z+\nu z_a}{k}=(1-\varepsilon)\cdot\frac{1-\alpha}{\alpha}$$

在均衡状态下有 $z=z_a$，所以均衡下的资源配置比例为

$$\frac{z^*}{k^*}=(1-\varepsilon)\frac{1-\alpha}{\alpha(1+\nu)}$$

当 $\varepsilon=0$ 时，政府并不给予补贴，这时的资源配置比例等同于无补贴政策情况。当 $\varepsilon=1$ 时，政府给予物质资本投资的全额资助，这时 $z^*/k^*=0$，表示所有资源都会流向物质资本投资。这是非常容易理解的，当政府承担所有的物质资本投资成本时，投资收益却归私人企业自身，企业自然对物质资本产生无穷大的需求。当 $0<\varepsilon<1$ 时，

$$\frac{z^*}{k^*}(0<\varepsilon<1)<\frac{z^*}{k^*}(\varepsilon=0)$$

政府的物质资本补贴政策会导致资源从研发领域流向物质资本投资领域。将均衡状态下的资源配置比例代入式(6.48)，可以得到物质资本投资补贴下的经济收益率

$$r_{DCE}+d=\alpha^{\alpha}\ (1-\alpha)^{1-\alpha}Ax^{1-\alpha}(1-\varepsilon)^{-\alpha} \tag{6.50}$$

当补贴率达到

$$\varepsilon=1-(1+\nu)^{\frac{-(1-\alpha)}{\alpha}}$$

时，投资收益率为

$$(r_{DCE}+\delta)(\varepsilon=1-(1+\nu)^{\frac{-(1-\alpha)}{\alpha}})=\alpha^{\alpha}\ (1-\alpha)^{1-\alpha}A\xi^{1-\alpha}(1+\nu)^{1-\alpha}$$

最优物质资本投资补贴比例随资本产出比 α 和技术外溢强度 ν 的变化情况见图 6－10。这是帕累托最优状态下的收益率，但是资源配置比例为

$$\frac{z^*}{k^*}=(1+\nu)^{\frac{\alpha-1}{\alpha}}\frac{1-\alpha}{\alpha(1+\nu)}=(1+\nu)^{\frac{-1}{\alpha}}\frac{1-\alpha}{\alpha}$$

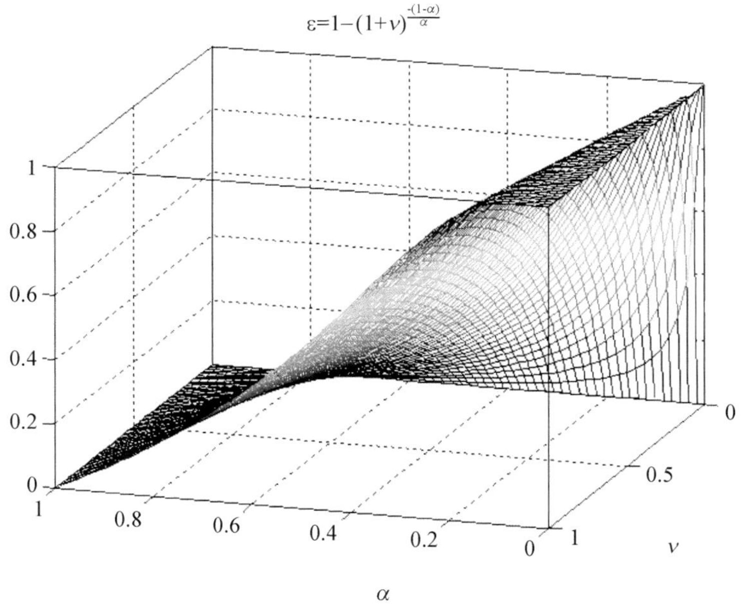

图 6－10　R&D 型技术外溢经济中的最优物质资本补贴率

通过上面的分析，不难发现，政府对物质资本投资的补贴政策尽管可以使经济以社会计划者的增长率进行增长，但是资源配置比例并没有达到社会计划者水平，因此经济仍然没有达到帕累托最优状态。

在物质资本补贴政策下，私人企业的收益率为式(6.50)，根据该收益率表达式和社会计划者的收益率，可以推导物质资本补贴政策下的技术外溢度量 w_1 为

$$w_1=1-\frac{r_{DCE}+\delta}{MPZ_{CE}}$$

$$=1-\frac{\alpha^{\alpha}(1-\alpha)^{1-\alpha}A\xi^{1-\alpha}(1-\varepsilon)^{-\alpha}}{\alpha^{\alpha}(1-\alpha)^{1-\alpha}A\xi^{1-\alpha}(1+\nu)^{1-\alpha}}$$

$$=1-\frac{1}{(1-\varepsilon)^{\alpha}}\cdot\frac{1}{(1+\nu)^{1-\alpha}}$$

需要注意的是，w_1 只是表示物质资本补贴政策下的技术外溢导致的收益外溢比例，不是表示市场经济均衡和计划经济均衡之间的相对偏离。因为物质资本补贴政策即使能让经济以“正确”的增长率增长，其依然不能使经济达到帕累托最优状态。

$$\frac{\partial w_1}{\partial \varepsilon}=-\alpha(1-\varepsilon)^{-\alpha-1}(1+\nu)^{\alpha-1}<0$$

$$\frac{\partial w_1}{\partial \alpha}=-\frac{1}{1+\nu}\left(\frac{1+\nu}{1-\varepsilon}\right)^{\alpha-1}\ln\left(\frac{1+\nu}{1-\varepsilon}\right)\leqslant 0$$

$$\frac{\partial w_1}{\partial \nu}=(1-\alpha)(1-\varepsilon)^{-\alpha}(1+\nu)^{\alpha-2}>0$$

图 6－11 展示了物质资本补贴下的技术外溢度量 w_1，最上面的曲面为

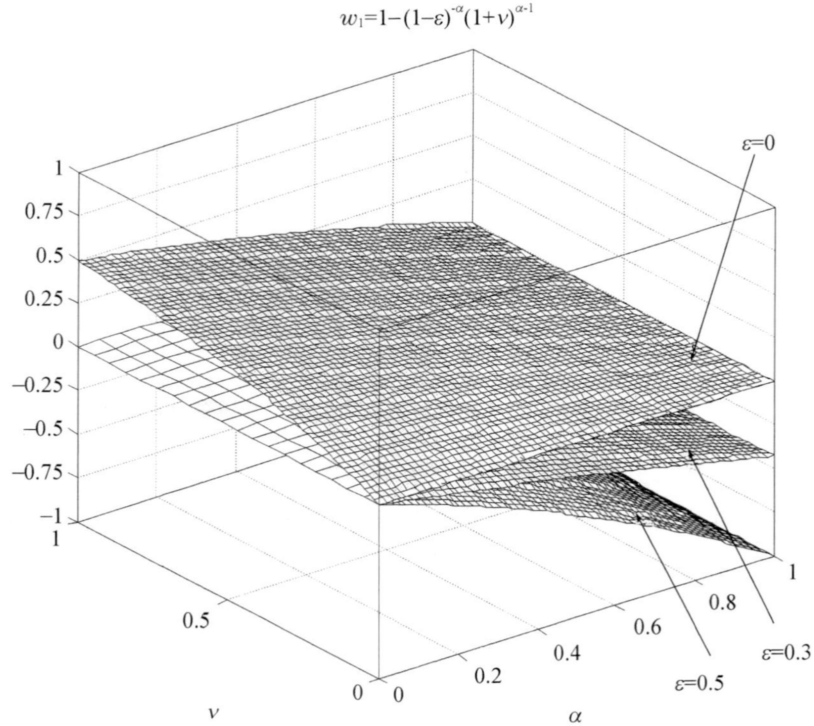

图 6－11　物质资本补贴下的 R&D 型技术外溢度量 w_1

$\varepsilon=0$ 时的技术外溢度量，对应于没有物质资本补贴政策，同前文所述相同。中间一层曲面为 $\varepsilon=0.3$ 时的技术外溢度量，随着补贴政策力度的上升，技术外溢度量 w_1 逐渐下降，甚至下降到水平面以下。

根据技术外溢度量的定义，只有在水平面以上的部分为有效合理部分。对于固定的补贴比率 ε 而言，曲面随着 α 的上升而下降，随着 ν 的上升而上升。

根据式(6.49)，将企业的投资收益率改写为

$$r_{DCE}+\delta=(1-\alpha)A\xi^{1-\alpha}(k^*/z^*)^{\alpha}(1+\nu)^{-\alpha}$$

对于给定的资源配置结构，比较市场经济和计划经济下的相对收益率差异得到

$$w_1'=\nu/(1+\nu)$$

在市场经济均衡状态下，如果资源配置比例 k/z 不变，比较 $\nu=0$ 和 $\nu>0$，就可以得到 R&D 技术外溢度量 w_2

$$w_2=\frac{(r_{DCE}+\delta)(\nu=0)-(r_{DCE}+\delta)(\nu>0)}{(r_{DCE}+\delta)(\nu>0)}=(1+\nu)^{\alpha}-1$$

6.3.3　政府对最终产品的补贴

假设政府对最终产品的生产进行补贴，私人企业的利润函数为

$$\begin{aligned}\pi&=(1+\varepsilon)Y-(r+\delta)K-(r+\delta)Z-wL\\&=(1+\varepsilon)LAk^{\alpha}\xi^{1-\alpha}\left(\frac{Z}{L}+\nu z_a\right)1-\alpha-(r+\delta)K-(r+\delta)Z-wL\end{aligned}$$

企业利润最大化的一阶条件为

$$\frac{\partial\pi}{\partial K}=(1+\varepsilon)\alpha A\xi^{1-\alpha}k^{\alpha-1}(z+\nu z_a)^{1-\alpha}-(r+\delta)=0 \tag{6.51}$$

$$\frac{\partial\pi}{\partial Z}=(1+\varepsilon)(1-\alpha)A\xi^{1-\alpha}k^{\alpha}(z+\nu z_a)^{-\alpha}-(r+\delta)=0 \tag{6.52}$$

$$\frac{\partial Y}{\partial L}=(1+\varepsilon)[A\xi^{1-\alpha}k^{\alpha}(z+\nu z_a)^{1-\alpha}-(1-\alpha)A\xi^{1-\alpha}k^{\alpha}(z+\nu z_a)^{-\alpha}z]-w=0$$

消去式(6.51)和式(6.52)的 $(r+\delta)$ 可得，$\frac{z+\nu z_a}{k}=\frac{1-\alpha}{\alpha}$。在均衡状态下有 $z=z_a$，所以均衡下的资源配置比例为

$$\frac{z^*}{k^*}=\frac{1-\alpha}{\alpha(1+\nu)}$$

该比例同没有政府补贴情况完全一致，且不受政府补贴政策的影响。这说明最终产品补贴仅仅相当于给企业一笔资金，企业获得这笔资金后会按照原先的规则在物质资本和研发资本投资方面分配。将均衡下资源配置比例代入式(6.52)，可以得到均衡收益率为

$$\begin{aligned} r_{DCE}+\delta &= (1+\varepsilon)(1-\alpha)A\xi^{1-\alpha}(1+\nu)^{-\alpha}(k^*/z^*)^{\alpha} \\ &= (1+\varepsilon)\alpha^{\alpha}(1-\alpha)^{1-\alpha}A\xi^{1-\alpha} \end{aligned} \quad (6.53)$$

当补贴率上升时，均衡收益率也上升。当补贴率达到

$$\varepsilon=(1+\nu)^{1-\alpha}-1$$

时，私人企业的收益率达到社会计划者收益率水平。该最优补贴率随 ν 和 α 的变化情况见图 6-12。根据式(6.53)和社会计划者收益率水平，可以推导最终产品补贴下的外溢度量

$$w_1=1-\frac{r_{DCE}+\delta}{MPZ_{CE}}=1-\frac{1+\varepsilon}{(1+\nu)^{1-\alpha}}$$

该度量受到政府补贴力度 ε、技术外溢强度 ν 和物质资本产出弹性 α 的影响。

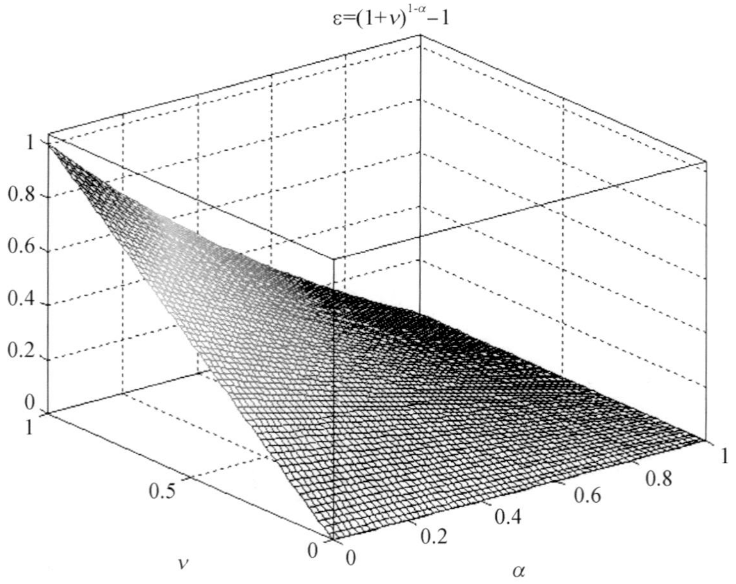

图 6-12　R&D 型技术外溢经济中最优最终产品补贴率

这些影响因素对 w_1 的影响见图 6-13，偏导数的符号为

$$\frac{\partial w_1}{\partial \varepsilon}=-(1+\nu)^{-(1-\alpha)}<0$$

$$\frac{\partial w_1}{\partial \nu}=(1+\varepsilon)(1-\alpha)(1+\nu)^{\alpha-2}>0$$

$$\frac{\partial w_1}{\partial \alpha}=-(1+\varepsilon)(1+\nu)^{-(1-\alpha)}\ln(1+\nu)\leqslant 0$$

当政府补贴力度上升时，外溢度量下降，表示经济发生帕累托改进。表现在图 6 - 13 中曲面随着补贴力度的上升而下沉。当技术外溢强度上升时，外溢度量会上升。当物质资本产出弹性上升时，对于同样的要素投入，研发资本的贡献会相对下降，由研发资本外部性导致的收益率下降也相对减弱，因此外溢度量 w_1 下降。

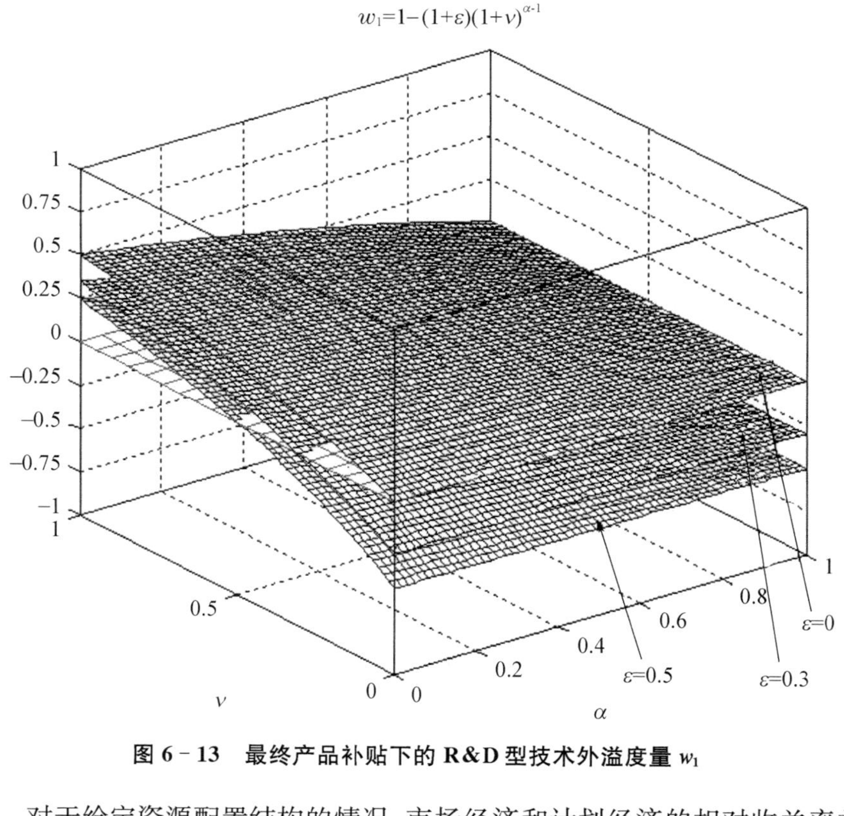

图 6 - 13　最终产品补贴下的 R&D 型技术外溢度量 w_1

对于给定资源配置结构的情况，市场经济和计划经济的相对收益率差异为

$$w_1'=1-\frac{1+\varepsilon}{1+\nu}$$

对于外溢度量 w_2，可以得到

$$w_2=\frac{(r_{DCE}+\delta)(\nu=0,z^*/k^*)}{(r_{DCE}+\delta)(\nu>0,z^*/k^*)}-1=(1+\nu)^{\alpha}-1$$

$$\frac{\partial w_2}{\partial \nu}=\alpha(1+\nu)^{-(1-\alpha)}>0$$

$$\frac{\partial w_2}{\partial \alpha}=(1+\nu)^{\alpha}\ln(1+\nu)\geqslant 0$$

可见，外溢度量 w_2 和没有补贴的情况相同，不受政府最终产品补贴政策的影响。影响因素 ν 和 α 对其的影响方向也相同。

第 7 章　技术外溢度量比较及经验推算①

7.1　技术外溢度量的总结

第 4 章至第 6 章分别探讨了 Romer 型、Lucas-Romer 型和 R&D 型技术外溢的度量问题。表 7－1 和表 7－2 对这些类型的外溢度量表达形式进行归纳总结。

表 7－1　各种技术外溢类型下度量 w_1 总结

技术外溢类型	技术外溢度量 w_1
CD 函数 完全 Romer 型外溢	$w_1=1-\alpha$
投资补贴	$w_1=1-\alpha/(1-\varepsilon)$
最终产品补贴	$w_1=1-\alpha(1+\varepsilon)$
一般新古典函数 完全 Romer 型外溢	$w_1=\dfrac{Lf_2(1,L)}{f(1,L)}$
投资补贴	$w_1=1-\dfrac{1}{1-\varepsilon}\left[1-\dfrac{Lf_2(1,L)}{f(1,L)}\right]$
最终产品补贴	$w_1=-\varepsilon\left[1-\dfrac{Lf_2(1,L)}{f(1,L)}\right]+\dfrac{Lf_2(1,L)}{f(1,L)}$
CD 函数 非完全 Romer 型外溢	$w_1=1-\dfrac{\alpha}{\alpha+\nu(1-\alpha)}$
投资补贴	$w_1=1-\dfrac{1}{1-\varepsilon}\dfrac{\alpha}{\alpha+\nu(1-\alpha)}$

① 本章部分内容已发表于《经济研究》2009 年第 4 期，Annals of Economics and Finance，2011 年第 2 期，Frontiers of Economics in China，2012 年第 1 期，《山西财经大学学报》2011 年第 7 期。

（续表）

技术外溢类型	技术外溢度量 w_1
最终产品补贴	$w_1=1-(1+\varepsilon)\frac{\alpha}{\alpha+\nu(1-\alpha)}$
一般新古典函数 非完全 Romer 型外溢	$w_1=\frac{\nu x f_2(1,x)}{f(1,x)-(1-\nu)x f_2(1,x)},x=K^{\nu}k^{-1}$
投资补贴	$w_1=1-\frac{1}{1-\varepsilon}\cdot\frac{f(1,x)-x f_2(1,x)}{f(1,x)-(1-\nu)x f_2(1,x)}$
最终产品补贴	$w_1=1-(1+\varepsilon)\frac{f(1,x)-x f_2(1,x)}{f(1,x)-(1-\nu)x f_2(1,x)}$
CD 函数 完全 Lucas-Romer 型外溢	$w_1=1-\alpha$
投资补贴	$w_1=1-\alpha/(1-\varepsilon)$
最终产品补贴	$w_1=1-\alpha(1+\varepsilon)$
一般新古典函数 完全 Lucas-Romer 型外溢	$w_1=\frac{f_2(1,1)}{f(1,1)}$
投资补贴	$w_1=1-\frac{1}{1-\varepsilon}\left[1-\frac{f_2(1,1)}{f(1,1)}\right]$
最终产品补贴	$w_1=-\varepsilon\left[1-\frac{f_2(1,1)}{f(1,1)}\right]+\frac{f_2(1,1)}{f(1,1)}$
CD 函数下非完全 Lucas-Romer 型外溢	$w_1=1-\frac{\alpha}{\alpha+\nu(1-\alpha)}$
投资补贴	$w_1=1-\frac{1}{1-\varepsilon}\frac{\alpha}{\alpha+\nu(1-\alpha)}$
最终产品补贴	$w_1=1-(1+\varepsilon)\frac{\alpha}{\alpha+\nu(1-\alpha)}$
一般新古典函数非完全 Lucas-Romer 型外溢	$w_1=\frac{\nu x f_2(1,x)}{f(1,x)-(1-\nu)x f_2(1,x)},x=k^{\nu-1}$
投资补贴	$w_1=1-\frac{1}{1-\varepsilon}\cdot\frac{f(1,x)-x f_2(1,x)}{f(1,x)-(1-\nu)x f_2(1,x)}$
最终产品补贴	$w_1=1-(1+\varepsilon)\frac{f(1,x)-x f_2(1,x)}{f(1,x)-(1-\nu)x f_2(1,x)}$

（续表）

技术外溢类型	技术外溢度量 w_1
R&D 型技术外溢	$w_1=1-\frac{1}{(1+\nu)^{1-\alpha}}$
研发补贴	$w_1=1-\frac{1}{(1-\varepsilon)^{1-\alpha}}\cdot\frac{1}{(1+\nu)^{1-\alpha}}$
物质资本投资补贴	$w_1=1-\frac{1}{(1-\varepsilon)^{\alpha}}\cdot\frac{1}{(1+\nu)^{1-\alpha}}$
最终产品补贴	$w_1=1-\frac{1+\varepsilon}{(1+\nu)^{1-\alpha}}$

表 7－2　各种技术外溢类型下度量 w_2 总结

技术外溢类型	技术外溢度量 w_2
CD 函数 非完全 Romer 型外溢	$w_2=1-K^{-\nu(1-\alpha)}$
投资补贴	$w_2=1-K^{-\nu(1-\alpha)}$
最终产品补贴	$w_2=1-K^{-\nu(1-\alpha)}$
一般新古典函数 非完全 Romer 型外溢	$w_2=1-\frac{f_1(k,1)}{f_1(k,K^{\nu})},x=K^{\nu}k^{-1}$
投资补贴	$w_2=1-\frac{f(1,k^{-1})-k^{-1}f_2(1,k^{-1})}{f(1,x)-xf_2(1,x)}$
最终产品补贴	$w_2=1-\frac{f(1,k^{-1})-k^{-1}f_2(1,k^{-1})}{f(1,x)-xf_2(1,x)}$
CD 函数下非完全 Lucas-Romer 型外溢	$w_2=1-k^{-\nu(1-\alpha)}$
投资补贴	$w_2=1-k^{-\nu(1-\alpha)}$
最终产品补贴	$w_2=1-k^{-\nu(1-\alpha)}$
一般新古典函数下完全 Lucas-Romer 型外溢	$w_2=1-\frac{f_1(k,1)}{f_1(k,k^{\nu})},x=k^{\nu-1}$

（续表）

技术外溢类型	技术外溢度量 w_2
投资补贴	$w_2=1-\frac{f(1,k^{-1})-k^{-1}f_2(1,k^{-1})}{f(1,x)-xf_2(1,x)}$
最终产品补贴	$w_2=1-\frac{f(1,k^{-1})-k^{-1}f_2(1,k^{-1})}{f(1,x)-xf_2(1,x)}$
R&D 型技术外溢	$w_2=(1+\nu)^{\alpha}-1$
研发补贴	$w_2=(1+\nu)^{\alpha}-1$
物质资本投资补贴	$w_2=(1+\nu)^{\alpha}-1$
最终产品补贴	$w_2=(1+\nu)^{\alpha}-1$

对技术外溢度量的探索基于市场经济和计划经济下的边际产品。基本思路是比较市场经济和计划经济下的收益率相对差异。但是不同模型的经济结构也很不相同，需要遵循“具体问题具体分析”的原则，并不存在统一的外溢度量表达形式。在 Romer 型、Lucas-Romer 型外溢经济中，完全技术外溢情况下，计划经济和市场经济的资本边际产品不同，均衡并不涉及资源结构问题，因此只需要比较两种均衡中的资本边际产品即可获知单位资本的私人收益和社会收益之间的相对差距。在非完全技术外溢情况下，尽管资本边际产品的表达形式在两类经济体制下是不同的，同稳态相一致的经济增长率要求市场经济收益率等于计划经济收益率，但是存在不同的资源结构。在这种情况下，直接比较两类经济体制下的收益率并不能揭示技术外溢的本质。社会计划者由于内部化技术外溢，会增加资本的投资水平。最终结果是资本水平上升导致收益率下降，但同时技术外溢的正面效应抵消了收益率下降的负面效应，使得总体收益率不变。要揭示这种技术外溢，只有在给定的资源配置结构下进行比较。在 R&D 技术外溢经济中，既推导了市场经济和计划经济两类均衡情况下的收益率相对差异，还推导了给定市场均衡下资源配置的收益率相对差异，从两个方面揭示 R&D 技术外溢的度量。

从表 7－1 和表 7－2 中可以看到，在 C-D 生产函数假设下，表达式都相对简单。Romer 型和 Lucas-Romer 型度量完全一样，其原因是后者为前者的无劳动力规模效应版本。即使是在相同的政府政策下，外溢度量也是相同。在 R&D 外溢经济中，由于模型引入了研发资本，因此政府政策多了研发补贴的方法。需要注意的是，投资补贴和最终产品补贴政策在 Romer 型和 Lucas-Romer 型经济中可以使经济达到帕累托最优，但在 R&D 经济中只能使经济以社会计划者的增长率增长，不能使两类资本的配置比例达到帕累托最优。相反，R&D 经济中只有研发补贴才能使经济达到帕累托最优。Romer 型、Lucas-Romer 型和 R&D 型技术外溢度量 w_1 的决定因素有：资本的产出弹性 α、外溢强度 ν 和政府补贴力度 ε，其理论表达形式如表 7－1所示。技术外溢度量 w_2 的决定因素有：资本的产出弹性 α、外溢强度 ν 和知识指标（Romer 经济中为资本存量 K，Lucas-Romer 经济中为人均资本 k），其理论表达形式如表 7－2 所示。C-D 函数下的外溢度量决定因素总结如表7－3 和表7－5 所示。

表 7－3　C-D 生产函数下非完全技术外溢度量 w_1 的决定因素

外溢度量决定因素	Romer 型	Lucas-Romer 型	R&D 型
资本产出弹性 α	是	是	是
技术外溢强度 ν	是	是	是
劳动力规模 L	否	否	否
技术指标（K 或 k）	否	否	否
政府补贴力度 ε	是	是	是

表 7－4　一般新古典生产函数下非完全技术外溢度量 w_1 的决定因素

外溢度量决定因素	Romer 型	Lucas-Romer 型
生产函数形式 f	是	是
技术外溢强度 ν	是	是
劳动力规模 L	是	否
技术指标（K 或 k）	是，（K）	是，（k）
政府补贴力度 ε	是	是

表 7-5　C-D 生产函数下非完全技术外溢度量 w_2 的决定因素

外溢度量决定因素	Romer 型	Lucas-Romer 型	R&D 型
资本产出弹性 a	是	是	是
技术外溢强度 ν	是	是	是
劳动力规模 L	否	否	否
技术指标(K 或 k)	是,(K)	是,(k)	否
政府补贴力度 ε	否	否	否

表 7-6　一般新古典生产函数下非完全技术外溢度量 w_2 的决定因素

外溢度量决定因素	Romer 型	Lucas-Romer 型
生产函数形式 f	是	是
技术外溢强度 ν	是	是
劳动力规模 L	是	否
技术指标(K 或 k)	是,(K)	是,(k)
政府补贴力度 ε	否	否

在一般新古典生产函数假设下,理论表达形式要稍微复杂。Romer 型技术外溢度量 w_1 的决定因素有:生产函数形式 f、外溢强度 ν、劳动力规模 L、知识指标(K)和政府补贴力度 ε。Lucas-Romer 型技术外溢度量 w_1 的决定因素有:生产函数形式 f、外溢强度 ν、知识指标(k)和政府补贴力度 ε。技术外溢度量 w_2 的决定因素有:生产函数形式 f、外溢强度 ν、劳动力规模 L(Romer 经济)和知识指标(Romer 经济中为资本存量 K,Lucas-Romer 经济中为人均资本 k)。一般新古典函数下的外溢度量决定因素的总结如表 7-4 和表 7-6 所示。

如果不对一般新古典生产函数进行具体函数形式的设定,理论分析和经验分析都无法进一步展开。出于简单化考虑,将对简单的C-D 生产函数下的 Romer 型、Lucas-Romer 型、R&D 型技术外溢进行经验推算。

7.2 Romer 型和 Lucas-Romer 型技术外溢推算

7.2.1 计量模型的设定和基础数据

在一般新古典生产函数形式下，Romer 型和 Lucas-Romer 型技术外溢度量的表达式都依赖于函数形式的具体假设，在没有明确的函数形式条件下，一般很难进一步分析。在 Cobb-Douglas 函数形式假设下，这些外溢度量有进一步简单的表示。但是，对于中国的物质资本投资而言，Romer 型和 Lucas-Romer 型技术外溢的具体数值到底多少呢？这一部分利用中国各地区数据对此进行经验分析，并且推算技术外溢导致的收益外溢到底有多少？

在 Romer 型外溢中，生产函数为

$$Y_i = AK_i^{\alpha}(K^{\nu}L_i)^{1-\alpha}\text{或者 } y_i = Ak_i^{\alpha}(K^{\nu})^{1-\alpha}$$

取对数可得到

$$\ln y_i = \ln A + \alpha \ln k_i + \nu(1-\alpha)\ln K \tag{7.1}$$

在 Lucas-Romer 型外溢中，生产函数为

$$Y_i = AK_i^{\alpha}(k^{\nu}L_i)^{1-\alpha}\text{或者 } y_i = Ak_i^{\alpha}(k^{\nu})^{1-\alpha}$$

取对数可以得到

$$\ln y_i = \ln A + \alpha \ln k_i + \nu(1-\alpha)\ln k \tag{7.2}$$

建立计量模型如下

$$LNYPW_{i,t} = b_{0i} + b_1 LNKPW_{i,t} + b_2 LNKALL_t + e_{i,t} \tag{7.3}$$

$$LNYPW_{i,t} = b_{0i} + b_1 LNKPW_{i,t} + b_2 LNKPER_t + e_{i,t} \tag{7.4}$$

$$a = \hat{b}_1, \nu = \hat{b}_2/(1-\hat{b}_1)$$

其中，$LNYPW$ 表示劳均地区生产总值的对数值，$LNKPW$ 表示劳均地区物质资本存量的对数值，全国各地区物质资本存量的估计数据来自张军等(2004)；$LNKALL$ 表示全国物质资本存量水平的对数值，根据张军等(2004)各地区物质资本存量进行每年加总获得；$LNKPER$ 表示全国物质资本存量的劳均水平，由全国物质资本存量除以每年的就业人数后取对数

获得。所有数据如果涉及价格因素，均折算为1998年不变价格。物质资本存量在张军等(2004)中以1952年不变价格计算。根据其列出的2000年物质资本存量在1952年价格和2000年价格下的数据，将物质资本存量数据推算成2000年不变价格下的数据，然后根据GDP折减指数转换成1998年不变价格，这样是为了和后面的R&D技术外溢参数校准情况进行对比。中国各地区省际面板范围中剔除了重庆，因为数据一致性问题，将重庆数据并入四川。时间维度为1993年～2005年。所有变量的定义和详细描述统计见表7-7。

表7-7 Romer和Lucas-Romer外溢：变量定义和描述统计

变量名	变量定义	Obs	Mean	Std. Dev.	Min	Max	原始单位
LNYPW	劳均GDP对数值	390	0.320 0	0.643 0	−1.129 6	2.255 1	1998年万元
LNKPW	劳均资本对数值	390	0.946 1	0.719 7	−0.626 7	3.008 2	1998年万元
LNKALL	全国资本对数值	390	11.969 9	0.474 5	11.189 6	12.756 1	1998年亿元
LNKPER	全国劳均资本对数值	390	0.912 8	0.447 6	0.183 8	1.628 5	1998年万元

注：1996年后的重庆数据归入四川，以保证数据一致性。物质资本存量数据来自张军等(2004)。上海财经大学的张学良博士把数据库的数据按照张军等(2004)的方法更新到2005年。海南经贸职业技术学院财经系的陈刚先生补充了西藏的数据。作者表示感谢。数据库下载地址：http://www.cces.fudan.edu.cn/UploadFile/Capital.rar

7.2.2 变量稳定性检验[①]

首先，对所有变量进行面板单位根检验，具体检验统计量有LLC，IPS，Fisher-PP和Fisher-ADF检验。检验结果见表7-8～表7-10。不难发现，变量*LNYPW*、*LNKPW*和*LNKPER*等水平项都不平稳，但是一阶差分项可以看作平稳变量，因此它们是I(1)过程。但是，*LNKALL*在一阶差分项检验中依然不平稳，必须在二阶差分项下才能平稳，因此*LNKALL*是I(2)过程。

① 感谢南京大学经济学院张茹硕士关于非平稳变量技术的建设性评论。

表 7－8　Romer 和 Lucas-Romer 外溢：单位根检验(水平变量)

	无常数项			带常数项			
方法	LLC	Fisher-ADF	Fisher-PP	LLC	IPS	Fisher-ADF	Fisher-PP
LNYPW	4.733 8	22.834 1	72.182 2	−2.974 2	5.432 7	64.734 6	85.178 6
	(1.000 0)	(1.000 0)	(0.134 7)	(0.001 5)	(1.000 0)	(0.315 0)	(0.018 0)
LNKPW	13.425 8	21.495 5	2.295 8	0.615 4	9.429 2	55.036 1	87.751 8
	(1.000 0)	(1.000 0)	(1.000 0)	(0.730 8)	(1.000 0)	(0.657 2)	(0.011 2)
LNKALL	10.424 8	2.055 7	0.006 0	20.856 6	21.960 6	0.006 0	2.953 5
	(1.000 0)	(1.000 0)	(1.000 0)	(1.000 0)	(1.000 0)	(1.000 0)	(1.000 0)
LNKPER	4.371 4	9.710 7	0.023 9	−3.971 4	4.644 1	11.759 8	13.316 3
	(1.000 0)	(1.000 0)	(1.000 0)	(0.000 0)	(1.000 0)	(1.000 0)	(1.000 0)

注：统计量下括号内数值为对应的 p—value。以下相同。

表 7－9　Romer 和 Lucas-Romer 外溢：单位根检验(一阶差分项)

	无常数项			带常数项			
方法	LLC	Fisher-ADF	Fisher-PP	LLC	IPS	Fisher-ADF	Fisher-PP
LNYPW	−2.705 9	64.144 9	65.332 0	−9.676 3	−6.354 4	144.663 0	163.005 0
	(0.003 4)	(0.333 4)	(0.296 8)	(0.000 0)	(0.000 0)	(0.000 0)	(0.000 0)
LNKPW	−1.192 1	48.639 4	56.818 4	−6.679 9	−4.249 6	114.780 0	148.956 0
	(0.116 6)	(0.852 9)	(0.592 7)	(0.000 0)	(0.000 0)	(0.000 0)	(0.000 0)
LNKALL	2.251 7	15.247 6	18.193 1	4.043 1	1.564 5	26.572 0	22.599 2
	(0.987 8)	(1.000 0)	(1.000 0)	(1.000 0)	(0.941 2)	(0.999 9)	(1.000 0)
LNKPER	−0.431 1	27.344 8	15.805 6	−15.152 4	−8.692 4	174.946 0	174.946 0
	(0.333 2)	(0.999 9)	(1.000 0)	(0.000 0)	(0.000 0)	(0.000 0)	(0.000 0)

表 7－10 Romer 外溢：单位根检验(二阶差分项)

方法	无常数项				带常数项		
	LLC	Fisher-ADF	Fisher-PP	LLC	IPS	Fisher-ADF	Fisher-PP
LNKALL	−7.802 1	118.210 0	107.620 0	−4.269 6	0.796 9	34.738 8	28.545 6
	(0.000 0)	(0.000 0)	(0.000 2)	(0.000 0)	(0.787 2)	(0.996 3)	(0.999 8)

7.2.3 面板协整检验

对于计量模型式(7.4)，所有变量都是一阶差分平稳，因此不能直接对其进行回归，需要进行协整性检验。检验方法采取 Pedroni(2004)，协整检验结果见表 7－11。尽管有一些统计量没有拒绝原假设，但是 Pedroni(2004)的大部分统计量都显示变量系统具有协整性，可以采用相应的协整估计方法进行参数估计。

表 7－11 Lucas-Romer 外溢：协整性检验

无常数项和时间趋势项				
Alternative hypothesis：common AR coefs.（within-dimension）				
	Statistic	Prob.	Weighted Statistic	Prob.
Panel v-Statistic	−4.068 6	0.000 1	−4.142 8	0.000 1
Panel rho-Statistic	2.036 3	0.050 2	2.042 5	0.049 6
Panel PP-Statistic	0.953 6	0.253 2	1.312 5	0.168 6
Panel ADF-Statistic	−0.158 2	0.394 0	−1.485 4	0.132 4
Alternative hypothesis：individual AR coefs.（between-dimension）				
Group rho-Statistic	2.863 7	0.006 6		
Group PP-Statistic	−3.871 9	0.000 2		
Group ADF-Statistic	−8.161 4	0.000 0		
带常数项				
Alternative hypothesis：common AR coefs.（within-dimension）				
	Statistic	Prob.	Weighted Statistic	Prob.
Panel v-Statistic	1.466 2	0.136 2	0.373 2	0.372 1

（续表）

Panel rho-Statistic	1.132 2	0.210 2	0.960 2	0.251 6
Panel PP-Statistic	－1.089 2	0.220 4	－1.839 9	0.073 4
Panel ADF-Statistic	－4.000 4	0.000 1	－4.628 6	0.000 0
Alternative hypothesis：individual AR coefs.（between-dimension）				
Group rho-Statistic	3.503 9	0.000 9		
Group PP-Statistic	－1.111 2	0.215 2		
Group ADF-Statistic	－4.826 8	0.000 0		
带常数项和时间趋势项				
Alternative hypothesis：common AR coefs.（within-dimension）				
	Statistic	Prob.	Weighted Statistic	Prob.
Panel v-Statistic	－1.719 5	0.091 0	－2.705 7	0.010 3
Panel rho-Statistic	3.563 3	0.000 7	3.378 5	0.001 3
Panel PP-Statistic	0.457 3	0.359 3	－1.051 1	0.229 6
Panel ADF-Statistic	－3.938 7	0.000 2	－5.252 3	0.000 0
Alternative hypothesis：individual AR coefs.（between-dimension）				
Group rho-Statistic	5.372 1	0.000 0		
Group PP-Statistic	－0.479 4	0.355 6		
Group ADF-Statistic	－5.203 7	0.000 0		

注：检验方法为 Pedroni(2004)。

7.2.4　技术外溢强度的校准

由于模型式(7.3)中 *LNYPW* 和 *LNKPW* 都是 I(1)过程，但 *LNKALL* 是一个 I(2)过程，因此无法构成协整系统。对该模型的估计方法采取传统的一阶差分法

$$\Delta LNYPW_{i,t} = b_1 \Delta LNKPW_{i,t} + b_2 \Delta LNKALL_t + \Delta e_{i,t} \tag{7.5}$$

为了比较，还直接对式(7.3)进行了固定效应和随机效应估计，结果见表 7-12。其中，列(1)为固定效应估计结果，列(2)为随机效应估计结果。通过 Hausman 检验，固定效应估计结果更为可靠。在固定效应估计结果中，所有系数估计值都非常显著，根据回归系数推算的技术外溢参数 ν 为

0.594 2。但是由于变量不平稳可能会对结果产生虚假回归的嫌疑，因此还需要进行差分回归。表中列(3)列出了一阶差分回归模型式(7.5)的估计结果。尽管估计系数都在1%水平上显著，但是估计值有一些差别。根据估计值推算的Romer型技术外溢强度参数 $\nu=0.5415$。

表7-12　Romer外溢强度估计

变量	列(1) 固定效应估计	列(2) 随机效应估计	列(3) 一阶差分系统估计
LNKPW	0.447 3***	0.519 4***	
	(0.026 7)	(0.025 8)	
LNKALL	0.328 4***	0.263 3***	
	(0.024 8)	(0.024 0)	
Δ*LNKPW*			0.508 4***
			(0.026 1)
Δ*LNKALL*			0.266 2***
			(0.024 6)
_cons	−4.034 0***	−3.323 3***	
	(0.272 0)	(0.266 1)	
Implied ν	0.594 2	0.547 9	0.541 5
N	390	390	360
Hausman	102.642 9		
p-value	0.000 0		

注：括号内的值为标准差，Δ表示一阶差分项。* $p<0.1$，** $p<0.05$，*** $p<0.01$

Lucas-Romer型技术外溢系统采用OLS、FMOLS和DOLS方法进行协整估计。估计结果见表7-13。从表中不难看到，传统的OLS估计结果中所有系数都在1%水平上显著，Lucas-Romer型技术外溢参数 $\nu=0.6639$。但是Kao and Chiang(2000)认为传统OLS和FMOLS估计方法都存在偏差，只有动态最小二乘法(DOLS)才具有最好的估计结果。从FMOLS估计结果看，*LNKPER* 的系数在1%水平上显著为负值−0.448 8，$\nu=-3.3949$，结果有些不可思议。遗憾的是，Kao和Chiang(2000)建议的DOLS估计结果也不理想，虽然系数都为1%水平上显著，但 *LNKPER* 的系数为

−0.088 2，ν=−0.710 7。对于Lucas-Romer型外溢模型而言，ν是一个[0,1]区间内的正值，因此回归结果和假设矛盾。

表7-13 Lucas-Romer外溢强度的协整估计

变量	OLS	FMOLS	DOLS
LNKPW	0.440 9	0.867 8	0.875 9
	(17.178 5)	(20.755 7)	(17.458 1)
	(0.000 0)	(0.000 0)	(0.000 0)
LNKPER	0.354 4	−0.448 8	−0.088 2
	(14.065 2)	(−10.805 5)	(−1.770 5)
	(0.000 0)	(0.000 0)	(0.038 9)
R^2	0.980 5	0.715 8	0.568 5
implied ν	0.633 9	−3.394 9	−0.710 7

注：系数估计值下方第一个括号内为对应的t统计量，第二个括号内为p-value。DOLS估计中前瞻项和滞后项长度都取1。利用GAUSS6软件估计。

如果ν为负，表示钓鱼效应超过了技术外溢效应。但是，整体技术水平越高反而会遏止技术创新似乎同现实经济并不吻合。一个现实证据是以专利数据为代表的技术创新不断上升，似乎并没有下降的趋势(见第7.3.2节的图7-3)。参数ν为负的另一个原因可能来自中国的特殊国情。例如，更高的全国人均资本除了反映更高的知识和技术水平以外，在中国也可能反映了其他地区和该地区之间的资源竞争能力上升。*LNKPER*对*LNYPW*具有显著负效应可能是因为中国独特的分权财政体制导致各地方政府为了自身的业绩和政治晋升目标争夺有限资源，推行地方保护主义，促进本地区的GDP增长率上升，同时使本地区的税基最大化。对于一个贫穷地区和一个富裕地区，富裕地区由于基础设施完备，信息通畅，交易成本较低，因此投资往往向这些经济发达地区集聚，造成该地区人均资本上升，同时也促进了该地区的人均产出上升。在地方政府之间竞争的情况下，发达地区周围的相对贫穷会使资源更加汇集到发达地区。可以想象，如果周围地区都是发达地区，那么资源的争夺将会是非常激烈，例如，江苏和上海之间。上海在走向现代国际金融中心的同时，却不肯容忍制造业向江苏进行转移。这种竞争效应也同时反映在*LNKPER*的系数上。

因此，$LNKPER$ 系数为负可能有三个原因：第一，钓鱼效应超过了技术外溢效应，净效应为负，但该解释不具有说服力；第二，存在 Lucas-Romer 型技术外溢，但是这种技术外溢对产出的正面影响被中国地区竞争效应掩盖，最后的净效应为负；第三，Lucas-Romer 型技术外溢不显著，$LNKPER$ 主要体现了中国地区竞争效应。

7.2.5 Romer 型技术外溢的度量推算

由于 Lucas-Romer 型技术外溢参数 ν 在中国的国情下并不完全反映技术外溢，还反映地区竞争，因此没有办法仅仅计算技术外溢导致的收益外溢程度。这里只对 Romer 型技术外溢导致的收益外溢进行推算。根据前文理论分析，收益外溢比例为

$$w_1 = 1 - \frac{a}{a + \nu(1-a)}$$

$$w_2 = 1 - K^{-\nu(1-a)}$$

在 $\nu = 0.541\,5$ 的条件下，只需知道资本的产出弹性 α 就可以计算 w_1，如果知道资本存量，也可以计算 w_2。但是，每个地区的资本存量都不同，因此计算每个地区的资本存量水平下的 w_2 并无多大意义。相反，对一定范围内的资本存量进行数值模拟更有价值。

在计算外溢指标时，首先需要获得中国物质资本的产出弹性 α。对于 α 的估计，差分系统估计结果为 $\alpha = 0.508\,4$。还有其他一些很有影响力的估计文献（Chow，1988；Chow，1993；Chow，2008；Chow and Li，2002；Chow and Lin，2002；Heytens and Zebregs，2003；Lau and Brada，1990；OECD，2005；Wang and Meng，2001；郭庆旺和贾俊雪，2005；吕冰洋，2008；谢千里等，2008；邹至庄，2005；郑京海等 2008）。这些文献所估计的资本产出弹性在 0.40～0.85，均值为 0.60，密度分布情况如图 7－1 所示。从图 7－1 中可以看到，各类文献对于资本产出弹性的估计值分布接近正态分布，取其均值作为资本产出弹性的估计具有一定代表性意义。表 7－14 列出了这些文献估计值和本书估计值下的 w_1 推算值。在本书的资本产出弹性估计下，Romer 型技术外溢导致收益外溢约 34％；和在其他文献的资本产出弹性估计均值下，Romer 型技术外溢导致收益外溢约 27％。

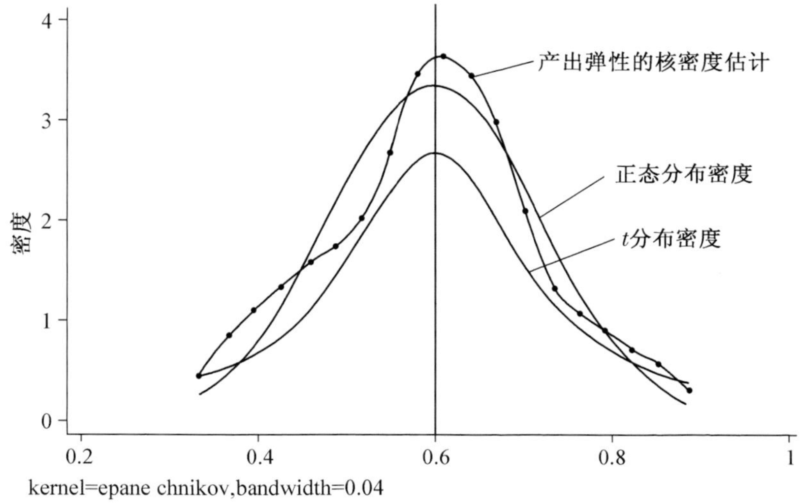

图7-1　资本产出弹性估计值的分布

表7-14　Romer外溢度量推算

文献	α	w_1
Chow & Li(2002)	0.628	24.28%
Chow & Lin(2002)	0.647	22.80%
Chow(1988)	0.602	26.36%
Chow(1993)上限	0.640	23.34%
Chow(1993)下限	0.538	31.74%
邹至庄(2005)	0.647	22.80%
Chow(2008)	0.601	26.44%
Heytens & Zebregs(2003)	0.643	23.11%
Lau & Brada(1990)	0.422	42.58%
OECD(2005)	0.526	32.79%
Wang & Meng(2001)	0.433	41.48%
郭庆旺和贾俊雪(2005)上限	0.784	12.98%
郭庆旺和贾俊雪(2005)下限	0.692	19.42%
吕冰洋(2008)	0.555	30.27%
谢千里等(2008)	0.381	46.80%

（续表）

文献	α	w_1
郑京海等(2008)建议	0.500	35.12%
郑京海等(2008)上限	0.726	16.97%
郑京海等(2008)下限	0.842	9.22%
均值	0.600	26.52%
本书估计值	0.5084	34.36%

注：ν=0.541 5。

表 7－15 中列出了张军等(2004)的物质资本存量估计数据的描述统计，最大为 323 88 亿元，最小为 112 亿元，均值在 5 876 亿元。图 7－2 绘制了在样本区间内资本产出弹性分别为 0.508 4 和 0.600 0 下 Romer 型技术外溢度量 w_2 的图像。在均值 587 6 亿元处，w_2＝0.9(α＝0.508 4)和 w_2＝0.847(α＝0.6)。

表 7－15　各地区资本存量的描述统计

Variable	Obs	Mean	Std. Dev.	Min	Max
K	390	5 876.046 0	5 509.331 0	111.925 6	32 388.930 0

注：资料来源：张军等(2004)。

需要指出的是，本书对 Romer 型和 Lucas-Romer 型技术外溢度量的经验估计只是一种尝试性探索，就理论模型本身而言，还具有很多不理想的地方。例如，Romer 型技术外溢度量 w_2 同物质资本存量的绝对量有关系，甚至采用不同的计量单位都会改变技术外溢的度量，因此，对经验估计结果的解释需要非常谨慎。同 R&D 型技术外溢指标相比，Romer 型和 Lucas-Romer 型技术外溢度量的性质显然不如 R&D 型技术外溢指标的性质良好。

采用校准的参数 α＝0.508 4 和现有文献估计 α 的估计均值 0.6 模拟的 Romer 型 w_2，在各地区物质资本存量均值 5 876 亿元的情况下，w_2＝0.9(α＝0.508 4)和 w_2＝0.847(α＝0.6)。

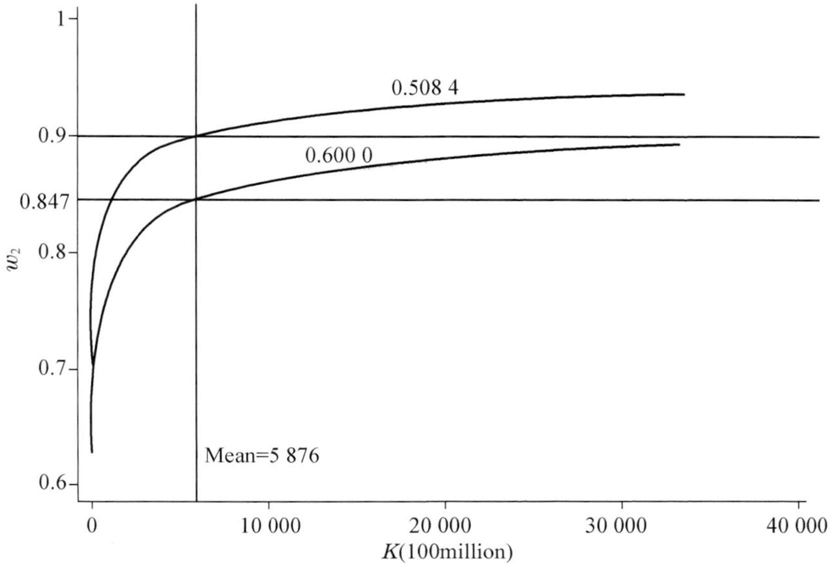

图 7－2　Romer 型技术外溢度量 w_2

7.3　R&D 型技术外溢强度的校准①

7.3.1　计量模型的设定

本节利用中国各地区和各行业的外资企业和内资企业的数据来估计两类企业之间的 R&D 型技术外溢强度，并在一定条件下估算 R&D 型技术外溢对经济收益率的影响。从理论分析可以看出，估计中国 R&D 型技术外溢的影响主要在于对技术研发函数的估计，一旦有了研发函数中技术研发效率 ξ 和 R&D 型技术外溢强度 ν 的估计值，就可以很容易估算 w_1 和 w_2 的大小。

根据式(6.18)的研发函数，可以建立下面的面板计量模型

EQ1：$$TECH_{it}=b_{00i}+b_{02}RD_{it}+u_{it} \tag{7.6}$$

EQ2：$$TECH\_J_{it}=b_{10i}+b_{11}RD\_J_{it}+b_{12}RD_{it}+e_{it} \tag{7.7}$$

① 感谢林毅夫发展论坛(2009)的讨论者们的建设性评论。

$$EQ3:\quad TECH\_J_{it}=b_{20i}+b_{21}RD\_J_{it}+b_{22}RD\_\overline{J}_{it}+z_{it} \tag{7.8}$$

其中,下标 i 表示地区或者行业截面单位,t 表示年份;J 代表企业类型,外资企业取 F,内资企业取 D;$\overline{J}$ 表示非 J 类企业。假设在统计口径中的非外资类企业都是内资企业。如果 $J=F$,那么 $\overline{J}=D$。$TECH\_J_{it}$ 是第 J 类企业的技术水平,$TECH_{it}$ 是总体技术水平,RD_J_{it} 表示第 J 类企业的人均研发资本存量水平,RD_{it} 表示两类企业人均研发资本存量的总体平均水平。u_{it}、e_{it} 和 z_{it} 是平稳随机扰动过程。

从理论上看,模型式(7.7)和式(7.8)的参数 b_{11}、b_{12}、b_{21} 和 b_{22} 都为非负。如果 b_{11} 和 b_{21} 在统计上显著,表明 J 类企业自身的研发活动对于自身的技术水平在统计上有显著影响,如果 b_{11} 和 b_{21} 在统计上不显著,则其技术水平的提高要么不依赖于自身的研发努力,要么自主研发并没有受到足够重视。如果 b_{12} 在统计上显著,表明经济的 R&D 型技术外溢特征显著,反之则 R&D 型技术外溢统计上不显著。b_{22} 的含义可以做类似解释。根据计量模型式(7.7)的估计结果,就可以推测研发函数的参数 x 和 ν,具体如下

$$\hat{x}=\hat{b}_{11},\hat{\nu}=\hat{b}_{12}/\hat{b}_{11} \tag{7.9}$$

但是,该方法会出现一个潜在的问题:如果 $\hat{b}_{11}$ 在统计上不显著异于零,表明 J 类企业的研发资本存量对自身技术水平的影响不显著,在这种情况下,如何推测 $\hat{\nu}$? 如果将内资和外资两类企业看作一个整体,内资和外资企业之间的 R&D 型技术外溢就内部化了。通过把整体技术水平 $TECH_{it}$ 对整体人均研发资本存量 RD_{it} 进行回归,即模型式(7.6),可获得整体的平均技术研发效率的估计

$$\hat{\hat{x}}=\hat{b}_{02} \tag{7.10}$$

在得不到式(7.9)中 $\hat{x}$ 的情况下,用上式平均意义上的研发效率估计值替代式(7.9)中的 $\hat{b}_{11}$,来推算研发函数的外溢强度参数 $\hat{\nu}$,不失为一种可行替代方案。如果 $\hat{b}_{02}$ 在统计上也不显著,则表明中国的技术水平和研发资本存量或许就没有什么相关性,或者表明中国的研发资本存量可能并没有在通常的意义上从事研发活动,因此对于技术水平而言也没有确定的影响。

国际上一些研究人员(Coe and Helpman, 1995; Lichtenberg and Pottelsberghe de la Potterie, 1998; Kao, Chiang and Chen, 1999)曾采用对外溢来源变量和相应的进口贸易变量的交叉项来反映国际贸易对 R&D 型技术外溢的影响。确实,国际贸易对于技术的跨国外溢不可忽视。然而,

本书的理论模型并没有考虑国际贸易的影响。这种忽略导致的结果是贸易对经济的外溢作用会体现为研发效率的上升，即同等条件下，国际贸易的R&D型技术外溢特征使得研发更可能成功，技术水平上升更快。因此，计量模型式(7.6)～式(7.8)的系数会夹带了国际贸易的贡献。但是，本书所关注的关键研发参数 ν 的估计值却不会因此而受影响。这是因为式(7.9)中的 $\hat{\nu}$ 是两个系数之比，国际贸易对研发效率的影响会由于计算而消除，所以无论国际贸易对研发效率有什么影响，最终的R&D型技术外溢强度 $\hat{\nu}$ 在理论上并不受影响。

7.3.2　基础数据

数据主要来自历年《中国科技统计年鉴》和《中国经济普查年鉴—2004》大中型工业企业的资料。对于计量模型式(7.6)～式(7.8)中的被解释变量——技术水平①，Keller(2004)认为通常可以从三个角度进行度量：从研发投入角度度量，从研发产出角度度量，从技术的效果度量。从研发投入角度度量的内在逻辑其实就是本书的技术研发函数所表达的内容。一个企业在投入一定量的研发资源情况下，会获得一定的技术，研发投入越多，技术水平会越高。但是，该角度是在得不到技术水平的情况下，根据研发技术函数的逻辑可以认为用研发投入来代理技术水平。本书的技术函数已经表示了这种逻辑，在解释变量中已经出现了人均研发资本存量。如果再用研发投入作为技术水平的代理，必定会出现循环逻辑：研发经费或研发资本存量对研发资本存量进行回归，大家对这种回归显然不会产生兴趣。

从技术效果角度度量就是采用全要素生产率。通常来说，技术越高，TFP就会越高。但是，采用TFP会出现黑箱问题。这是因为TFP是一个导出指标，里面包含了技术以外的许多其他因素，包括制度因素。当技术以外的因素对TFP影响不严重时，可以考虑采用TFP作为技术的度量。但是在中国，制度变迁的作用可能非常巨大。蒋殿春和张宇(2008)甚至发现控制制度变迁后FDI的R&D型技术外溢可能消失。所以TFP在中国可能不是技术水平的最佳选择。如果考虑对TFP指标进行改进，推导出适合

---

① 感谢《经济研究》匿名审稿人对技术变量选择的评论。

中国国情的衍生 TFP 指标,这倒是一个非常有希望的研究方向。但是这会使研究的触角延伸到 TFP 领域,偏离了本书讨论的主题。因此,TFP 也不是技术水平的良好代理。

从研发产出角度度量技术水平,就是采用专利数据。根据本书的技术函数,技术 TECH 是一个技术产出变量,使用专利数据可能比较合理。[①]但是,利用专利数据来反映技术水平确实存在很多问题。其中最常见的是两类问题:第一是有技术不公开,即并不是所有的新技术都会申报专利。对于很多商业研发活动,其成果如果申请专利保护,那么技术秘密就必须对社会公开。这样自己的竞争对手就会获得自己的技术成果。虽然对方无法使用该专利成果为自己谋取利益,但是对于同样强大的竞争对手而言,获取自身的技术秘密为其开发下一代新产品提供了契机。竞争对手会因此而超越自身。如果不公开技术秘密,竞争对手要超越自己必须花费巨大的研发成本和一定研发周期自己攻克难题。在成本和时间上的花费,可以有效拖延竞争对手的研发进展,从而为自身的进一步研发获得契机。这也是很多商业研发活动最终获得成果后不愿申请专利的原因。如果出现这样的情况,外资企业的专利数据看起来很低,但技术水平可能并不低。这种隐蔽性技术由于数据受限制,至今为止也没有很好的指示指标。

第二类是有技术不使用,即外资企业母公司本身拥有较高的技术水平(通常情况下确实如此),但是在华分支机构仅仅从事加工贸易,而不采用这些高技术进行核心部件生产,也没有研发动力,导致分支机构的专利数据较低。外资这样做的目的无非是把技术秘密控制在母公司手中,尽量避免先进技术在中国当地的扩散。这种情况下,专利数据确实不能反映跨国公司母公司的技术水平。如果我们把专利数据看作是在华分支机构的技术水平度量,而不是其母公司的技术水平度量,专利数据还是具有良好代表性。毕竟,一个永不使用先进技术的分支机构,本质上和一个没有先进技术的企业没有多大差别。

尽管专利数据的代表性还是存在很多问题,但是我们还是可以从专利数据中获得对技术水平的大致了解。从平均意义上看,专利越多的国家,其技术水平越高。排除各种随机冲击因素和不可控因素,使用专利数据毕竟

---

① 感谢中国人民大学张杰关于专利数据的建设性评论。

还能从某种角度揭示技术状况。只要在推断结论时，心中牢记专利数据也有各种问题，不能把结论绝对化。统计资料中专利数据主要有三类：专利申请数、发明专利数和拥有发明专利数。但是，时间维度能追溯至 1998 年的只有专利申请数。为了使样本尽可能增大，本书采用数据比较完备的大中型工业企业专利申请数作为技术水平的代理变量。

人均研发资本存量等于研发资本存量除以当年年末从业人员数，其中研发资本存量根据历年的研究和发展(R&D)经费支出，采用永续盘存法计算，具体为

$$RDK_t=(1-d)RDK_{t-1}+RDI_{t-1}$$

其中 d 为研发资本存量 RDK_t 的折旧率，RDI_{t-1} 为 $(t-1)$ 期的研发经费支出。利用永续盘存法计算研发资本存量需要首年的数据。本书采用 Coe and Helpman(1995)对首期研发资本存量的推算法。推算的基本原理是假设首期研发资本存量是从过去无穷远时点至今的研发支出积累的结果。即

$$RDK_0=RDI_{-1}+(1-d)RDI_{-2}+(1-d)^2RDI_{-3}+\cdots$$

由于 $RDI_{-t}/RDI_{-t-1}=1+g$，上面的无穷级数和可以写成

$$RDK_0=RDI_{-1}/[1-(1-d)/(1+g)]=RDI_0/(g+d)$$

其中，g 是研发支出的增长率。中国总量水平上的研发支出数据始于 1991 年，因此采用 1991～1998 年总量研发支出几何平均增长率 9.44%作为研发支出的增长率数据。1998～2006 年的总计口径的研发支出数据可以获得，但外资企业口径数据并不齐全。对缺失的外资企业数据按比例推算，推算比例为研发支出占科技经费内部支出比例的平均值。另外研发资本存量的折旧率采用 15%。内资企业的人均研发资本存量根据内资企业研发资本存量和从业人员数计算，内资企业的研发资本存量、从业人员数和专利申请数则采用总计口径数据减去外资企业数据获得。

所有变量的含义解释见表 7-16。描述统计见表 7-17。图 7-3 和图 7-4 分别描绘了各地区专利申请数和人均研发资本存量的截面均值随时间维度的变化过程。图 7-5 和图 7-6 描绘了各行业专利申请数和人均研发资本存量的截面均值随时间维度的变化过程。从 1998～2006 年的时间范围内，专利申请数的绝对量始终是内资企业占优势，而且从曲线的斜率变化也可以发现，外资企业变化比内资企业要平缓。从人均研发资本存量变

表 7－16　R&D 外溢：变量定义

变量名	含义	单位
TECH	总体技术水平，采用专利申请数	项
TECH_F	外资企业技术水平，采用外资企业专利申请数	项
TECH_D	内资企业技术水平，采用内资企业专利申请数	项
TECH_J	第 *J* 类企业技术水平，*J*＝*F*，*D*	项
RD	人均研发资本存量	百元
RD_F	外资企业人均研发资本存量	百元
RD_D	内资企业人均研发资本存量	百元
RD_J	第 *J* 类企业人均研发资本存量，*J*＝*F*，*D*	百元

表 7－17　R&D 外溢：变量描述统计

变量名	观察值	均值	标准差	最小值	最大值
地区数据					
TECH	261	993.796 9	2 031.374 0	5	20 466
TECH_F	261	272.279 7	757.224 0	0	733 8
TECH_D	261	721.517 2	1 358.243 0	5	13 128
RD	261	49.306 1	38.805 2	3.437 4	240.393 5
RD_F	261	60.583 1	71.658 3	0.000 0	463.176 4
RD_D	261	49.048 2	43.169 7	3.417 0	287.003 8
行业数据					
TECH	333	781.855 9	1 837.917 0	0	19 886
TECH_F	333	213.427 4	711.223 3	0	7 784
TECH_D	333	568.428 5	1 193.114 0	0	12 102
RD	333	48.461 3	51.216 5	1.415 3	312.262 1
RD_F	333	66.606 4	182.206 3	0.000 0	2 578.617 0
RD_D	333	56.679 7	86.132 1	0.000 0	780.740 8

注：由于数据缺乏原因，地区截面剔除西藏和新疆，行业截面剔除“其他采矿业”。

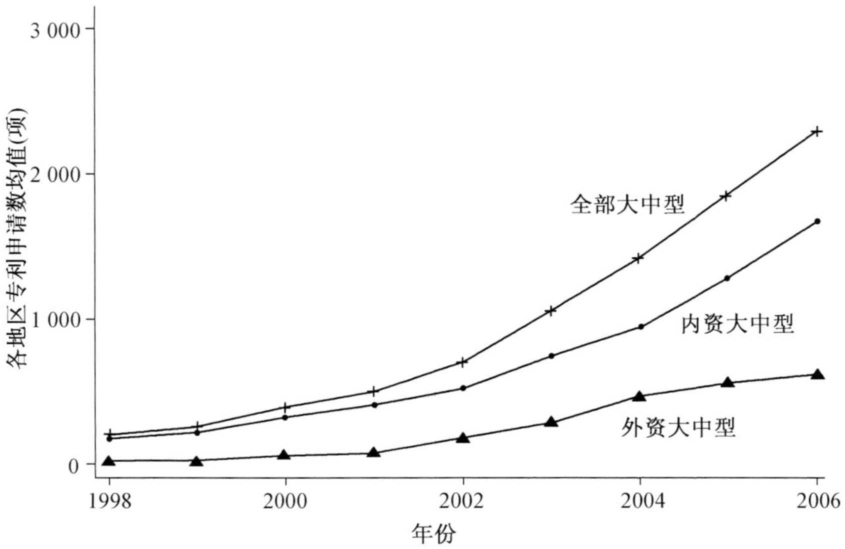

图 7－3　中国各地区专利申请数均值变化趋势(项)

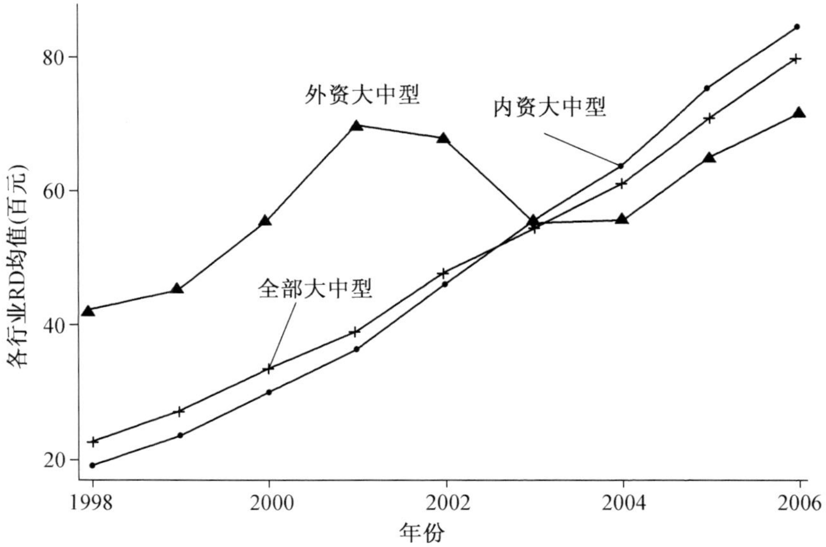

图 7－4　中国各地区人均研发资本均值年变化趋势(折旧率 15%)

化趋势可以看到,外资企业的人均研发资本在 2003 年以后开始低于内资企业,研发力度有所下降,而内资企业则呈迅猛发展态势。

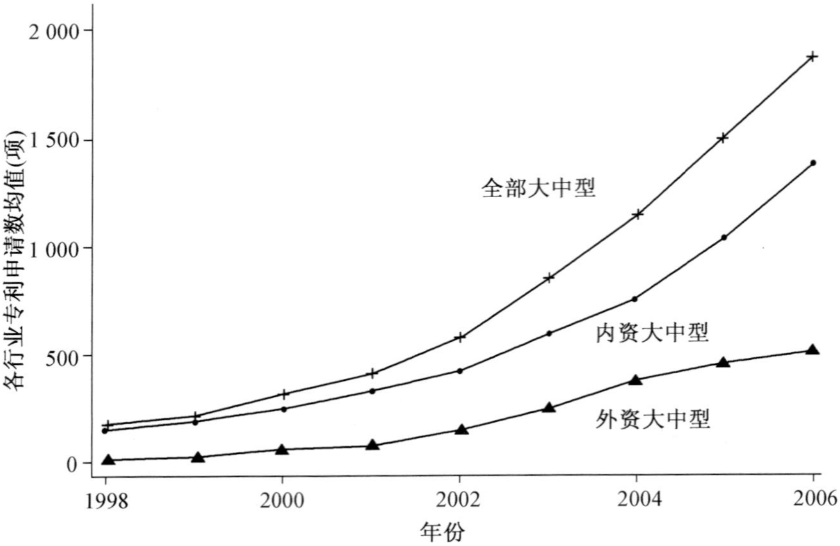

图 7－5　中国各行业专利申请数均值变化趋势(项)

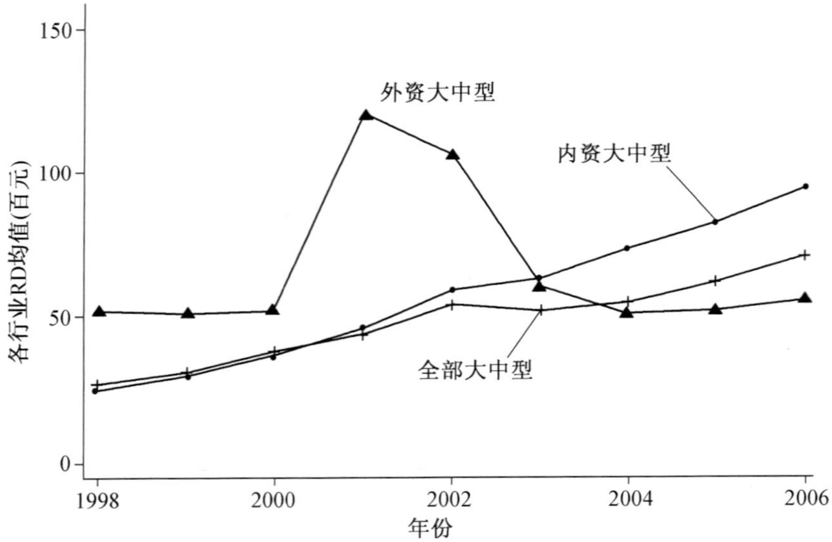

图 7－6　中国各行业人均研发资本均值年变化趋势(折旧率 15%)

根据前文的计量模型，下面运用中国分地区分行业的内资和外资数据分析 R&D 型技术外溢状况，并对内资和外资企业之间的 R&D 型技术外溢进行量化。所有数据均采用生产者出厂价格指数调整为实际值，以 1998 年价格为基准。样本面板的时间范围为 1998～2006 年，因数据缺失原因，地区截面范围为剔除西藏和新疆后的中国 29 个省市，行业截面范围为剔除“其他采矿业”后的所有 37 个行业。

7.3.3　变量检验

7.3.3.1　面板单位根检验

从前面的时间走势图可以直观地推测专利申请数和人均研发资本存量的均值都不是稳定过程，有必要对本书的面板进行面板单位根检验和协整检验。Baltagi 和 Kao (2000)对面板单位根检验进行回顾，其中提到的面板单位根检验的方法常用的有 Hadri(2000)，LLC(Levin, Lin and Chu, 2002)，IPS(Im, Pesaran and Shin, 2003)，以及 Fisher-ADF 和 Fisher-PP (Choi, 2001; Maddala and Wu, 1999)。其中前两项检验都把整个面板看作一个整体，检验面板整体是否具有一个共同的单位根。但它们的原假设有差别：Hadri(2000)原假设为不存在共同单位根，LLC 原假设为存在共同单位根。然而，这两种方法对于只有部分截面存在单位根的情况则无法处理。如果担心只有部分截面存在单位根的情况，那么就要借助 IPS、Fisher-ADF 和 Fisher-PP 法来检验，它们具有共同的原假设：存在面板单位根，备择假设为部分截面存在单位根。

但是这些检验方法并不是没有问题。Breitung 和 Pesaran(2005)分析了这些方法的缺陷，认为所有的检验都会有偏差，但 LLC 的偏差较小。另外 Hadri(2000)认为在小样本情况下非常不可靠，因为其 KPSS 统计量的均值和方差并没有进行小样本调整。本书的检验结果也体现了这一点，即在所有的情况下 Hadri(2000)都拒绝了原假设。相反，LLC 和 IPS 对于时间维度较小的情况进行了校正，因此相对可靠。Baltagi 和 Kao(2000)还比较了小样本情况下几种检验方法，认为经过样本容量调整后，Fisher 检验的功效甚至超过了 IPS；另外所有检验一旦包括时间趋势，则检验功效立刻显著下降。

基于这些考虑，本书运用 LLC，IPS，Fisher-ADF 和 Fisher-PP 法对所有变量进行面板单位根检验。表 7－18～表 7－21 列出了地区数据各变量

表 7－18　R&D 外溢：单位根检验(地区数据水平变量，不含常数项检验)

变量名	LLC	Fisher-ADF	Fisher-PP
TECH	－0.064 5	37.341 6	22.131 7
	(0.474 3)	(0.990 5)	(1.000 0)
TECH_F	1.705 3	57.474 3	55.715 3
	(0.955 9)	(0.494 8)	(0.560 7)
TECH_D	－0.676 2	34.838 5	21.796 5
	(0.249 5)	(0.996 2)	(1.000 0)
RD	21.718 1	13.335 1	3.604 6
	(1.000 0)	(1.000 0)	(1.000 0)
RD_F	0.923 7	35.733 4	37.392 3
	(0.822 2)	(0.990 6)	(0.983 8)
RD_D	23.992 0	14.677 3	2.246 9
	(1.000 0)	(1.000 0)	(1.000 0)

注：表中括号内为统计量的 p 值。以下相同。

表 7－19　R&D 外溢：单位根检验(地区数据水平变量，含常数项检验)

变量名	LLC	IPS	Fisher-ADF	Fisher-PP
TECH	－15.909 9	2.041 6	37.961 9	24.945 7
	(0.000 0)	(0.979 4)	(0.988 3)	(1.000 0)
TECH_F	0.730 0	2.913 1	44.871 3	43.553 1
	(0.767 3)	(0.998 2)	(0.896 6)	(0.920 6)
TECH_D	－18.670 4	2.032 3	37.114 6	25.241 6
	(0.000 0)	(0.978 9)	(0.991 2)	(1.000 0)
RD	10.221 4	9.928 3	20.366 4	29.175 2
	(1.000 0)	(1.000 0)	(1.000 0)	(0.999 7)
RD_F	5.933 2	5.647 3	59.110 1	46.246 6
	(1.000 0)	(1.000 0)	(0.434 8)	(0.867 0)
RD_D	10.267 2	9.694 3	24.234 2	28.580 4
	(1.000 0)	(1.000 0)	(1.000 0)	(0.999 8)

表 7－20　R&D 外溢:单位根检验(地区数据一阶差分变量,不含常数项检验)

变量名	LLC	Fisher-ADF	Fisher-PP
TECH	－24.355 1	147.418 0	151.335 0
	(0.000 0)	(0.000 0)	(0.000 0)
TECH_F	－12.984 4	241.057 0	274.063 0
	(0.000 0)	(0.000 0)	(0.000 0)
TECH_D	－26.138 3	147.893 0	152.412 0
	(0.000 0)	(0.000 0)	(0.000 0)
RD	0.784 6	77.997 2	75.976 8
	(0.783 6)	(0.059 1)	(0.079 9)
RD_F	－3.097 5	214.994 0	251.926 0
	(0.001 0)	(0.000 0)	(0.000 0)
RD_D	0.821 0	72.370 7	76.638 7
	(0.794 2)	(0.131 4)	(0.072 5)

表 7－21　R&D 外溢:单位根检验(地区数据一阶差分变量,含常数项检验)

变量名	LLC	IPS	Fisher-ADF	Fisher-PP
TECH	－29.415 9	－5.955 0	121.942 0	160.862 0
	(0.000 0)	(0.000 0)	(0.000 0)	(0.000 0)
TECH_F	－14.689 0	－7.112 0	172.902 0	196.929 0
	(0.000 0)	(0.000 0)	(0.000 0)	(0.000 0)
TECH_D	－31.211 1	－6.518 9	129.419 0	146.509 0
	(0.000 0)	(0.000 0)	(0.000 0)	(0.000 0)
RD	－5.292 6	－0.831 6	86.021 9	88.663 3
	(0.000 0)	(0.202 8)	(0.015 5)	(0.009 5)
RD_F	4.786 4	－0.121 5	139.527 0	183.780 0
	(1.000 0)	(0.451 6)	(0.000 0)	(0.000 0)
RD_D	－4.367 4	－0.974 4	94.203 2	97.366 9
	(0.000 0)	(0.164 9)	(0.003 2)	(0.001 6)

的水平项和一阶差分项的单位根检验结果，并且分别考虑了不含常数项检验和含有常数项检验。由于前述原因，所有的检验都不带时间趋势项。表7－22～表7－25为行业数据单位根检验结果。从表中结果不难看出，水平变量基本上都存在面板单位根，一阶差分变量则不再存在面板单位根，因此可以认为所有的变量是I(1)过程。

表7－22　R&D外溢：单位根检验（行业数据水平变量，不含常数项检验）

变量名	LLC	Fisher-ADF	Fisher-PP
TECH	17.723 6	25.691 8	21.071 5
	(1.000 0)	(1.000 0)	(1.000 0)
TECH_F	5.413 5	47.082 8	44.634 5
	(1.000 0)	(0.887 7)	(0.930 8)
TECH_D	12.641 1	20.568 4	19.723 2
	(1.000 0)	(1.000 0)	(1.000 0)
RD	20.031 9	13.317 9	11.790 5
	(1.000 0)	(1.000 0)	(1.000 0)
RD_F	−1.929 0	105.554 0	109.006 0
	(0.026 9)	(0.003 9)	(0.002 0)
RD_D	18.293 9	20.066 5	19.654 7
	(1.000 0)	(1.000 0)	(1.000 0)

表7－23　R&D外溢：单位根检验（行业数据水平变量，含常数项检验）

变量名	LLC	IPS	Fisher-ADF	Fisher-PP
TECH	12.522 1	10.108 1	29.354 9	23.398 7
	(1.000 0)	(1.000 0)	(1.000 0)	(1.000 0)
TECH_F	2.687 7	3.407 3	58.694 0	60.347 2
	(0.996 4)	(0.999 7)	(0.523 6)	(0.463 1)
TECH_D	10.368 5	11.480 2	33.053 4	31.267 6
	(1.000 0)	(1.000 0)	(1.000 0)	(1.000 0)
RD	9.752 2	7.124 4	42.460 2	58.483 6
	(1.000 0)	(1.000 0)	(0.998 8)	(0.906 8)

（续表）

变量名		LLC	IPS	Fisher-ADF	Fisher-PP
RD_F		−4.254 2	−2.185 3	95.569 9	77.121 3
		(0.000 0)	(0.014 4)	(0.022 9)	(0.261 6)
RD_D		7.704 9	7.087 9	44.563 2	49.819 2
		(1.000 0)	(1.000 0)	(0.997 3)	(0.986 1)

表 7－24　R&D 外溢：单位根检验（行业数据一阶差分变量，不含常数项检验）

变量名	LLC	Fisher-ADF	Fisher-PP
TECH	−3.369 7	167.825 0	227.716 0
	(0.000 4)	(0.000 0)	(0.000 0)
TECH_F	−12.760 4	260.230 0	291.595 0
	(0.000 0)	(0.000 0)	(0.000 0)
TECH_D	−2.585 2	153.883 0	219.092 0
	(0.004 9)	(0.000 0)	(0.000 0)
RD	−0.447 8	148.474 0	165.149 0
	(0.327 1)	(0.000 0)	(0.000 0)
RD_F	−12.550 5	335.429 0	359.946 0
	(0.000 0)	(0.000 0)	(0.000 0)
RD_D	−2.341 9	165.335 0	198.143 0
	(0.009 6)	(0.000 0)	(0.000 0)

表 7－25　R&D 外溢：单位根检验（行业数据一阶差分变量，含常数项检验）

变量名	LLC	IPS	Fisher-ADF	Fisher-PP
TECH	−9.019 2	−5.173 1	179.442 0	221.210 0
	(0.000 0)	(0.000 0)	(0.000 0)	(0.000 0)
TECH_F	−13.901 5	−6.557 1	173.405 0	259.279 0
	(0.000 0)	(0.000 0)	(0.000 0)	(0.000 0)
TECH_D	−8.289 6	−3.807 8	171.261 0	199.624 0
	(0.000 0)	(0.000 1)	(0.000 0)	(0.000 0)

（续表）

变量名	LLC	IPS	Fisher-ADF	Fisher-PP
RD	−12.398 1	−5.682 4	176.135 0	160.510 0
	(0.000 0)	(0.000 0)	(0.000 0)	(0.000 0)
RD_F	−11.177 1	−8.108 5	209.603 0	249.886 0
	(0.000 0)	(0.000 0)	(0.000 0)	(0.000 0)
RD_D	−9.466 3	−5.221 0	165.986 0	206.311 0
	(0.000 0)	(0.000 0)	(0.000 0)	(0.000 0)

7.3.3.2　面板协整检验

在面板存在单位根的情况下，有必要对计量模型式(7.6)～式(7.8)进行协整检验。检验方法采用 Pedroni(2004)的方法，检验结果见表 7－26～表 7－33。Pedroni(2004)提供了一套 11 个检验统计量，原假设是面板所有的截面个体都不存在变量协整关系。备择假设则分两种情况：组内检验统计量的备择假设为各截面存在共同的自回归系数，组间检验统计量的备择假设是截面个体存在不同的自回归系数。

表 7－26　R&D 外溢：PEDRONI 面板协整检验（地区数据，EQ1 系统）

不带常数项和时间趋势项检验				
Alternative hypothesis：common AR coefs.（within-dimension）				
	Statistic	Prob.	Weighted Statistic	Prob.
Panel v-Statistic	5.689 8	0.000 0	1.196 6	0.195 0
Panel rho-Statistic	1.787 7	0.080 7	−1.681 7	0.097 0
Panel PP-Statistic	2.891 9	0.006 1	−3.600 7	0.000 6
Panel ADF-Statistic	−1.342 5	0.162 0	−4.718 2	0.000 0
Alternative hypothesis：individual AR coefs.（between-dimension）				
	Statistic	Prob.		
Group rho-Statistic	2.384 5	0.023 2		
Group PP-Statistic	−5.061 0	0.000 0		
Group ADF-Statistic	−7.990 3	0.000 0		

（续表）

带常数项检验				
Alternative hypothesis：common AR coefs.（within-dimension）				
	Statistic	Prob.	Weighted Statistic	Prob.
Panel v-Statistic	1.447 9	0.139 8	−0.447 8	0.360 9
Panel rho-Statistic	3.255 0	0.002 0	−0.293 1	0.382 2
Panel PP-Statistic	4.789 0	0.000 0	−4.722 7	0.000 0
Panel ADF-Statistic	3.830 7	0.000 3	−6.019 1	0.000 0
Alternative hypothesis：individual AR coefs.（between-dimension）				
	Statistic	Prob.		
Group rho-Statistic	2.451 0	0.019 8		
Group PP-Statistic	−4.006 1	0.000 1		
Group ADF-Statistic	−4.940 7	0.000 0		
带常数项和时间趋势项检验				
Alternative hypothesis：common AR coefs.（within-dimension）				
	Statistic	Prob.	Weighted Statistic	Prob.
Panel v-Statistic	15.919 3	0.000 0	−4.208 0	0.000 1
Panel rho-Statistic	5.181 7	0.000 0	2.747 6	0.009 2
Panel PP-Statistic	5.506 4	0.000 0	−6.890 4	0.000 0
Panel ADF-Statistic	4.570 8	0.000 0	−5.671 9	0.000 0
Alternative hypothesis：individual AR coefs.（between-dimension）				
	Statistic	Prob.		
Group rho-Statistic	4.561 4	0.000 0		
Group PP-Statistic	−6.583 6	0.000 0		
Group ADF-Statistic	−3.464 2	0.001 0		

表 7－27　R&D 外溢：PEDRONI 面板协整检验（地区数据，EQ2 系统）

不带常数项和时间趋势项检验				
Alternative hypothesis：common AR coefs.（within-dimension）				
	Statistic	Prob.	Weighted Statistic	Prob.
Panel v-Statistic	7.970 3	0.000 0	−0.906 3	0.264 6
Panel rho-Statistic	1.281 5	0.175 5	0.766 1	0.297 5
Panel PP-Statistic	2.590 9	0.013 9	−4.326 5	0.000 0
Panel ADF-Statistic	0.568 4	0.339 4	−4.620 2	0.000 0
Alternative hypothesis：individual AR coefs.（between-dimension）				
	Statistic	Prob.		
Group rho-Statistic	3.244 5	0.002 1		
Group PP-Statistic	−9.239 5	0.000 0		
Group ADF-Statistic	−8.864 2	0.000 0		
带常数项检验				
Alternative hypothesis：common AR coefs.（within-dimension）				
	Statistic	Prob.	Weighted Statistic	Prob.
Panel v-Statistic	7.838 3	0.000 0	−1.518 2	0.126 0
Panel rho-Statistic	2.913 1	0.005 7	1.432 0	0.143 1
Panel PP-Statistic	4.351 6	0.000 0	−10.384 7	0.000 0
Panel ADF-Statistic	4.362 8	0.000 0	−8.790 6	0.000 0
Alternative hypothesis：individual AR coefs.（between-dimension）				
	Statistic	Prob.		
Group rho-Statistic	5.094 8	0.000 0		
Group PP-Statistic	−14.616 9	0.000 0		
Group ADF-Statistic	−8.678 5	0.000 0		
带常数项和时间趋势项检验				
Alternative hypothesis：common AR coefs.（within-dimension）				
	Statistic	Prob.	Weighted Statistic	Prob.
Panel v-Statistic	10.309 5	0.000 0	−5.681 6	0.000 0
Panel rho-Statistic	7.945 1	0.000 0	5.038 0	0.000 0

（续表）

	Statistic	Prob.	Weighted Statistic	Prob.
Panel PP-Statistic	2. 650 7	0. 011 9	−15. 115 5	0. 000 0
Panel ADF-Statistic	1. 675 0	0. 098 1	−9. 973 7	0. 000 0
Alternative hypothesis：individual AR coefs.（between-dimension）				
	Statistic	Prob.		
Group rho-Statistic	8. 000 1	0. 000 0		
Group PP-Statistic	−18. 035 9	0. 000 0		
Group ADF-Statistic	−8. 945 6	0. 000 0		

表 7－28　R&D 外溢：PEDRONI 面板协整检验（地区数据，EQ3 系统，$J=F$）

不带常数项和时间趋势项检验				
Alternative hypothesis：common AR coefs.（within-dimension）				
	Statistic	Prob.	Weighted Statistic	Prob.
Panel v-Statistic	6. 140 7	0. 000 0	1. 259 8	0. 180 4
Panel rho-Statistic	1. 618 5	0. 107 7	−0. 868 0	0. 273 7
Panel PP-Statistic	2. 317 4	0. 027 2	−4. 677 2	0. 000 0
Panel ADF-Statistic	−1. 035 0	0. 233 5	−5. 155 4	0. 000 0
Alternative hypothesis：individual AR coefs.（between-dimension）				
	Statistic	Prob.		
Group rho-Statistic	1. 611 0	0. 109 0		
Group PP-Statistic	−6. 841 8	0. 000 0		
Group ADF-Statistic	−6. 197 2	0. 000 0		
带常数项检验				
Alternative hypothesis：common AR coefs.（within-dimension）				
	Statistic	Prob.	Weighted Statistic	Prob.
Panel v-Statistic	3. 925 3	0. 000 2	−0. 561 3	0. 340 8
Panel rho-Statistic	3. 413 9	0. 001 2	0. 798 4	0. 290 1
Panel PP-Statistic	5. 068 0	0. 000 0	−5. 863 3	0. 000 0
Panel ADF-Statistic	6. 009 6	0. 000 0	−5. 484 2	0. 000 0

（续表）

Alternative hypothesis：individual AR coefs.（between-dimension）				
	Statistic	Prob.		
Group rho-Statistic	3.128 9	0.003 0		
Group PP-Statistic	−9.352 5	0.000 0		
Group ADF-Statistic	−6.189 0	0.000 0		
带常数项和时间趋势项检验				
Alternative hypothesis：common AR coefs.（within-dimension）				
	Statistic	Prob.	Weighted Statistic	Prob.
Panel v-Statistic	7.908 1	0.000 0	−3.301 3	0.001 7
Panel rho-Statistic	3.913 5	0.000 2	3.787 3	0.000 3
Panel PP-Statistic	−3.546 0	0.000 7	−9.017 5	0.000 0
Panel ADF-Statistic	−3.271 5	0.001 9	−5.930 9	0.000 0
Alternative hypothesis：individual AR coefs.（between-dimension）				
	Statistic	Prob.		
Group rho-Statistic	5.769 8	0.000 0		
Group PP-Statistic	−11.116 9	0.000 0		
Group ADF-Statistic	−5.689 7	0.000 0		

表 7－29　R&D 外溢：PEDRONI 面板协整检验（地区数据，EQ3 系统，$J=D$）

不带常数项和时间趋势项检验				
Alternative hypothesis：common AR coefs.（within-dimension）				
	Statistic	Prob.	Weighted Statistic	Prob.
Panel v-Statistic	9.080 7	0.000 0	−1.585 0	0.113 6
Panel rho-Statistic	1.120 1	0.213 0	1.296 9	0.172 1
Panel PP-Statistic	2.341 0	0.025 8	−1.468 7	0.135 7
Panel ADF-Statistic	0.909 3	0.263 9	−1.949 2	0.059 7
Alternative hypothesis：individual AR coefs.（between-dimension）				
	Statistic	Prob.		
Group rho-Statistic	3.243 9	0.002 1		

（续表）

	Statistic	Prob.	Weighted Statistic	Prob.
Group PP-Statistic	−4.922 2	0.000 0		
Group ADF-Statistic	−4.443 2	0.000 0		
带常数项检验				
Alternative hypothesis：common AR coefs.（within-dimension）				
	Statistic	Prob.	WeightedStatistic	Prob.
Panel v-Statistic	6.767 5	0.000 0	−1.251 8	0.182 2
Panel rho-Statistic	2.519 0	0.016 7	1.524 5	0.124 8
Panel PP-Statistic	4.615 2	0.000 0	−6.190 1	0.000 0
Panel ADF-Statistic	6.432 7	0.000 0	−5.194 3	0.000 0
Alternative hypothesis：individual AR coefs.（between-dimension）				
	Statistic	Prob.		
Group rho-Statistic	4.169 6	0.000 1		
Group PP-Statistic	−6.651 4	0.000 0		
Group ADF-Statistic	−3.124 1	0.003 0		
带常数项和时间趋势项检验				
Alternative hypothesis：common AR coefs.（within-dimension）				
	Statistic	Prob.	WeightedStatistic	Prob.
Panel v-Statistic	11.988 6	0.000 0	−4.098 2	0.000 1
Panel rho-Statistic	3.374 1	0.001 3	4.051 1	0.000 1
Panel PP-Statistic	−3.331 3	0.001 6	−9.719 4	0.000 0
Panel ADF-Statistic	−3.280 0	0.001 8	−5.733 4	0.000 0
Alternative hypothesis：individual AR coefs.（between-dimension）				
	Statistic	Prob.		
Group rho-Statistic	5.731 0	0.000 0		
Group PP-Statistic	−10.410 4	0.000 0		
Group ADF-Statistic	−4.581 4	0.000 0		

表 7-30　R&D 外溢:PEDRONI 面板协整检验(行业数据,EQ1 系统)

不带常数项和时间趋势项检验				
Alternative hypothesis：common AR coefs. (within-dimension)				
	Statistic	Prob.	Weighted Statistic	Prob.
Panel v-Statistic	6.534 9	0.000 0	0.646 4	0.323 7
Panel rho-Statistic	1.030 7	0.234 5	−1.020 4	0.237 0
Panel PP-Statistic	1.998 8	0.054 1	−1.680 2	0.097 3
Panel ADF-Statistic	0.243 6	0.387 3	−3.238 3	0.002 1
Alternative hypothesis：individual AR coefs. (between-dimension)				
	Statistic	Prob.		
Group rho-Statistic	2.993 8	0.004 5		
Group PP-Statistic	−0.003 1	0.398 9		
Group ADF-Statistic	−2.561 9	0.015 0		
带常数项检验				
Alternative hypothesis：common AR coefs. (within-dimension)				
	Statistic	Prob.	Weighted Statistic	Prob.
Panel v-Statistic	2.570 4	0.014 7	0.160 5	0.393 8
Panel rho-Statistic	4.002 3	0.000 1	0.218 2	0.389 6
Panel PP-Statistic	6.520 7	0.000 0	−3.169 8	0.002 6
Panel ADF-Statistic	7.600 5	0.000 0	−5.330 7	0.000 0
Alternative hypothesis：individual AR coefs. (between-dimension)				
	Statistic	Prob.		
Group rho-Statistic	2.880 3	0.006 3		
Group PP-Statistic	−3.364 2	0.001 4		
Group ADF-Statistic	−5.525 7	0.000 0		
带常数项和时间趋势项检验				
Alternative hypothesis：common AR coefs. (within-dimension)				
	Statistic	Prob.	Weighted Statistic	Prob.
Panel v-Statistic	26.074 0	0.000 0	−2.450 2	0.019 8
Panel rho-Statistic	5.204 3	0.000 0	2.731 1	0.009 6

（续表）

	Statistic	Prob.	Weighted Statistic	Prob.
Panel PP-Statistic	5.624 1	0.000 0	−9.330 8	0.000 0
Panel ADF-Statistic	3.515 9	0.000 8	−7.012 0	0.000 0
Alternative hypothesis：individual AR coefs.（between-dimension）				
	Statistic	Prob.		
Group rho-Statistic	4.429 4	0.000 0		
Group PP-Statistic	−10.005 4	0.000 0		
Group ADF-Statistic	−6.389 2	0.000 0		

表 7－31　R&D 外溢：PEDRONI 面板协整检验（行业数据，EQ2 系统）

不带常数项和时间趋势项检验				
Alternative hypothesis：common AR coefs.（within-dimension）				
	Statistic	Prob.	Weighted Statistic	Prob.
Panel v-Statistic	11.809 9	0.000 0	0.278 0	0.383 8
Panel rho-Statistic	−2.334 0	0.026 2	−0.061 2	0.398 2
Panel PP-Statistic	−4.559 2	0.000 0	−3.884 9	0.000 2
Panel ADF-Statistic	−5.263 8	0.000 0	−4.927 5	0.000 0
Alternative hypothesis：individual AR coefs.（between-dimension）				
	Statistic	Prob.		
Group rho-Statistic	3.068 0	0.003 6		
Group PP-Statistic	−7.115 0	0.000 0		
Group ADF-Statistic	−6.126 7	0.000 0		
带常数项检验				
Alternative hypothesis：common AR coefs.（within-dimension）				
	Statistic	Prob.	Weighted Statistic	Prob.
Panel v-Statistic	9.980 6	0.000 0	−0.888 8	0.268 8
Panel rho-Statistic	−0.595 4	0.334 1	1.732 8	0.088 9
Panel PP-Statistic	−4.556 0	0.000 0	−7.344 5	0.000 0
Panel ADF-Statistic	−4.804 5	0.000 0	−7.017 6	0.000 0

（续表）

Alternative hypothesis：individual AR coefs. （between-dimension）				
	Statistic	Prob.		
Group rho-Statistic	4.881 3	0.000 0		
Group PP-Statistic	−12.373 3	0.000 0		
Group ADF-Statistic	−7.069 9	0.000 0		
带常数项和时间趋势项检验				
Alternative hypothesis：common AR coefs. （within-dimension）				
	Statistic	Prob.	Weighted Statistic	Prob.
Panel v-Statistic	15.919 6	0.000 0	−4.634 8	0.000 0
Panel rho-Statistic	5.707 8	0.000 0	5.412 0	0.000 0
Panel PP-Statistic	1.758 8	0.084 9	−11.726 7	0.000 0
Panel ADF-Statistic	0.535 6	0.345 6	−8.732 5	0.000 0
Alternative hypothesis：individual AR coefs. （between-dimension）				
	Statistic	Prob.		
Group rho-Statistic	8.157 7	0.000 0		
Group PP-Statistic	−18.260 8	0.000 0		
Group ADF-Statistic	−8.637 8	0.000 0		

表 7－32　R&D 外溢：PEDRONI 面板协整检验（行业数据，EQ3 系统，$J=F$）

不带常数项和时间趋势项检验				
Alternative hypothesis：common AR coefs. （within-dimension）				
	Statistic	Prob.	Weighted Statistic	Prob.
Panel v-Statistic	8.053 4	0.000 0	0.052 8	0.398 4
Panel rho-Statistic	−2.897 7	0.006 0	−0.428 7	0.363 9
Panel PP-Statistic	−6.936 8	0.000 0	−4.049 2	0.000 1
Panel ADF-Statistic	−8.652 1	0.000 0	−4.866 9	0.000 0
Alternative hypothesis：individual AR coefs. （between-dimension）				
	Statistic	Prob.		
Group rho-Statistic	1.844 4	0.072 8		

（续表）

	Statistic	Prob.		
Group PP-Statistic	−7.675 3	0.000 0		
Group ADF-Statistic	−6.713 8	0.000 0		
带常数项检验				
Alternative hypothesis：common AR coefs.（within-dimension）				
	Statistic	Prob.	Weighted Statistic	Prob.
Panel v-Statistic	5.093 6	0.000 0	−1.745 8	0.086 9
Panel rho-Statistic	−2.848 2	0.006 9	1.421 2	0.145 3
Panel PP-Statistic	−9.821 8	0.000 0	−6.501 4	0.000 0
Panel ADF-Statistic	−9.841 6	0.000 0	−5.661 8	0.000 0
Alternative hypothesis：individual AR coefs.（between-dimension）				
	Statistic	Prob.		
Group rho-Statistic	3.179 3	0.002 5		
Group PP-Statistic	−11.263 2	0.000 0		
Group ADF-Statistic	−6.426 8	0.000 0		
带常数项和时间趋势项检验				
Alternative hypothesis：common AR coefs.（within-dimension）				
	Statistic	Prob.	Weighted Statistic	Prob.
Panel v-Statistic	5.163 3	0.000 0	−4.619 4	0.000 0
Panel rho-Statistic	4.032 8	0.000 1	4.074 2	0.000 1
Panel PP-Statistic	−0.757 3	0.299 5	−10.397 9	0.000 0
Panel ADF-Statistic	−0.982 6	0.246 2	−6.585 4	0.000 0
Alternative hypothesis：individual AR coefs.（between-dimension）				
	Statistic	Prob.		
Group rho-Statistic	5.717 2	0.000 0		
Group PP-Statistic	−14.743 8	0.000 0		
Group ADF-Statistic	−7.363 5	0.000 0		

表 7-33　R&D 外溢：PEDRONI 面板协整检验(行业数据，EQ3 系统，$J=D$)

不带常数项和时间趋势项检验				
Alternative hypothesis：common AR coefs.（within-dimension）				
	Statistic	Prob.	Weighted Statistic	Prob.
Panel v-Statistic	8.315 9	0.000 0	−1.055 8	0.228 5
Panel rho-Statistic	−1.885 0	0.067 5	0.522 2	0.348 1
Panel PP-Statistic	−2.740 4	0.009 3	−1.300 9	0.171 2
Panel ADF-Statistic	−3.315 5	0.001 6	−2.874 4	0.006 4
Alternative hypothesis：individual AR coefs.（between-dimension）				
	Statistic	Prob.		
Group rho-Statistic	2.146 7	0.039 8		
Group PP-Statistic	−5.526 3	0.000 0		
Group ADF-Statistic	−4.777 7	0.000 0		
带常数项检验				
Alternative hypothesis：common AR coefs.（within-dimension）				
	Statistic	Prob.	Weighted Statistic	Prob.
Panel v-Statistic	5.509 2	0.000 0	−0.562 0	0.340 7
Panel rho-Statistic	−1.034 3	0.233 7	0.894 8	0.267 3
Panel PP-Statistic	−4.346 3	0.000 0	−5.836 4	0.000 0
Panel ADF-Statistic	−4.220 6	0.000 1	−5.550 8	0.000 0
Alternative hypothesis：individual AR coefs.（between-dimension）				
	Statistic	Prob.		
Group rho-Statistic	3.444 6	0.001 1		
Group PP-Statistic	−9.006 5	0.000 0		
Group ADF-Statistic	−5.044 8	0.000 0		
带常数项和时间趋势项检验				
Alternative hypothesis：common AR coefs.（within-dimension）				
	Statistic	Prob.	Weighted Statistic	Prob.
Panel v-Statistic	5.740 2	0.000 0	−3.091 7	0.003 4
Panel rho-Statistic	5.759 3	0.000 0	3.889 0	0.000 2

（续表）

	Statistic	Prob.	Weighted Statistic	Prob.
Panel PP-Statistic	5.815 2	0.000 0	−9.305 2	0.000 0
Panel ADF-Statistic	5.429 8	0.000 0	−6.504 1	0.000 0
Alternative hypothesis：individual AR coefs.（between-dimension）				
	Statistic	Prob.		
Group rho-Statistic	6.325 1	0.000 0		
Group PP-Statistic	−8.276 0	0.000 0		
Group ADF-Statistic	−3.131 2	0.003 0		

对于地区数据的 EQ1 系统，本书分别在没有常数项和时间趋势项假设、只有常数项假设、同时含有常数项和时间趋势项假设下进行检验，总共 33 个统计量中间，只有 5 个在 10%水平上不显著，总体看来地区数据的 EQ1 构成协整系统。在地区数据中，其余方程的协整检验结果显示在 10%水平上不显著的统计量个数分别为：EQ2(6/33，表示 33 个统计量中有 6 个不显著，以下相同)，$EQ3_{J=F}$(7/33)，$EQ3_{J=D}$(7/33)；行业数据为 EQ1(7/33)，EQ2(5/33)，$EQ3_{J=F}$(5/33)，$EQ3_{J=D}$(6/33)。从整体来看，绝大多数统计量都拒绝无协整关系的原假设。

7.3.4　面板协整向量估计

面板协整向量的估计方法通常有最小二乘法(Ordinary Least Squares，OLS)、偏差修正的最小二乘法(Bias-corrected OLS，BCOLS)、完全修正的最小二乘法(Fully Modified OLS，FMOLS)和动态最小二乘法(Dynamic OLS，DOLS)。Chen，McCoskey 和 Kao(1999)对 OLS 估计量的有限样本性质进行分析，发现 BCOLS 估计量并没有对 OLS 估计量有所改善，并建议使用 FMOLS 和 DOLS 统计量。然而，Kao 和 Chiang(2000)通过蒙特卡洛模拟发现 FMOLS 其实并没有普遍好于 OLS。对于同质面板，当存在负的序列相关系数和负的内生性参数时，OLS 的偏差最严重；当存在正的序列相关系数和正的内生性参数时，FMOLS 的偏差要超过 OLS。对于异质面板，FMOLS 的偏差更为严重。相反，DOLS 对于同质和异质面板而言效果都非常好，因为前瞻项和滞后项的加入极大地降低偏差。

因此，对协整向量的估计主要采用 Kao 和 Chiang(2000)建议的 DOLS 法，但作为一种参考和比较，还列出了 FMOLS 的估计结果。对于地区数据而言，表 7－34 显示 FMOLS 估计结果下的 R&D 型技术外溢强度为 1.382 8，已经超过了其合理上限 1，因此并不可靠。表 7－35 的 DOLS 估计结果下，R&D 型技术外溢强度为 0.402 9，符合正常的经济学直觉和先验经验，相对于 FMOLS 结果而言要合理。对于行业数据，结果分别见表 7－36 和表 7－37，不难发现，DOLS 估计结果为 0.491 3，同样比 FMOLS 估计结果合理。

表 7－34　R&D 外溢：协整向量 FMOLS 估计(地区数据，折旧率 15%)

自变量	EQ1	EQ2	EQ3($J=F$)	EQ3($J=D$)
RD_J		4.589 0		
		(2.238 5)		
		(0.012 8)		
RD_F			−0.858 8	−3.917 5
			(−0.709 0)	(−1.954 8)
			(0.239 5)	(0.025 9)
RD_D			10.027 3	22.395 6
			(7.487 0)	(10.106 7)
			(0.000 0)	(0.000 0)
RD	22.401 0	6.345 5		
	(4.326 6)	(2.597 4)		
	(0.000 0)	(0.004 8)		
R^2	0.147 3	0.120 6	0.252 3	0.413 2
Implied ν		1.382 8		

注：因变量为 TECH。自变量系数估计值下方第一个括号内数值为 t 统计量，第二个括号内数值为对应的 p 值。DOLS 估计中前瞻长度和滞后长度都取 1 期。利用 GAUSS6 软件估计。以下相同。

表 7－35　R&D 外溢：协整向量 DOLS 估计（地区数据，折旧率 15%）

自变量	EQ1	EQ2	EQ3（$J=F$）	EQ3（$J=D$）
RD_J		3.036 0		
		(1.110 7)		
		(0.133 8)		
RD_F			1.650 5	−1.539 0
			(1.022 0)	(−0.575 9)
			(0.154 3)	(0.282 8)
RD_D			13.641 1	22.002 1
			(7.638 9)	(7.446 8)
			(0.000 0)	(0.000 0)
RD	32.463 7	13.079 1		
	(4.702 6)	(4.015 2)		
	(0.000 0)	(0.000 0)		
R^2	0.478 6	0.409 4	0.488 8	0.525 3
Implied ν		0.402 9		

表 7－36　R&D 外溢：协整向量 FMOLS 估计（行业数据，折旧率 15%）

自变量	EQ1	EQ2	EQ3（$J=F$）	EQ3（$J=D$）
RD_J		0.592 5		
		(1.727 1)		
		(0.042 3)		
RD_F			−0.308 6	0.193 2
			(−1.792 8)	(0.731 4)
			(0.037 0)	(0.232 6)
RD_D			6.358 8	11.229 3
			(12.872 3)	(14.810 2)
			(0.000 0)	(0.000 0)

（续表）

自变量	EQ1	EQ2	EQ3($J=F$)	EQ3($J=D$)
RD	24.148 7	11.379 1		
	(5.978 9)	(7.321 2)		
	(0.000 0)	(0.000 0)		
R^2	0.159 8	0.143 9	0.361 9	0.422 0
Implied ν		19.205 2		

表 7-37　R&D 外溢：协整向量 DOLS 估计（行业数据，折旧率 15%）

自变量	EQ1	EQ2	EQ3($J=F$)	EQ3($J=D$)
RD_J		0.220 9		
		(0.483 0)		
		(0.314 7)		
RD_F			−0.084 4	0.276 7
			(−0.367 7)	(0.785 7)
			(0.356 8)	(0.216 6)
RD_D			5.969 5	8.731 2
			(9.063 2)	(8.636 6)
			(0.000 0)	(0.000 0)
RD	26.845 7	13.189 4		
	(4.985 0)	(6.364 5)		
	(0.000 0)	(0.000 0)		
R^2	0.275 5	0.238 8	0.273 0	0.354 3
Implied ν		0.491 3		

表 7-35 和表 7-37 显示，回归 EQ2 的 *RD_J* 系数并不显著，只是 *RD* 的系数比较显著，反映出在平均意义上企业自身研发努力的效果并不明显，但总体而言 R&D 型技术外溢的作用很显著。为了对这一结果更为深入分析，对于 EQ3 进行分类估计。EQ3($J=F$)把外资企业的技术水平 *TECH_F* 对两类企业的人均研发资本存量 *RD_F* 和 *RD_D* 进行回归。EQ3($J=D$)把内资企业的技术水平和 *RD_F* 和 *RD_D* 进行回归。DOLS 结果揭示出外资企业的人均研发资本存量在 10%的水平下都不显著，内资企业人均研发

资本存量在 1%的水平下都显著。该检验结果解释了 EQ2 中为什么 RD_J 的系数显著性不高的原因——外资企业的研发对于技术水平变化影响不大。

国内对于 FDI 技术外溢的研究结果大部分为具有正技术外溢，至少在行业间或区域内具有显著正外溢效应（王玲和涂勤，2008；王红领等，2006；李光泗和徐翔，2008；姚洋和章奇，2001；刘绍坚，2008；张建华和欧阳轶雯，2003；赖明勇等，2005；罗雨泽，2008）。也有一些文献并没有发现显著技术外溢，甚至出现负外溢（袁诚和陆挺，2005；卢荻，2003；张海洋，2005；蒋殿春和张宇，2008）。对于区域数据，如果出现技术外溢，体现的是地理距离的接近而产生的技术外溢，因此它更有可能是区域内和行业间的外溢，而非行业内外溢。对于行业数据，如果出现显著技术外溢，则体现的是行业内的技术外溢。从本书的计量结果看，行业间区域内外溢的强度为 0. 402 9，要稍微低于行业内外溢强度0. 491 3，而且两类外溢都非常显著。另外，估计结果还显示外资企业对内资企业的技术外溢并不显著；相反，内资企业对外资企业却具有显著的技术外溢。

出现这种结果的原因可能是多方面的。首先研发人员流动可能是区域内技术外溢的一条重要途径。各地区为了充分利用 FDI 的技术外溢来促进本地的经济增长，可能会鼓励内资企业和外资企业之间的人员流动，期待他们学习新技术后回到内资企业，提高自身的研发能力。但是这可能是一厢情愿的想法。内资企业的技术人员会由于高工资而留在外资企业，外资企业对于掌握技术的内资员工也乐意聘用。至少外资企业不会将技术人员拱手送给自己的竞争对手。另外，FDI 的高收入不断吸引着内资企业优秀研究人员。最后可能出现内资企业的技术人员向外资企业的净流入，而外资企业的技术人员却没有按照一开始的想法回流到内资企业，导致了内资企业对外资企业出现单方面技术外溢。

其次，一些大型跨国公司为了保持垄断地位而控制技术外溢。Hymer（1970）曾对跨国公司的垄断导致当地企业技术发展遏制进行分析，认为大型跨国公司是国内垄断势力的国际延伸，导致或促进东道国市场的扭曲，遏制了当地企业的技术发展。在相同竞争领域的内资企业，为了获得生存机会，只能大力开展自主研发，提升自己的技术水平。然而，许多发展良好的内资企业还是面临被外资收购的困境。跨国公司在东道国的技术遏制策略对逆向技术外溢有着积极作用。

第三，外资大肆并购或参股内资企业，促进了行业内的内资企业的单向技术外溢。外资通过大量参股或并购国内产业，已经渗透到除国家禁止的行业以外的几乎大部分领域。虽然被参股的内资企业在统计口径上可能仍属于内资企业之列，但技术外溢至外资方的通道却更为畅通。最近出现的"投行养猪"现象表明，即使像生猪养殖产业这样的非技术密集型领域，外资投行也已经开始了产业链收购行动[①]。外资对内资的并购可见一斑。2008年7月22日国家发改委发布《关于2008年深化经济体制改革工作的意见》[②]，特别强调"健全外资并购安全审查机制"。2008年10月12日中国共产党第十七届中央委员会第三次全体会议通过的《中共中央关于推进农村改革发展若干重大问题的决定》[③]又再次强调"建立外资并购境内涉农企业安全审查机制"。显然，对外资并购的担忧已经不是杞人忧天。一旦"投行养猪"现象成为中国各产业链的特征，内资企业的技术进步将面临严重的挑战。本书的经验证据已经在一定程度上体现非对称的技术外溢。

第四，外资企业的知识产权保护意识强于内资企业。中国的知识产权保护并不非常完善，大量盗版软件的存在证明了内资企业对于知识产权的尊重尚有待提高。在这种不完善的制度环境下，作为完全私人性质的外资企业如何保护自己的利益呢？只有在自己企业内对技术机密严加控制，防止技术泄密。因此外资企业对技术的保密动机非常强。相反，内资企业，特别是国有企业，技术保密意识并不是如此强。首先，国有企业的领导并不是真正意义上的企业家，国企资产所有权虚置导致国企领导没有很强的动力保护知识产权。何况国家对国企的考核标准主要是有形的国有资产的保值增值。无形资产由于无法准确计量而重视程度不够。国企领导只要保证稳定经营，若干年后就能升官发财。从根本上看，国企的行政级别设置导致国企领导的目标并不是企业利益最大化，而是仕途晋升竞争中的胜出。这种目标机制同外资企业具有天壤之别。其次，对于民营企业而言，并不存在国企的这些问题，这是否表明民企并不存在逆向外溢呢？中国人普遍存在宁

① 外资投行养猪：http://itv.ifeng.com/vip/play.aspx?id=d8705977－4698－4165－9718－e1dd0251c810&type=1。

② 国家发改委文件：http://www.ndrc.gov.cn/rdzt/gggj/zywj/t20080804_229389.htm。

③ 人民网报道：http://politics.people.com.cn/GB/1026/8194300.html。

当鸡头不当龙尾的观念。当研发人员掌握技术秘密后，通常会自己开公司单干。这不仅促进核心技术在市场上的扩散，而且容易被外资各个击破。当技术集中在一家民企的时候，外资要想收购并不是很容易。但是，当技术研发人员单干后，市场上一下子出现好几家同类企业，只要其中一家被外资收购，技术就外溢至外资企业。

江苏常州华日升反光材料有限公司就是一个很好的民企案例。该公司前身是常州通明反光材料厂，后来被员工私人买断，开始了私人经营之路。由于该公司良好的激励机制，在研发人员的共同努力，其开发的工程级反光膜填补了国内工业化生产空白，1996 年被国家科委列为国家级火炬计划(项目编号：96D231D6900188)，1997 年被江苏省科委认定为高新技术产品，并且获交通部科技进步三等奖。现在该公司不仅是行业标准的制定者，而且是市场份额最大的生产商。据其总经理称，原先国内生产反光材料的生产商仅此一家，现在市场上的其他生产商都是以前在华日升跳出去的核心研发人员。至今已经有好多家外资巨头和华日升商谈买断事宜。如果华日升及其国内同行业企业中有一家被买断，核心技术立刻外溢至外资企业。

以上只是对内资到外资逆向外溢的一种直观性探讨。外资对中国的效应是多方面的，技术只是其中一个方面。因此逆向外溢并不表示中国必须把 FDI 赶出国门。相反，中国应该做的是实行国民待遇，鼓励外资和内资一起从事研发活动，缩小内外资企业之间工资差距，强化知识产权保护，为研发活动创造有利条件。

7.3.5　稳健性分析

前文仅仅假设研发资本折旧率为 15%，估计结果是否对研发折旧率的选择非常敏感呢？Coe 和 Helpman(1995)在正式分析中使用的是 5%的折旧率，但其附录中也列出了 15%折旧率时的结果。吴延兵(2008)认为 15%是一个通常采用的折旧率数据。因此为了考察折旧率的差异对估计结果稳健性的影响，还估计了 5%、10%、和 20%三种折旧率下的 R&D 型技术外溢强度。协整向量的地区数据估计结果分别见表 7－38～表 7－43，行业数据估计结果分别见表 7－44～表 7－49。结果的性质基本类似于 15%的情况，非常稳健。所有三种折旧率下，地区数据的 R&D 型技术外溢强度 ν 的 DOLS 估计值分别为 0.392 9(5%水平显著，以下括号内意义类推。)、0. 398 2(10%)和 0. 406 7(20%),差别非常小。行业数据的 DOLS 估计值分别为:0. 481 3(5%)、0. 487 8(10%)和0. 493 4(20%),同样基本不受研发资本折旧率影响。因此可以认为折旧率对 R&D 型技术外溢强度的估计结果影响不大。

表 7-38　R&D 外溢:协整向量 FMOLS 估计(地区数据,折旧率 5%)

自变量	EQ1	EQ2	EQ3($J=F$)	EQ3($J=D$)
RD_J		3. 168 0		
		(2. 111 0)		
		(0. 017 7)		
RD_F			−0. 381 8	−2. 364 8
			(−0. 413 5)	(−1. 549 1)
			(0. 339 8)	(0. 061 4)
RD_D			6. 328 6	14. 420 5
			(6. 162 4)	(8. 494 3)
			(0. 000 0)	(0. 000 0)
RD	14. 578 4	4. 006 9		
	(3. 711 8)	(2. 260 8)		
	(0. 000 1)	(0. 012 1)		
R^2	0. 113 8	0. 092 3	0. 181 2	0. 315 2
Implied ν		1. 264 8		

表 7-39　R&D 外溢:协整向量 DOLS 估计(地区数据,折旧率 5%)

自变量	EQ1	EQ2	EQ3($J=F$)	EQ3($J=D$)
RD_J		2. 180 1		
		(1. 089 5)		
		(0. 138 4)		
RD_F			1. 340 5	−0. 751 0
			(1. 088 7)	(−0. 369 0)
			(0. 139 1)	(0. 356 4)

（续表）

自变量	EQ1	EQ2	EQ3($J=F$)	EQ3($J=D$)
RD_D			9.097 8	14.521 7
			(6.644 2)	(6.415 4)
			(0.000 0)	(0.000 0)
RD	20.430 1	8.027 9		
	(3.901 3)	(3.397 2)		
	(0.000 1)	(0.000 4)		
R^2	0.473 9	0.408 2	0.463 2	0.493 6
Implied ν		0.392 9		

表 7－40　R&D 外溢：协整向量 FMOLS 估计（地区数据，折旧率 10%）

自变量	EQ1	EQ2	EQ3($J=F$)	EQ3($J=D$)
RD_J		3.947 5		
		(2.193 2)		
		(0.014 4)		
RD_F			−0.632 1	−3.193 6
			(−0.585 9)	(−1.791 0)
			(0.279 3)	(0.037 3)
RD_D			8.249 3	18.587 8
			(6.932 1)	(9.450 8)
			(0.000 0)	(0.000 0)
RD	18.624 7	5.171 9		
	(4.054 1)	(2.427 7)		
	(0.000 0)	(0.007 8)		
R^2	0.131 9	0.107 6	0.220 3	0.369 9
Implied ν		1.310 2		

表 7-41　R&D 外溢:协整向量 DOLS 估计(地区数据,折旧率 10%)

自变量	EQ1	EQ2	EQ3($J=F$)	EQ3($J=D$)
RD_J		2.652 4		
		(1.105 2)		
		(0.135 0)		
RD_F			1.510 4	−1.169 2
			(1.050 0)	(−0.491 8)
			(0.147 8)	(0.311 8)
RD_D			11.486 4	18.449 4
			(7.239 2)	(7.035 3)
			(0.000 0)	(0.000 0)
RD	26.718 2	10.639 3		
	(4.361 9)	(3.745 6)		
	(0.000 0)	(0.000 1)		
R^2	0.475 2	0.407 8	0.475 4	0.508 2
Implied ν		0.398 2		

表 7-42　R&D 外溢:协整向量 FMOLS 估计(地区数据,折旧率 20%)

自变量	EQ1	EQ2	EQ3($J=F$)	EQ3($J=D$)
RD_J		5.140 4		
		(2.264 0)		
		(0.012 0)		
RD_F			−1.060 4	−4.557 9
			(−0.796 1)	(−2.064 7)
			(0.213 4)	(0.020 0)
RD_D			11.695 9	25.942 7
			(7.886 8)	(10.555 7)
			(0.000 0)	(0.000 0)

（续表）

自变量	EQ1	EQ2	EQ3($J=F$)	EQ3($J=D$)
RD	25.991 2	7.523 5		
	(4.542 1)	(2.757 3)		
	(0.000 0)	(0.003 0)		
R^2	0.160 2	0.131 4	0.278 2	0.447 5
Implied ν		1.463 6		

表 7－43　R&D 外溢：协整向量 DOLS 估计（地区数据，折旧率 20%）

自变量	EQ1	EQ2	EQ3($J=F$)	EQ3($J=D$)
RD_J		3.365 0		
		(1.111 5)		
		(0.133 6)		
RD_F			1.778 7	−1.866 3
			(1.001 5)	(−0.634 1)
			(0.159 2)	(0.263 5)
RD_D			15.628 5	25.289 1
			(7.904 0)	(7.717 3)
			(0.000 0)	(0.000 0)
RD	37.721 6	15.341 2		
	(4.944 0)	(4.216 8)		
	(0.000 0)	(0.000 0)		
R^2	0.482 0	0.411 2	0.499 8	0.540 4
Implied ν		0.406 7		

表 7－44　R&D 外溢：协整向量 FMOLS 估计（行业数据，折旧率 5%）

自变量	EQ1	EQ2	EQ3($J=F$)	EQ3($J=D$)
RD_J		0.768 9		
		(2.246 4)		
		(0.012 5)		

（续表）

自变量	EQ1	EQ2	EQ3（$J=F$）	EQ3（$J=D$）
RD_F			−0.454 4	0.026 0
			(−2.607 7)	(0.100 7)
			(0.004 8)	(0.459 9)
RD_D			4.380 6	7.675 1
			(10.895 9)	(12.866 7)
			(0.000 0)	(0.000 0)
RD	15.238 2	6.741 6		
	(4.551 6)	(5.348 1)		
	(0.000 0)	(0.000 0)		
R^2	0.114 6	0.108 6	0.318 4	0.337 8
Implied ν		8.767 9		

表 7－45　R&D 外溢：协整向量 DOLS 估计（行业数据，折旧率 5%）

自变量	EQ1	EQ2	EQ3（$J=F$）	EQ3（$J=D$）
RD_J		0.292 0		
		(0.639 8)		
		(0.261 3)		
RD_F			−0.163 7	0.271 2
			(−0.704 8)	(0.786 7)
			(0.240 9)	(0.216 2)
RD_D			4.142 0	6.075 2
			(7.726 8)	(7.638 4)
			(0.000 0)	(0.000 0)
RD	16.693 0	8.034 0		
	(3.739 6)	(4.780 0)		
	(0.000 1)	(0.000 0)		
R^2	0.269 8	0.234 0	0.246 5	0.310 3
Implied ν		0.481 3		

表 7－46　R&D 外溢：协整向量 FMOLS 估计（行业数据，折旧率 10%）

自变量	EQ1	EQ2	EQ3（$J=F$）	EQ3（$J=D$）
RD_J		0.671 5		
		(1.955 6)		
		(0.025 5)		
RD_F			−0.368 3	0.128 4
			(−2.142 9)	(0.494 0)
			(0.016 5)	(0.310 8)
RD_D			5.408 0	9.535 0
			(12.076 9)	(14.075 1)
			(0.000 0)	(0.000 0)
RD	19.840 8	9.141 1		
	(5.297 2)	(6.405 3)		
	(0.000 0)	(0.000 0)		
R^2	0.137 8	0.126 4	0.340 0	0.384 7
Implied ν		13.613 0		

表 7－47　R&D 外溢：协整向量 DOLS 估计（行业数据，折旧率 10%）

自变量	EQ1	EQ2	EQ3（$J=F$）	EQ3（$J=D$）
RD_J		0.250 1		
		(0.546 3)		
		(0.292 6)		
RD_F			−0.115 7	0.277 0
			(−0.505 0)	(0.799 1)
			(0.307 1)	(0.212 6)
RD_D			5.107 7	7.486 6
			(8.554 8)	(8.288 6)
			(0.000 0)	(0.000 0)

（续表）

	EQ1	EQ2	EQ3($J=F$)	EQ3($J=D$)
RD	21.918 3	10.692 6		
	(4.388 9)	(5.619 4)		
	(0.000 0)	(0.000 0)		
R^2	0.268 7	0.232 9	0.260 5	0.335 8
Implied ν		0.487 8		

表 7－48　R&D 外溢：协整向量 FMOLS 估计(行业数据，折旧率 20%)

自变量	EQ1	EQ2	EQ3($J=F$)	EQ3($J=D$)
RD_J		0.529 6		
		(1.541 2)		
		(0.061 9)		
RD_F			−0.265 7	0.236 1
			(−1.526 7)	(0.875 1)
			(0.063 9)	(0.191 1)
RD_D			7.258 3	12.816 8
			(13.385 1)	(15.244 9)
			(0.000 0)	(0.000 0)
RD	28.229 3	13.488 5		
	(6.567 5)	(8.092 0)		
	(0.000 0)	(0.000 0)		
R^2	0.179 7	0.160 0	0.380 8	0.450 7
Implied ν		25.469 2		

表 7－49　R&D 外溢：协整向量 DOLS 估计(行业数据，折旧率 20%)

自变量	EQ1	EQ2	EQ3($J=F$)	EQ3($J=D$)
RD_J		0.199 6		
		(0.435 6)		
		(0.331 7)		

（续表）

自变量	EQ1	EQ2	EQ3($J=F$)	EQ3($J=D$)
RD_F			−0.063 0	0.274 0
			(−0.271 3)	(0.761 7)
			(0.393 2)	(0.223 6)
RD_D			6.764 2	9.873 9
			(9.355 5)	(8.808 3)
			(0.000 0)	(0.000 0)
RD	31.522 8	15.553 2		
	(5.500 3)	(6.998 0)		
	(0.000 0)	(0.000 0)		
R^2	0.286 8	0.248 5	0.283 2	0.367 8
Implied ν		0.493 4		

7.4　R&D 型技术外溢度量的推算

根据不同折旧率假设下的 R&D 型技术外溢强度 ν 估计值(表7－50)，估算第 6 章理论分析中定义的两种 R&D 型技术外溢度量 w_1 和 w_2。对于资本产出弹性 α 的估计，这里仍然采用在 Romer 型技术外溢参数推算时的那些文献估计值。表 7－51～表 7－54 列出在这些文献的资本产出弹性下，不同的折旧率对应的区域内和行业内 R&D 型技术外溢度量推算值。在 15％折旧率、资本产出弹性均值 0.60 的情况下，区域内 R&D 型技术外溢导致分散均衡对集权均衡的偏离大概在 13％，分散均衡中区域内 R&D 型技术外溢比例大概为 23％。行业内 R&D 型技术外溢导致的分散均衡对集权均衡的偏离大概在 15％，分散均衡中行业内 R&D 型技术外溢比例大概为 27％。这些 R&D 型技术外溢度量推算值在不同的折旧率下都非常接近，折旧率对它们的影响如图 7－7 和图7－8 所示。显而易见，区域内和行业内 R&D 型技术外溢的度量推算值对折旧率很不敏感。平均而言，行业内 R&D 型技术外溢导致的研发收益外溢程度要稍微高于区域内研发收益的外溢程度。图 7－9 和图 7－10 分别描绘行业内 R&D 型技术外溢和区域内 R&D 型技术外溢差距图。对于 R&D 型技术外溢度量 w_1 而言，行业内外溢高出区域内外溢的百分点一般在 4 个百分点以下，在资本产出弹性均值 0.6 的地方，行业内外溢只高出区域内外溢 2 个百分点多一点。对于 R&D 型技术外溢度量 w_2 而言，行业内 R&D 型技术外溢导致分散均衡中收益外溢比例高出区域内外溢比例基本不会超过 8 个百分点，在均值 0.6 附近，只是高出 4 个百分点多一点。

表 7－50　R&D 型技术外溢强度估计汇总

研发资本折旧率	5%	10%	15%	20%
区域内外溢强度 ν	0.392 9	0.398 2	0.402 9	0.406 7
区域内 $w_1'=\nu/(1+\nu)$	28.21%	28.48%	28.72%	28.91%
行业内外溢强度 ν	0.481 3	0.487 8	0.491 3	0.493 4
行业内 $w_1'=\nu/(1+\nu)$	32.49%	32.79%	32.94%	33.04%

表 7－51　内外资企业区域内 R&D 外溢度量估算(1)

文献	α	折旧率 5%		折旧率 10%	
		w_1	w_2	w_1	w_2
Chow&Li(2002)	0.628	11.60%	23.14%	11.72%	23.43%
Chow&Lin(2002)	0.647	11.04%	23.91%	11.16%	24.22%
Chow(1988)	0.602	12.36%	22.08%	12.49%	22.36%
Chow(1993)上限	0.640	11.25%	23.63%	11.37%	23.93%
Chow(1993)下限	0.538	14.20%	19.52%	14.35%	19.76%
邹至庄(2005)	0.647	11.04%	23.91%	11.16%	24.22%
Chow(2008)	0.601	12.39%	22.04%	12.52%	22.32%
Heytens&Zebregs(2003)	0.643	11.16%	23.75%	11.28%	24.05%
Lau&Brada(1990)	0.422	17.43%	15.01%	17.61%	15.19%
OECD(2005)	0.526	14.54%	19.04%	14.69%	19.28%
Wang&Meng(2001)	0.433	17.13%	15.43%	17.31%	15.62%
郭庆旺和贾俊雪(2005)上限	0.784	6.91%	29.67%	6.98%	30.05%
郭庆旺和贾俊雪(2005)下限	0.692	9.70%	25.77%	9.81%	26.11%
吕冰洋(2008)	0.555	13.71%	20.19%	13.86%	20.45%

（续表）

文献	α	折旧率 5%		折旧率 10%	
		w_1	w_2	w_1	w_2
谢千里等(2008)	0.381	18.55%	13.46%	18.74%	13.62%
郑京海等(2008)建议	0.500	15.27%	18.02%	15.43%	18.25%
郑京海等(2008)上限	0.726	8.68%	27.20%	8.77%	27.55%
郑京海等(2008)下限	0.842	5.10%	32.18%	5.16%	32.61%
均值	0.600	12.40%	22.01%	12.54%	22.29%

表 7-52　内外资企业区域内 R&D 外溢度量估算(2)

文献	α	折旧率 15%		折旧率 20%	
		w_1	w_2	w_1	w_2
Chow&Li(2002)	0.628	11.83%	23.69%	11.92%	23.90%
Chow&Lin(2002)	0.647	11.26%	24.49%	11.35%	24.71%
Chow(1988)	0.602	12.61%	22.61%	12.70%	22.81%
Chow(1993)上限	0.640	11.47%	24.19%	11.56%	24.41%
Chow(1993)下限	0.538	14.48%	19.98%	14.59%	20.15%
邹至庄(2005)	0.647	11.26%	24.49%	11.35%	24.71%
Chow(2008)	0.601	12.64%	22.56%	12.73%	22.76%
Heytens&Zebregs(2003)	0.643	11.38%	24.32%	11.47%	24.54%
Lau&Brada(1990)	0.422	17.77%	15.36%	17.90%	15.49%
OECD(2005)	0.526	14.83%	19.49%	14.93%	19.66%
Wang&Meng(2001)	0.433	17.47%	15.79%	17.59%	15.92%
郭庆旺和贾俊雪(2005)上限	0.784	7.05%	30.40%	7.11%	30.67%
郭庆旺和贾俊雪(2005)下限	0.692	9.90%	26.40%	9.98%	26.64%
吕冰洋(2008)	0.555	13.99%	20.67%	14.09%	20.85%
谢千里等(2008)	0.381	18.91%	13.77%	19.04%	13.88%
郑京海等(2008)建议	0.500	15.57%	18.44%	15.69%	18.60%
郑京海等(2008)上限	0.726	8.86%	27.86%	8.93%	28.11%
郑京海等(2008)下限	0.842	5.21%	32.98%	5.25%	33.29%
均值	0.600	12.65%	22.54%	12.75%	22.74%

表 7－53　内外资企业行业内 R&D 外溢度量估算(1)

文献	α	折旧率 5%		折旧率 10%	
		w_1	w_2	w_1	w_2
Chow&Li(2002)	0.628	13.60%	27.99%	13.74%	28.34%
Chow&Lin(2002)	0.647	12.95%	28.95%	13.09%	29.31%
Chow(1988)	0.602	14.48%	26.69%	14.63%	27.02%
Chow(1993)上限	0.640	13.19%	28.59%	13.33%	28.95%
Chow(1993)下限	0.538	16.60%	23.54%	16.77%	23.83%
邹至庄(2005)	0.647	12.95%	28.95%	13.09%	29.31%
Chow(2008)	0.601	14.51%	26.64%	14.66%	26.97%
Heytens&Zebregs(2003)	0.643	13.09%	28.74%	13.22%	29.11%
Lau&Brada(1990)	0.422	20.32%	18.04%	20.52%	18.25%
OECD(2005)	0.526	16.99%	22.96%	17.16%	23.24%
Wang&Meng(2001)	0.433	19.97%	18.55%	20.17%	18.77%
郭庆旺和贾俊雪(2005)上限	0.784	8.14%	36.08%	8.22%	36.54%
郭庆旺和贾俊雪(2005)下限	0.692	11.40%	31.25%	11.52%	31.64%
吕冰洋(2008)	0.555	16.04%	24.37%	16.21%	24.67%
谢千里等(2008)	0.381	21.59%	16.15%	21.80%	16.34%
郑京海等(2008)建议	0.500	17.84%	21.71%	18.02%	21.98%
郑京海等(2008)上限	0.726	10.21%	33.01%	10.31%	33.43%
郑京海等(2008)下限	0.842	6.02%	39.21%	6.08%	39.73%
均值	0.600	14.53%	26.61%	14.68%	26.94%

表 7－54　内外资企业行业内 R&D 外溢度量估算(2)

文献	α	折旧率 15%		折旧率 20%	
		w_1	w_2	w_1	w_2
Chow&Li(2002)	0.628	13.81%	28.53%	13.86%	28.64%
Chow&Lin(2002)	0.647	13.16%	29.51%	13.20%	29.63%
Chow(1988)	0.602	14.71%	27.20%	14.75%	27.31%
Chow(1993)上限	0.640	13.40%	29.15%	13.44%	29.26%

（续表）

文献	α	折旧率 15%		折旧率 20%	
		w_1	w_2	w_1	w_2
Chow(1993)下限	0.538	16.86%	23.99%	16.91%	24.08%
邹至庄(2005)	0.647	13.16%	29.51%	13.20%	29.63%
Chow(2008)	0.601	14.74%	27.15%	14.79%	27.26%
Heytens&Zebregs(2003)	0.643	13.30%	29.30%	13.34%	29.42%
Lau&Brada(1990)	0.422	20.63%	18.37%	20.69%	18.44%
OECD(2005)	0.526	17.26%	23.39%	17.31%	23.49%
Wang&Meng(2001)	0.433	20.28%	18.89%	20.34%	18.96%
郭庆旺和贾俊雪(2005)上限	0.784	8.27%	36.80%	8.30%	36.95%
郭庆旺和贾俊雪(2005)下限	0.692	11.58%	31.86%	11.62%	31.99%
吕冰洋(2008)	0.555	16.29%	24.83%	16.35%	24.93%
谢千里等(2008)	0.381	21.92%	16.45%	21.98%	16.51%
郑京海等(2008)建议	0.500	18.11%	22.12%	18.17%	22.20%
郑京海等(2008)上限	0.726	10.37%	33.66%	10.41%	33.80%
郑京海等(2008)下限	0.842	6.12%	40.00%	6.14%	40.17%
均值	0.600	14.76%	27.12%	14.81%	27.23%

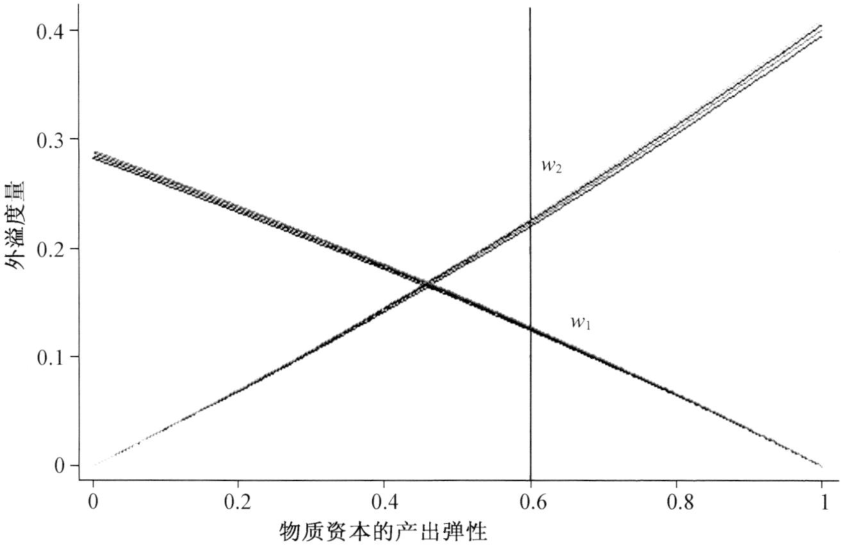

图 7－7　四种折旧率(5%,10%,15%和 20%)下区域内 R&D 型技术外溢度量的稳健性分析

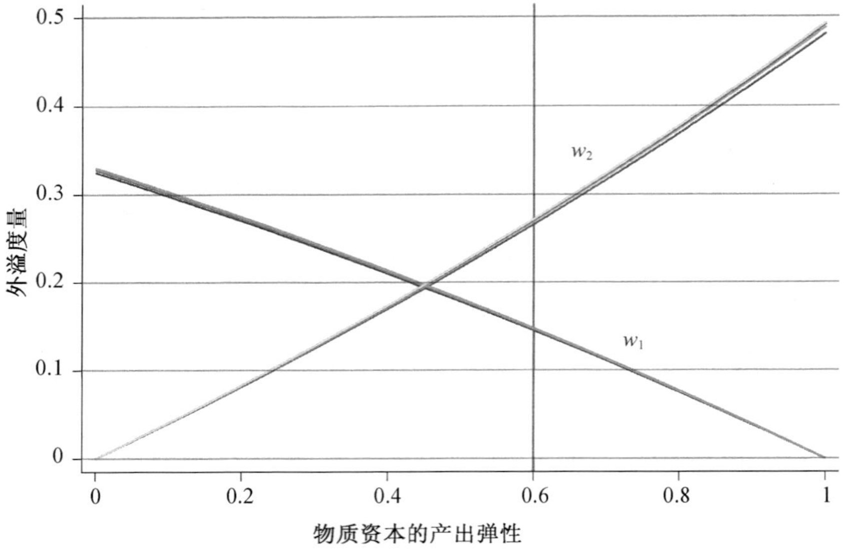

图 7－8　四种折旧率(5%，10%，15%和 20%)下
行业内 R&D 型技术外溢度量的稳健性分析

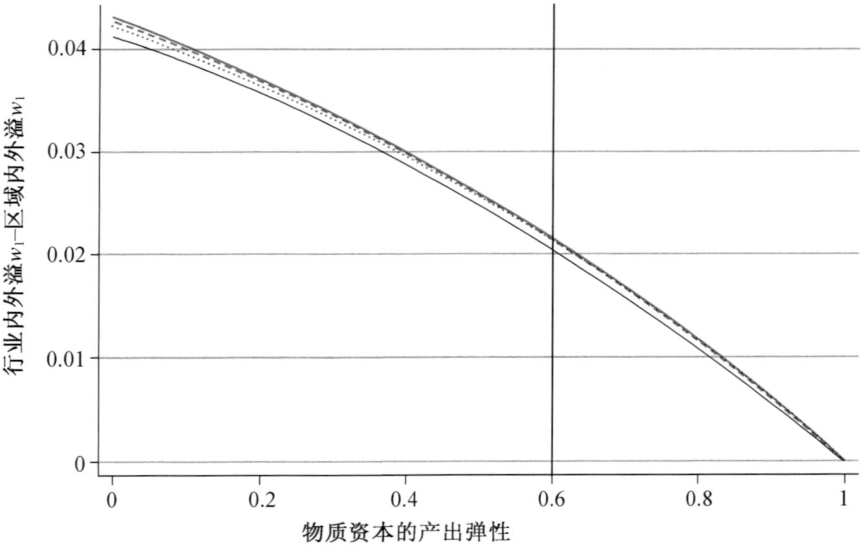

图 7－9　行业内和区域内的 R&D 型技术
外溢度量 w_1 的差异

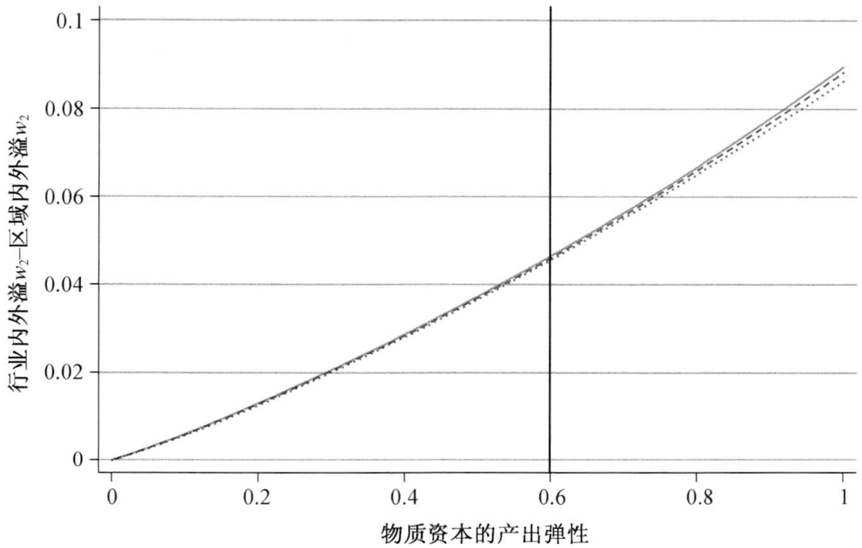

图 7－10　行业内和区域内的 R&D 型技术外溢度量 w_2 的差异

第 8 章 结论和展望

本书研究技术外溢的目的主要在于度量技术外溢导致的创新收益外溢比例。这方面的研究至今为止并没有多少进展。本书对此的研究仅仅是一个尝试,试图引起研究者对该领域的兴趣。根据已有文献对技术进步的研究,技术进步可以由外部性导致(Romer, 1986),也可以由非外部性因素——研发——导致(Romer, 1990; Jones, 1995; Aghion and Howitt, 1992)。本书将技术外溢分为基于外部性的技术进步中发生的技术外溢(Romer 型外溢和 Lucas-Romer 型外溢)和基于研发的技术进步中发生的外溢(R&D 型外溢)。

针对导论中提出的三方面问题(理论、政策和经验),本书通过对 Romer 型技术外溢、Lucas-Romer 型技术外溢以及 R&D 型技术外溢的分析,推导了 Cobb-Douglas 生产函数和一般新古典生产函数假设下的技术外溢度量的决定因素和理论表达形式,并且考察了无政府补贴政策下和政府提供补贴政策下的不同外溢度量表达形式,考察政府的补贴政策是否能使经济达到帕累托最优状态?对外溢度量有何影响?本章将对全书的分析结果进行总结归纳,并在谨慎的态度下探讨可能的政策含义。最后讨论技术外溢研究工作在未来的发展方向。

8.1 主要结论

(1) 本书从技术外溢导致创新收益外溢的角度对技术外溢进行度量,从两个方面设计技术外溢度量指标。外溢度量指标 w_1 揭示了市场经济和计划经济之间的相对收益率差异。其中,市场经济体现单个决策者自身决策的结果,市场经济下的创新收益率属于个体收益率;相反,计划经济体现了社会计划者最优化的结果,所有的技术外溢因素都被社会计划者内部化,因此计划经济下的创新收益率属于社会收益率。两者之间的相对差距正好是技术外溢导致的创新收益外溢比例。外溢度量指标 w_2 揭示了分散决策的市场经济均衡中，给定资源配置，存在技术外溢和不存在技术外溢两种情况下创新收益的相对差异。

(2) 推导出外溢度量的理论表达形式，发现了基本决定因素。在简单的 Cobb-Douglas 生产函数假设下，三类技术外溢的度量 w_1 的决定因素都是：物质资本的产出弹性（α）、技术外溢强度（ν）和政府补贴政策（ε）。Romer 型和 Lucas-Romer 型技术外溢度量 w_2 的决定因素有：物质资本的产出弹性（α）、技术外溢强度（ν）和技术指标（Romer 经济中用物质资本 K 表示，Lucas-Romer 经济中用人均资本 k 表示）。R&D 型技术外溢度量 w_2 的决定因素只有：资本的产出弹性（α）和技术外溢强度（ν）。

在一般新古典生产函数下，Romer 型技术外溢度量 w_1 的决定因素有：生产函数形式（f）、技术外溢强度（ν）、技术指标（物质资本存量 K）、劳动力规模（L）以及政府补贴政策（ε）；Lucas-Romer 型技术外溢度量 w_1 的决定因素有：生产函数形式（f）、技术外溢强度（ν）、技术指标（人均物质资本存量 k）以及政府补贴政策（ε）。Romer 型技术外溢度量 w_2 的决定因素有：生产函数形式（f）、技术外溢强度（ν）、技术指标（物质资本存量 K）和劳动力规模（L）；Lucas-Romer 型技术外溢度量 w_2 的决定因素有：生产函数形式（f）、技术外溢强度（ν）和技术指标（人均资本存量 k）。

(3) 分析了不同补贴政策的帕累托改进效果，以及政策对外溢度量的影响，并推导出政府的最优补贴率。在 Romer 型、Lucas-Romer 型技术外溢经济中，物质资本投资补贴和最终产品生产补贴都可以降低外溢度量 w_1，使经济达到帕累托最优状态。在 R&D 型技术外溢经济中，物质资本投资补贴和最终产品生产补贴都可以降低外溢度量 w_1，促进经济的帕累托改进，但是研发资本和物质资本的配置比例无法达到帕累托最优状态，因此这两种政策只能有限改进经济效率。相反，研发补贴不仅能使 w_1 降低至零，还能使经济资源的配置达到帕累托最优状态。所以在 R&D 外溢经济中，只有研发补贴政策能使经济达到帕累托最优。

关于研发补贴的结论和传统观点（Barro 和 Sala-i-Martin，2004，pp. 300）存在显著差别。Barro 和 Sala-i-Martin(2004)认为，政府只有通过对垄断产品购买实行补贴，或者对最终产品购买实行补贴才能使经济达到帕累托最优状态。如果对研发实行补贴，则相当于政府仅仅吸收了部分研发成本。研发补贴虽然能使经济以帕累托最优状态下的经济增长率增长，但是由垄断定价导致的市场扭曲依然存在，因此研发补贴无法使中间产品的供给量达到帕累托最优水平，从而无法使经济达到帕累托最优状态。但是，在本书的 R&D 外溢增长模型中，结论正好相反。为什么会出现这种似乎“矛盾”的结论呢？根源在于 Barro 和 Sala-i-Martin（2004）的模型中，经济偏离帕累托最优是由垄断因素导致，研发补贴无法消除垄断的影响。在本书的模型中，偏离帕累托最优是由技术外溢导致，技术外溢降低了研发投资的激励。研发补贴能有效提升研发投资激励，消除技术外溢带来的影响，使经济达到帕累托最优状态。

从更高的层次看，两者并不矛盾。本书的结论从另一个角度（技术外溢）修正了 Barro 和 Sala-i-Martin 模型的结论（垄断角度），为进一步理解“研发补贴政策何时更有效”提供理论依据。

（4）证明了在一定假设条件下技术研发函数是线性函数，从而为经验研究中广泛使用的线性计量模型提供了理论基础。在众多技术外溢的文献中（例如 Coe and Helpman，1995），研究者都在没有充分理由的条件下使用线性计量模型，然后对回归结果进行解释。显而易见，这会出现模型的设定偏差。如果技术函数本身是一个非线性函数，那么样本范围内的估计结果可能不适合外推到样本外面。即使在样本区间内，非线性技术函数也不适合采用线性计量模型来预测。从理论上看，即使对线性技术函数进行一阶泰勒展开，获得线性近似表达式，那也只是一个局部结论，并不是一个全局结论。在没有证明技术函数为线性函数的情况下，采用线性计量模型在逻辑上并不可靠。在 R&D 技术外溢模型中，证明了技术函数可以为线性函数，从而为线性计量模型的使用提供了理论基础。

（5）利用中国的经验数据推算了外溢度量的经验值。在 Romer 型技术外溢中，中国的地区数据揭示在平均资本产出弹性 0.6 的条件下，w_1 约为 27%，在物质资本平均水平下 w_2 约为 85%。在 Lucas-Romer 型技术外溢中，由于外溢效应较弱或者地方政府竞争效应的干扰，本书并没有得到 Lucas-Romer 外溢度量的可靠估计结果。在 R&D 型技术外溢中（折旧率 15%），区域内 R&D 技术外溢导致收益外溢比例 w_1 约为 13%，w_2 约为 23%；行业内 R&D 技术外溢导致收益外溢比例 w_1 约为 15%，w_2 约为 27%。这些结果对研发资本的折旧率选择非常稳健。

值得注意的是，对于上述结果的解释需要非常谨慎。Romer 型和 Lucas-Romer 型外溢经济刻画基于“边投资边学习”效应的技术进步；R&D 型外溢经济刻画基于“盈利性目的驱动的研发活动”导致的技术进步。由于技术进步方式不同，外溢度量也不同，利用经验数据推算的外溢度量值也会不同。这些不同的结果并不表示外溢度量 w_1（或 w_2）有多种可能的取值，而是表示不同的技术进步方式下的技术外溢度量是不同的。即使是同一种 R&D 型的技术外溢，行业数据和地区数据的估计结果也是不同的，这表示行业内外溢和地区内外溢是不同的。从某种意义上看，本书的多种估计结果正好体现了“具体问题，具体分析”的思想。

(6) FDI 和内资企业之间存在逆向技术外溢现象，即 FDI 对内资企业没有技术外溢，而是内资企业对 FDI 有技术外溢。该结论同传统的结论具有很大差别。已有的研究大量揭示 FDI 对中国内资企业存在技术外溢效应。结论上的差别可能源自对技术外溢的不同理解。在许多文献中，FDI 进入国内市场，通过市场机制导致的竞争效率上升也属于技术外溢范畴。本书在概念界定时已经指出，通过价格机制传递的技术扩散或者其他效应不在技术外溢范围之内。本书只是从技术外部性的角度进行讨论。事实上，FDI 进入中国有许多方面的效应，技术方面的外部性（如果存在）只是一个方面。FDI 还可以通过当地的采购活动促进当地经济增长，雇佣当地的劳动力提高当地的收入水平，提升当地劳动力市场的活跃程度，通过劳动力市场价格机制配置人力资本进而促进技术和知识的扩散。这些信息在本书的技术外溢中并没有被明显包括。所以，逆向技术外溢的结论也需要谨慎接受。该结论并不表示 FDI 对中国没有益处、只有坏处。它只是表明在技术这一个侧面，中国内资企业似乎并没有获得 FDI 的技术外部性辐射，相反，中国企业自身的技术成果却能辐射到 FDI。

(7) 区域内或行业间的 R&D 技术外溢程度要低于行业内外溢。该结论和已有的文献结论具有显著差异。区域数据反映的技术外溢是区域内的外溢，它体现的是地理距离上的接近而引发的技术外溢，因此对行业间技术外溢体现程度较高，而对行业内技术外溢的体现程度较低。行业数据体现的是行业内部的技术外溢。本书对 R&D 型技术外溢的经验分析表明，行业间外溢程度要低于行业内外溢，支持了技术在行业内更容易扩散的观点。俗话说“隔行如隔山”，就是这个含义。同一行业的人对知识和技术的需求比较接近,研发人员的知识结构也比较相近,同一知识在行业内部的扩散自然要比行业间容易。但是已有的研究发现中国的行业间外溢要高于行业内外溢。结论的差异可能是研发方法的不同等因素导致。但是本书的结论从经济学直觉上更容易被接受。

(8) 将劳动增进型技术进步的一般性从外生储蓄率模型中推广到内生储蓄率模型,使得理论分析更加严谨。在现有的文献中,基本上只有对外生储蓄率框架下的劳动增进型技术进步一般性进行证明。Barro 和 Sala-i-Martin(2004)在论述内生储蓄率模型的时候,直接沿用了外生储蓄率框架下的结论,理由是在外生储蓄率框架下就是如此。这显然在逻辑上是不严谨的。本书从逻辑严谨角度出发,将劳动增进型技术进步的一般性拓展到内生储蓄率框架下,发现在拉姆齐模型中,除了传统的不动点稳态外,还存在非零稳态。在不动点稳态下,技术进步不可能是资本增进型或希克斯中性,只能是劳动增进型。在非零稳态下,资本增进型和希克斯中性技术进步可能存在,但等价于劳动增进型技术进步。

8.2 可能的政策含义

首先需要指出的是,本书的理论模型和经验研究都是建立在一定假设条件之上,和现实经济具有一定的距离。因此在讨论理论结论对现实经济的政策含义的时候,需要非常谨慎,不能绝对化处理。根据本书的理论分析和经验分析,可能的政策含义主要有如下几方面:

(1) 在物质资本投资呈现外部性的情况下,投资补贴和最终产品补贴政策都可以使经济达到帕累托最优。这是因为物质资本投资引发的技术外溢会导致投资者收益的损失,削弱投资者的投资积极性,进而降低经济的增长率。如果政府对投资进行补贴,相当于通过税收手段把外溢的创新收益重新返还给投资者,弥补了投资者的损失,使投资者重振投资信心。但需要注意的是,政府的征税政策不能引起更多价格扭曲,因此不能采用引发价格扭曲的商品税手段为补贴筹资,只能采用无价格扭曲的一次性总赋税的方法筹资。

(2) 在研发领域,对垄断和非垄断行业的补贴政策会具有不同效率。对于非垄断行业的研发活动,政府可以通过适当的补贴政策刺激私人企业的研发投资积极性，但是只能对研发活动进行补贴才能使经济达到帕累托最优。如果政府对物质资本投资进行补贴，则会导致资源向物质资本领域聚集，进一步削弱研发资本投资。即使经济的增长率能够提升，经济也不会达到帕累托最优。如果政府对最终产品进行补贴，其效果相当于政府给企业一笔钱。企业会根据已有的资源配置方案将这笔钱分配到物质资本和研发资本的投资领域中。因此最终产品补贴不会改变资源配置比例，即使能提高经济增长率，经济也不会达到帕累托最优状态。对于垄断行业的研发活动，根据传统观点，政府对垄断产品和最终产品的购买补贴能使经济达到帕累托最优，其效果要优于研发补贴效果。

（3）本书的经验研究揭示 FDI 和中国内资企业之间存在逆向技术外溢，但该结论并不表示中国必须驱逐 FDI。[①] FDI 对于中国的影响是多方面的，技术外溢只是一个方面。其他方面诸如 FDI 促进国内市场的多样化发展，促进市场的竞争进而提高市场效率，促进劳动力市场的流动进而打破国有企业的铁饭碗和终生雇佣制，以及企业管理方面的示范效应等。但是，本书的结论暗示：在技术进步方面，中国的内资企业并没有很好地利用 FDI 在技术方面的辐射效应（如果存在）。同时也可能暗示中国的 FDI 并没有试图在中国从事大规模的研发活动，外资到中国来的目的可能只是利用中国的廉价劳动力、占领中国的国内市场。

（4）技术公开和国家利益之间需要综合考量。技术外溢从本质上有利于经济增长，但该结论必须基于良好的专利保障制度和无国家利益的假设。从一方面看，政府应加强制度建设，鼓励外资在中国从事研发活动，而非单纯鼓励其开厂生产以提高进出口规模和 GDP。但是从技术公开方面看，无条件的、完全的技术共享并不适合维护我们的国家利益。对于战略性技术成果依然要严格防止扩散。FDI 也从来不会将核心技术自愿转移给当地企业。

（5）中国政府在大力引进外资的同时，要保持高度警惕，防范外资的扼杀性并购活动及其对内资企业的技术掠夺。内资企业自身也要强化知识产权的保护，国有企业要加强对无形资产的保护意识。政府对国有企业领导的考核也要充分考虑知识产权的流失因素，避免在合资过程中“得了少量资

---

① 感谢香港中文大学 Chun Yang 教授的建设性评论。

本、丢了核心技术”。

8.3 技术外溢研究的展望

8.3.1 研究的不足

本书的研究只是技术外溢研究的一个开端，尚有很多问题有待于完善。就本书的模型而言，这些问题主要有：

(1) 尚未发展出一个比本书更加简单可行且综合度更高的模型来“同时”刻画 Romer 型、Lucas-Romer 型和 R&D 型技术外溢。

(2) 仅仅考虑了双向技术外溢。本书的经验研究发现，R&D 型技术外溢是单向技术外溢。因此本书的 R&D 型技术外溢度量仅仅反映了技术外溢的一个下限。实际情况下，单向技术外溢导致的收益损失可能远远超过本书的结论。

(3) 对外溢度量的研究仅仅从经济角度出发，并未引入政治利益和国家利益。一旦引入非经济因素，技术外溢可能并不有利于长期经济增长。因为不同的利益集团和不同的国家为了各自的利益会相互遏制。

(4) 没有结合中国经济的现实情况考虑制度转型。制度转型对中国经济而言是最重要的一个因素。本书的模型分析过于抽象，更加适合于一个制度稳定的社会。对于中国经济而言，模型对现实刻画能力有限，最多只是反映了一定层面的信息。

(5) 对于已有文献揭示的其他众多影响因素，本书没有进一步考虑。可以预期，考虑了诸如地理因素、股权比例、行业特征等因素后，模型结论也会有很大不同。

8.3.2 未来发展方向

除了前面提到的五大问题以外，从更广泛的角度看，技术外溢的未来研究方向主要在于寻找更为可靠的度量方法、可靠的估计方法、可靠的控制变量。对于度量方法，主要目的是将技术外溢的贡献和其他贡献进行分离。例如 Lucas-Romer 外溢的经验研究表明人均资本不仅体现了技术水平，还反映了中国财政分权导致的地区竞争。在技术外溢贡献能被清晰分离的情况，可能会有完全不同的结论出现。

对于可靠的估计方法，主要是采用非稳定面板稳健性估计方法以及对内生性问题的处理。对于中国 FDI 技术外溢效应研究而言，以往采用面板数据得到的结果大部分都没有采用面板稳定性回归技术。即使存在协整关系，协整向量的不同估计方法也会有不同结果。传统的 OLS、偏差修正 OLS、完全修正 OLS 方法都会产生较大偏差，目前找到的较理想的估计方法是动态 OLS 法，由于其加入前瞻项和滞后项，极大地降低估计的偏差。

对于控制变量，主要是抽象提取技术外溢发生的经济环境变化因素。对于中国，制度转型是一个重要的环境参数。对于制度变迁和中国 FDI 技术外溢效应之间的关系，目前尚无确定性的结论，采用不同的回归模型和不同的制度变量都会得到不同的结论。另外，新技术的出现还会导致传统的结论出现新的生机。例如，在网络时代相互接触变得更加简洁方便，距离空间的概念变得更加模糊，这对传染效应是否有削弱作用呢？

在应用研究方面，与技术外溢相关的主要是政策研究。技术外溢到底有多大，政府是否值得采用各种补贴、优惠等手段去吸引 FDI。对于中国吸引 FDI 的成本和收益，尚未有一致的结论！

参考文献

[1] Acemoglu, Daron. Introduction to Modern Economic Growth[M]. Princeton and Oxford: Princeton University Press, 2009.

[2] Aghion, Philippe, and Peter Howitt. A Model of Growththrough Creative Destruction [J]. Econometrica, 1992, 60(2): 323 - 351.

[3] Aitken, Brian J., and Ann E. Harrison. Do Domestic Firms Benefit from Direct Foreign Investment? Evidence from Venezuela [J]. The American Economic Review, 1999, 89(3): 605 - 618.

[4] Arrow, Kenneth Joseph. Essays in the Theory of Risk-Bearing [M]. Amsterdam, 1974.

[5] Arrow, Kenneth Joseph. The Economic Implications of Learning by Doing [J]. The Review of Economic Studies, 1962, 29(3): 155 - 173.

[6] Asher, H. Cost-Quantity Relationships in the Airfrime Industry, R-219 [M]. Santa Monica, CA: Rand Corporation, 1956.

[7] Baltagi, Badi H., and Chihwa Kao. Nonstationary Panels, Cointegration in Panels and Dynamic Panels: A Survey [A]. in *Advances in Econometrics*: JAI, 2000: 7 - 51.

[8] Barro, Robert J., and Xavier Sala-i-Martin. Economic Growth [M]. 2nd ed. Massachusetts Institute of Technology, 2004.

[9] Borensztein, E., J. De Gregorio, and J. W. Lee. How does Foreign Direct Investment Affect Economic Growth? [J]. Journal of International Economics, 1998, 45(1): 115 - 135.

[10] Branstetter, L. G. Are Knowledge Spillovers International or Intranational in Scope? Microeconometric Evidence from the US and Japan [J]. Journal of International Economics, 2001, 53(1): 53 - 79.

[11] Breitung, Jörg, and M. Hashem Pesaran. Unit Roots and Cointegration in Panels

[Z]. Working Paper 42/2005: Deutsche Bundesbank, Discussion Paper, 2005.

[12] Bresnahan, Timothy F. Measuring the Spillovers from Technical Advance: Mainframe Computers in Financial Services [J]. The American Economic Review, 1986, 76(4): 742 - 755.

[13] Caves, Richard E. Multinational Firms, Competition, and Productivity in Host-Country Markets [J]. Economica, 1974, 41(162): 176 - 193.

[14] Choi, In. Unit root tests for panel data [J]. Journal of International Money and Finance, 2001, 20(2): 249 - 272.

[15] Chow, Gregory C. Another Look at the Rate of Increase in TFP in China [J]. Journal of Chinese Economic and Business Studies, 2008, 6(2): 219 - 224.

[16] Chow, Gregory C. Capital Formation and Economic Growth in China [J]. The Quarterly Journal of Economics, 1993, 108(3): 809 - 842.

[17] Chow, Gregory C. Economic Analysis of the People's Republic of China [J]. The Journal of Economic Education, 1988, 19(1): 53 - 64.

[18] Chow, Gregory C., and Kui-Wai Li. China's Economic Growth: 1952～2010 [J]. Economic Development and Cultural Change, 2002, 51(1): 247 - 256.

[19] Chow, Gregory, and An-loh Lin. Accounting for Economic Growth in Taiwan and Mainland China: A Comparative Analysis [J]. Journal of Comparative Economics, 2002, 30(3): 507 - 530.

[20] Coe, David T., and Alexander W. Hoffinaister. Are There International R&D Spillovers Among Randomly Matched Trade Partners? A Response to Keller [Z]. Working Paper WP/99/18, Washington, D. C.: International Monetary Fund, 1999.

[21] Coe, David T., and Elhanan Helpman. International R&D Spillovers [J]. European Economic Review, 1995, 39(5): 859 - 887.

[22] Cohen, Wesley M., and Daniel A. Levinthal. Innovation and Learning: The Two Faces of R&D [J]. The Economic Journal, 1989, 99(397): 569 - 596.

[23] Hadri, Kaddour. Testing for Stationarity in Heterogeneous Panel Data [J]. The Econometrics Journal, 2000, 3(2): 148 - 161.

[24] Harrod, R. F. Review of Joan Robinson's *Essays in the Theory of Employment* [J]. The Economic Journal, 1937, 47(186): 326 - 330.

[25] Heytens, Paul, and Harm Zebregs. How Fast Can China Grow? [A]. in China, Competing in the Global Economy: Policies for Sustained Growth and Financial Stability. Wanda; Tseng, and Markus; Rodlauer, Editors: International Monetary

Fund, 2003: 8 - 29.

[26] Hicks, John. The Theory of Wages[M], London: Macmillan, 1932.

[27] Hymer, Stephen. The Efficiency (Contradictions) of Multinational Corporations [J]. The American Economic Review, 1970, 60(2): 441 - 448.

[28] Im, Kyung So, M. Hashem Pesaran, and Yongcheol Shin. Testing for Unit Roots in Heterogeneous Panels [J]. Journal of Econometrics, 2003, 115(1): 53 - 74.

[29] Jaffe, Adam B., Manuel Trajtenberg, and Rebecca Henderson. Geographic Localization of Knowledge Spillovers as Evidenced by Patent Citations [J]. The Quarterly Journal of Economics, 1993, 108(3): 577 - 598.

[30] Jones, Charles I. R&D-Based Models of Economic Growth [J]. The Journal of Political Economy, 1995, 103(4): 759 - 784.

[31] Jones, Charles I., and John C. Williams. Measuring the Social Return to R&D [J]. The Quarterly Journal of Economics, 1998, 113(4): 1119 - 1135.

[32] Kao, Chihwa, and Min-Hsien Chiang. On the Estimation and Inference of a Cointegrated Regression in Panel Data [A]. in Nonstationary Panels, Panel Cointegration, and Dynamic Panels Badi H. Baltagi, Editor: Elsevier Science Inc., 2000: 179 - 222.

[33] Kao, Chihwa, Min-Hsien Chiang, and Bangtian Chen. International R&D Spillovers: An Application of Estimation and Inference in Panel Cointegration [J]. Oxford Bulletin of Economics and Statistics, 1999, 61(S1): 691 - 709.

[34] Keller, Wolfgang. Are International R&D Spillovers Trade-Related? Analyzing Spillovers among Randomly Matched Trade Partners [J]. European Economic Review, 1998, 42(8): 1469 - 1481.

[35] Keller, Wolfgang. Geographic Localization of International Technology Diffusion [J]. The American Economic Review, 2002, 92(1): 120 - 142.

[36] Keller, Wolfgang. International Technology Diffusion [J]. Journal of Economic Literature, 2004, 42(3): 752 - 782.

[37] Lau, Kam-Tim, and Josef C. Brada. Technological Progress and Technical Efficiency in Chinese Industrial Growth: A Frontier Production Function Approach [J]. China Economic Review, 1990, 1(2): 113 - 124.

[38] Levin, Andrew, Chien-Fu Lin, and Chia-Shang James Chu. Unit Root Tests in Panel Data: Asymptotic and Finite-Sample Properties [J]. Journal of Econometrics, 2002, 108(1): 1 - 24.

[39] Li, Jian, Kunrong Shen and Ru Zhang. 2011. Measuring Knowledge Spillovers: A

Non-Appropriable Returns Perspective. Annals of Economics and Finance [J], 12 (2), 265 - 93.

[40] Lichtenberg, Frank R. , and Bruno van Pottelsberghe de la Potterie. International R&D Spillovers: A Comment [J]. European Economic Review, 1998, 42(8): 1483 - 1491.

[41] Lucas, Robert E. On The Mechanics of Economic Development [J]. Journal of Monetary Economics, 1988, 22(1): 3 - 42.

[42] Maddala, G. S. , and Shaowen Wu. A Comparative Study of Unit Root Tests with Panel Data and a New Simple Test [J]. Oxford Bulletin of Economics and Statistics, 1999, 61(S1): 631 - 652.

[43] Mansfield, Edwin, John Rapoport, Anthony Romeo, Samuel Wagner, and George Beardsley. Social and Private Rates of Return from Industrial Innovations [J]. The Quarterly Journal of Economics, 1977, 91(2): 221 - 240.

[44] Mas-Colell, Andreu, Michael D. Whinston, and Jerry R. Green. Microeconomic Theory [M], New York: Oxford University Press, 1995.

[45] OECD. Economic Survey of China [M]. Vol. 13, Paris: OECD, 2005.

[46] Pedroni, Peter. Panel Cointegration: Asymptotic and Finite Sample Properties of Pooled Time Series Tests with an Application to the PPP Hypothesis [J]. Econometric Theory, 2004, 20: 597 - 625.

[47] Rapping, Leonard. Learning and World War II Production Functions [J]. The Review of Economics and Statistics, 1965, 47(1): 81 - 86.

[48] Robinson, Joan. The Classification of Inventions[J]. The Review of Economic Studies, 1938, 5(2): 139 - 142.

[49] Romer, Paul M. Endogenous Technological Change [J]. The Journal of Political Economy, 1990, 98(5): S71 - S102.

[50] Romer, Paul M. Increasing Returns and Long-Run Growth [J]. The Journal of Political Economy, 1986, 94(5): 1002 - 1037.

[51] Saggi, Kamal. Trade, Foreign Direct Investment, and International Technology Transfer: A Survey [J]. The World Bank Research Observer, 2002, 17(2): 191 - 235.

[52] Searle, Allan D. Productivity Changes in Selected Wartime Shipbuilding Programs [J]. Monthly Labor Review, 1946.

[53] Shen, Kunrong and Jian Li. Measurement of Technology Spillovers [J]. Frontiers of Economics in China, 2012, 7(1), 141 - 61.

[54] Shen, Kunrong, and Jian Li. Measurement of Technology Spillovers [C]. in *The Chinese Economists Society(US) Conference: Economic Integration in the Greater China Region*, Macao, China, 2009.

[55] Solow, Robert M. Investment and Technical Change [C]. in *Mathematical Methods in the Social Sciences*, Proceeding of the First Stanford Symposium, Kenneth Joseph Arrow, Samuel Karlin, and Patrick Suppes, eds. Stanford, California: Stanford University Press, 1959.

[56] Trajtenberg, Manuel. The Welfare Analysis of Product Innovations, with an Application to Computed Tomography Scanners [J]. The Journal of Political Economy, 1989, 97(2): 444 - 479.

[57] Uzawa, H. Neutral Inventions and the Stability of Growth Equilibrium [J]. The Review of Economic Studies, 1961, 28(2): 117 - 124.

[58] Uzawa, H. Neutral Inventions and the Stability of Growth Equilibrium[J]. The Review of Economic Studies, 1961, 28(2): 117 - 124.

[59] Wang, Xiaolu, and Lian Meng. A Reevaluation of China's Economic Growth [J]. China Economic Review, 2001, 12(4): 338 - 346.

[60] Wright, Theodore P. Factors Affecting the Cost of Airplanes [J]. Journal of Aeronautical Sciences, 1936, (3): 122 - 128.

[61] Xu, Bin, and Jianmao Wang. Capital Goods Trade and R&D Spillovers in the OECD [J]. The Canadian Journal of Economics / Revue Canadienne d'Economique, 1999, 32(5): 1258 - 1274.

[62] Xu, Bin. Multinational Enterprises, Technology Diffusion, and Host Country Productivity Growth [J]. Journal of Development Economics, 2000, 62(2): 477 - 493.

[63] Zimmerman, Martin B. Learning Effects and the Commercialization of New Energy Technologies: The Case of Nuclear Power [J]. The Bell Journal of Economics, 1982, 13(2): 297 - 310.

[64] 陈柳、刘志彪. 本土创新能力、FDI 技术外溢与经济增长[J]. 南开经济研究，2006，(3)：90 - 101.

[65] 陈涛涛、陈娇. 行业增长因素与我国 FDI 行业内溢出效应[J]. 经济研究，2006，(6)：39 - 47.

[66] 陈涛涛. 影响中国外商直接投资溢出效应的行业特征[J]. 中国社会科学，2003，(4)：33 - 43.

[67] 郭庆旺、贾俊雪. 中国全要素生产率的估算：1979～2004[J]. 经济研究，2005，(6)：

51 - 60.

[68] 蒋殿春、张宇. 经济转型与外商直接投资技术溢出效应[J]. 经济研究，2008，(7)：26 - 38.

[69] 赖明勇、包群、彭水军、张新. 外商直接投资与技术外溢：基于吸收能力的研究[J]. 经济研究，2005，(8)：95 - 105.

[70] 李光泗、徐翔. 技术引进与地区经济收敛[J]. 经济学(季刊)，2008，7(3)：983 - 996.

[71] 李剑、沈坤荣和耿强. 技术外溢的影响因素及其研究模式. 现代经济探讨[J]，2009，(06)，51 - 54.

[72] 李剑. 研发效率、技术外溢与社会收益率度量. 山西财经大学学报[J]，2011，(7)，1 - 7.

[73] 刘绍坚. 承接国际软件外包的技术外溢效应研究[J]. 经济研究，2008，(5)：105 - 115.

[74] 卢荻. 外商投资与中国经济发展——产业和区域分析证据[J]. 经济研究，2003，(9)：40 - 48.

[75] 罗雨泽、朱善利、陈玉宇、罗来军. 外商直接投资的空间外溢效应：对中国区域企业生产率影响的经验检验[J]. 经济学(季刊)，2008，7(2)：587 - 620.

[76] 吕冰洋. 中国资本积累的动态效率：1978～2005[J]. 经济学(季刊)，2008，7(2)：509 - 532.

[77] 沈坤荣、耿强. 外国直接投资、技术外溢与内生经济增长——中国数据的计量检验与实证分析[J]. 中国社会科学，2001，(5)：82 - 93.

[78] 沈坤荣、李剑. 企业间技术外溢的度量[J]. 经济研究，2009，(4)：77 - 89.

[79] 王红领、李稻葵、冯俊新. FDI 与自主研发：基于行业数据的经验研究[J]. 经济研究，2006，(2)：44 - 56.

[80] 王玲、涂勤. 中国制造业外资生产率溢出的条件性研究[J]. 经济学(季刊)，2007，7(1)：171 - 184.

[81] 吴延兵. 中国工业 R&D 产出弹性测算(1993～2002)[J]. 经济学(季刊)，2008，(3)：869 - 890.

[82] 谢千里、罗斯基、张轶凡. 中国工业生产率的增长与收敛[J]. 经济学(季刊)，2008，7(3)：809 - 826.

[83] 姚洋、章奇. 中国工业企业技术效率分析[J]. 经济研究，2001，(10)：13 - 28.

[84] 伊特韦尔等. 新帕尔格雷夫经济学大辞典[M]. 北京：经济科学出版社，1999.

[85] 袁诚、陆挺. 外商直接投资与管理知识溢出效应：来自中国民营企业家的证据[J]. 经济研究，2005，(3)：69 - 79.

[86] 张海洋. R&D 两面性、外资活动与中国工业生产率增长[J]. 经济研究，2005，(5)：

107 - 117.

[87] 张建华、欧阳铁雯. 外商直接投资、技术外溢与经济增长——对广东数据的实证分析[J]. 经济学(季刊),2003,2(3):647 - 666.

[88] 张军、吴桂英、张吉鹏. 中国省际物质资本存量估算:1952～2001[J]. 经济研究,2004,(10):35 - 44.

[89] 赵增耀、王喜. 产业竞争力、企业技术能力与外资的溢出效应[J]. 管理世界,2007,(12):58 - 66.

[90] 郑京海、胡鞍钢、Bigsten Arne. 中国的经济增长能否持续?——一个生产率视角[J]. 经济学(季刊),2008,7(3):777 - 808.

[91] 邹至庄. 中国经济转型[M]. 北京:中国人民大学出版社,2005.

后　记

感谢导师沈坤荣教授的亲切指导。沈教授为博士生开设的经济增长理论专题讨论课以学术引导、思路启发、论文演讲及老师点评为特色，积极倡导学术思想的碰撞。我有幸多次在课堂上演讲博士论文的一些章节，每次讨论过后，发现思路都会变得更加清晰，思考问题更加全面而深入。感谢香港中文大学的 Chun Yang 教授、加拿大 University of Sherbrooke 的 Petr Hanel 教授、林毅夫发展论坛的同行们、《经济研究》的匿名审稿人、张杰博士、田伟博士以及其他同窗好友对本书相关章节的建设性评论。最后感谢我的父母。

李剑

于南京大学经济学院

2016 年 3 月

图书在版编目(CIP)数据

技术外溢的度量理论 / 李剑著. -- 南京 ：南京大学出版社，2016.5

（南京大学经济学院文库）

ISBN 978-7-305-16893-2

Ⅰ. ①技… Ⅱ. ①李… Ⅲ. ①外商直接投资—研究—中国 Ⅳ. ①F832.6

中国版本图书馆 CIP 数据核字(2016)第 099136 号

出版发行　南京大学出版社
社　　址　南京市汉口路 22 号　　　邮　编　210093
出 版 人　金鑫荣

丛 书 名　南京大学经济学院文库
书　　名　技术外溢的度量理论
著　　者　李　剑
责任编辑　府剑萍　　　编辑热线 025-83592193

照　　排　南京南琳图文制作有限公司
印　　刷　江苏凤凰数码印务有限公司
开　　本　718×960　1/16　印张 14.75　字数 230 千
版　　次　2016 年 5 月第 1 版　2016 年 5 月第 1 次印刷
ISBN 978-7-305-16893-2
定　　价　50.00 元

网址：http://www.njupco.com
官方微博：http://weibo.com/njupco
官方微信号：njupress
销售咨询热线：(025) 83594756
